普通高等院校应用型本科教育"十三五"规划教材

政治经济学基础实用教程

主　　编　吴正俊　吴志斌
副主编　朱光婷　张有德
编　　委　吴正俊　史晋娜　吴志斌　朱光婷
　　　　　张有德　薛　扬　孙　娟　蒋雨宏
　　　　　马靖泽　翁飞燕　贾荟芸　刁明月

西南交通大学出版社
·成都·

图书在版编目（ＣＩＰ）数据

政治经济学基础实用教程 / 吴正俊，吴志斌主编.
—成都：西南交通大学出版社，2017.8
普通高等院校应用型本科教育"十三五"规划教材
ISBN 978-7-5643-5678-1

Ⅰ．①政… Ⅱ．①吴… ②吴… Ⅲ．①政治经济学 –
高等学校 – 教材 Ⅳ．①F0

中国版本图书馆 CIP 数据核字（2017）第 204572 号

普通高等院校应用型本科教育"十三五"规划教材

政治经济学基础实用教程

主 编 吴正俊 吴志斌

责任编辑 孟秀芝
封面设计 何东琳设计工作室

出版发行 西南交通大学出版社
（四川省成都市二环路北一段 111 号
西南交通大学创新大厦 21 楼）
邮政编码 610031
发行部电话 028-87600564
官网 http://www.xnjdcbs.com
印刷 四川煤田地质制图印刷厂

成品尺寸 170 mm×230 mm
印张 17.5
字数 290 千
版次 2017 年 8 月第 1 版
印次 2017 年 8 月第 1 次
定价 39.80 元
书号 ISBN 978-7-5643-5678-1

课件咨询电话：028-87600533
图书如有印装质量问题 本社负责退换
版权所有 盗版必究 举报电话：028-87600562

前　言

　　政治经济学通常特指马克思主义政治经济学，它是"马克思理论最深刻、最全面、最详尽的证明与运用"，是无产阶级政党领导革命和建设事业的指导思想，是制定路线、方针、政策的重要理论依据。我们党高度重视马克思主义政治经济学理论的指导作用，党的十八大以来，以习近平同志为核心的党中央特别强调对马克思主义政治经济学的学习。习近平同志曾指出："要学好用好政治经济学"；"马克思主义政治经济学是马克思主义的重要组成部分，也是我们坚持和发展马克思主义的必修课"。

　　政治经济学是一门揭示社会经济运动规律的科学，其核心内容源于被列宁称之为"现代最伟大的政治经济学著作"的《资本论》，是我国经济学科中最基本的学科之一，也是其他经济学科以及经济学学科体系的理论基础。政治经济学和《资本论》密不可分，事实上，《资本论》的全称就是《资本论·政治经济学批判》，这是源头，政治经济学是对《资本论》的精简论述。政治经济学教材需要正本清源，以马克思的《资本论》的内容和体系为基础，系统阐述政治经济学的基本立场、基本观点和基本方法，摒弃打乱马克思主义政治经济学科学体系以及把不属于其内容的东西强加其中的做法。与此同时，政治经济学教材也要与时俱进，必须反映现实，适应现实，服务现实；既有助于学习者掌握其理论精髓，也能够学以致用，有助于应用基本立场、观点和方法去认识、分析和解决当代社会经济发展中的新现象和新问题。

　　此次新编的《政治经济学基础实用教程》是在《政治经济学原理与应用》（西南交通大学出版社，2012 年版）的基础上，广泛吸取其他政治经济学教材版本的精华，并立足教学实践，积极思考和总结的结果。其基本定位是紧扣《资本论》的内容和体系，尽可能保持马克思主义政治经济学的"原汁原味"和体系的完整，让学习者能够较系统地掌握政治经济学的基本理论，具备分析解决问题的逻辑思路和熟悉基本方法，提升认识和解决问题的能力，以适应培养综合应用型人才的需要。本教材主要有以下一些特色：

（1）在结构体系上，本教材按照《资本论》的结构体系，分为三篇。《资本论》第一卷研究资本的生产过程，是以流通过程为前提的资本的直接生产过程，重点在于剩余价值的生产；第二卷研究资本的流通过程，是在资本的直接生产过程基础上的流通过程，是资本的生产过程和流通过程的统一，重点在于剩余价值的实现；第三卷研究资本主义生产总过程，研究资本的各种具体形式（如商业利润、利息、地租等），这是资本的生产过程、流通过程和分配过程的统一，重点在于剩余价值如何在剥削阶级内部进行分割。通过分析剩余价值的生产、实现和分配，《资本论》揭示了资本主义生产关系的本质和资本主义生产方式的运行规律，实现了政治经济学理论的伟大变革。依照这一结构体系，本教材第一篇为"资本的生产过程"，是对《资本论》第一卷基本理论的精简阐述，包含商品、货币、资本和资本积累等基本理论；第二篇为"资本的流通过程"，是《资本论》第二卷主要内容的提炼，由资本循环和周转及社会总资本再生产和流通等基本理论构成；第三篇为"资本主义的分配"，涉及《资本论》第三卷的核心理论，主要有平均利润、商业利润、借贷资本、地租等资本具体形式及其分配机制等内容。"附录：经济全球化理论"是对新形势下资本发展新特征的概述，可供拓展学习。这种理论体系能使内容更加精炼和完整，使逻辑性更加缜密。

（2）在内容上，根据应用型人才培养的实践需要，立足于基本理论的阐述及其实践应用。本教材删繁就简，力求语言通俗易懂、内容精炼，简明扼要地对政治经济学基本原理进行阐述和分析；对马克思主义政治经济学基本观点的阐释建立在较严密的理论推导、自然的逻辑延伸和丰富的事实证明相结合的基础上，具有较强的科学性。同时，结合相应理论，提供较多的案例研究和应用分析，用一些现实的生动材料来深化拓展其相关理论，既突出了应用性，又具有一定的趣味性和可读性，有利于培养学习者的实践能力和创新精神。

（3）在风格上，突出实用性和开放性。运用图片、表格、案例等多种形式，力求生动形象，引人入胜，有助于学习兴趣的培养和学习能力的提升。

本教材在系统阐述基本理论的基础上，提供的"案例研究"是对基本原理的应用和深化；"拓展学习"是对相关理论学习的延伸；"参阅资料"是基本原理学习的背景知识和重要参考；"经典读点"是对基本观点的引证和深化学习；"知识结构""关键概念""问题与应用""实战演习"，具有较强的针对性，是自主学习和训练的有效平台，能巩固所学理论知识，进一步提升实践能力。

本教材适用于高等院校经济管理类专业，也可作为政治经济学爱好者的基本读物。

本教材在编写过程中，借鉴和吸收了国内外相关著作和教科书的成果，使用了其中积累的材料，在此向它们的作者表示衷心的感谢！同时对西南交通大学出版社老师们的鼓励和支持表示感谢！

由于我们学识疏浅，时间也较仓促，所做的尝试难免存在错讹和不成熟的地方，恳请专家和读者批评指正。

吴正俊
2017 年 5 月

目　录

0 导　论 ……………………………………………………………………… 01

　　0.1 政治经济学的产生与发展 ……………………………………… 01

　　0.2 政治经济学的研究对象与范围 ………………………………… 07

　　0.3 政治经济学的任务 ……………………………………………… 011

　　0.4 学习政治经济学的意义 ………………………………………… 015

第一篇　资本的生产过程

1 商　品 ……………………………………………………………………… 025

　　1.1 商品及其内在矛盾 ……………………………………………… 025

　　1.2 商品价值量 ……………………………………………………… 037

　　1.3 价值规律 ………………………………………………………… 045

2 货　币 ……………………………………………………………………… 055

　　2.1 价值形式的演变与货币起源 …………………………………… 055

　　2.2 货币的本质与职能 ……………………………………………… 068

　　2.3 货币流通规律与纸币流通规律 ………………………………… 075

3 资本及其价值增殖 ……………………………………………………… 083

　　3.1 货币转化为资本 ………………………………………………… 083

　　3.2 资本的特征与属性 ……………………………………………… 091

　　3.3 资本价值增殖过程 ……………………………………………… 096

　　3.4 资本价值增殖的方法 …………………………………………… 101

4 资本积累 ………………………………………………………………… 112

　　4.1 社会再生产与资本积累 ………………………………………… 112

4.2 单个资本的扩张形式 ⋯⋯⋯⋯⋯⋯⋯⋯⋯⋯⋯⋯ 118

4.3 资本积累的影响 ⋯⋯⋯⋯⋯⋯⋯⋯⋯⋯⋯⋯⋯⋯ 121

4.4 资本积累的一般规律与历史趋势 ⋯⋯⋯⋯⋯⋯⋯ 128

第二篇 资本的流通过程

5 资本循环和资本周转 ⋯⋯⋯⋯⋯⋯⋯⋯⋯⋯⋯⋯⋯⋯ 143

5.1 资本的循环 ⋯⋯⋯⋯⋯⋯⋯⋯⋯⋯⋯⋯⋯⋯⋯ 143

5.2 资本的周转 ⋯⋯⋯⋯⋯⋯⋯⋯⋯⋯⋯⋯⋯⋯⋯ 150

6 社会总资本再生产和流通 ⋯⋯⋯⋯⋯⋯⋯⋯⋯⋯⋯⋯ 173

6.1 社会总资本再生产的核心问题 ⋯⋯⋯⋯⋯⋯⋯⋯ 173

6.2 社会总资本的简单再生产 ⋯⋯⋯⋯⋯⋯⋯⋯⋯⋯ 180

6.3 社会总资本的扩大再生产 ⋯⋯⋯⋯⋯⋯⋯⋯⋯⋯ 183

6.4 资本主义经济危机 ⋯⋯⋯⋯⋯⋯⋯⋯⋯⋯⋯⋯⋯ 193

第三篇 资本主义的分配

7 资本主义工资与利润平均化 ⋯⋯⋯⋯⋯⋯⋯⋯⋯⋯⋯ 201

7.1 资本主义工资 ⋯⋯⋯⋯⋯⋯⋯⋯⋯⋯⋯⋯⋯⋯ 201

7.2 剩余价值转化为利润 ⋯⋯⋯⋯⋯⋯⋯⋯⋯⋯⋯⋯ 205

7.3 平均利润与生产价格 ⋯⋯⋯⋯⋯⋯⋯⋯⋯⋯⋯⋯ 208

8 商业利润、借贷资本与地租 ⋯⋯⋯⋯⋯⋯⋯⋯⋯⋯⋯ 218

8.1 商业资本和商业利润 ⋯⋯⋯⋯⋯⋯⋯⋯⋯⋯⋯⋯ 218

8.2 生息资本和利息 ⋯⋯⋯⋯⋯⋯⋯⋯⋯⋯⋯⋯⋯⋯ 223

8.3 土地所有权和地租 ⋯⋯⋯⋯⋯⋯⋯⋯⋯⋯⋯⋯⋯ 230

附录：经济全球化理论 ⋯⋯⋯⋯⋯⋯⋯⋯⋯⋯⋯⋯⋯⋯ 244

参考文献 ⋯⋯⋯⋯⋯⋯⋯⋯⋯⋯⋯⋯⋯⋯⋯⋯⋯⋯⋯⋯ 270

0 导 论

时光荏苒，岁月如梭，《资本论》面世已一百多年，但马克思主义政治经济学思想却历久弥新，闪耀着熠熠的时代光芒。如何挖掘其价值，这是一个不断被追问的话题。2008 年金融危机蔓延全球，至今仍余波未平，这再一次印证了《资本论》中预言的正确性和科学性。今天，马克思又重新回到了西方主流话语中，不少西方学者重拾《资本论》的研究，反思资本主义的弊端。在《资本论》出版 150 多年之际，我们有必要继续追寻《资本论》的强大生命力源泉，进一步研究学习这一对社会主义市场经济建设有重要指导意义的理论学说。

0.1 政治经济学的产生与发展

政治经济学和其他学科一样，是长期历史发展的产物，有着自己独特的形成和发展历程。马克思主义政治经济学是在特定的历史时期，批判继承前人经济思想和理论的基础上创立的，是在实践中不断丰富和发展的科学理论。

0.1.1 经济与经济思想的产生

人类社会从开始就有经济活动，即从事生产、交换、分配和消费的活动，但作为描述这些活动的特定词汇——"经济"，这一概念的提出却有一个过程。在我国古籍上，很早就有"经济"这个词的记载，在我国《周易》中已经出现"经""济"二字，在隋代王通的《文中子·礼乐篇》中曾有"经济之道"的说法，在唐代杜甫的《上水遣怀》中曾有"古来经济才，何事独罕有"的诗句。可见，中国古代"经济"一词的基本含义与现在所说的"经济"一词含义截然不同，它的原意是"经国济民"或"经邦济世"，意指治理国家和拯救贫民。我国古代的一些著名思想家如管仲、孔丘以及孟轲等人也都谈论了经济问题，并且都留下了极其有意义的思想火花。

在我国，"经济"一词的现代用法是在 20 世纪初引自于日本的。在 19 世纪下半叶日本开始大量翻译、介绍西方学术著作，曾移植我国古籍中的"经济"一词来翻译 economy 这个英语词汇。现代语言中的"经济"一词的含义视其使用范围大致有下述几种含义，但在一定的场合使用，其含义则是明确的。

一是指经济活动，包含生产、流通、交换以及消费等活动。

二是指经济关系或经济制度。"经济是基础，政治是上层建筑"中的"经济"就是指生产关系。

三是指一个国家经济的总称，或国民经济的各个部门，如农业经济、工业经济等。

四是指节约、精打细算之意，即人们在生产、流通、交换以及消费过程中如何以最小投入获得最大产出。如通常所说的"社会建设一定要讲究经济效益""某个工程不符合经济原则"等。

在西方，古希腊的色诺芬（约公元前 430—前 354 年），在他所著的《经济论》中，把奴隶主阶级对奴隶生产活动的组织和管理首次用"经济"一词来概括，意指家庭管理。经济学便成了研究家庭（奴隶主家庭或庄园）管理或规划的学问。古希腊哲学家亚里士多德（公元前 384—前 322 年）发展了上述思想，在其主要著作《政治论》中，对"经济学"进行了讨论，认为经济学是研究家庭管理规律的学问，即研究奴隶主如何处理好家庭内部的各种关系以及如何使财富得到增殖。在亚里士多德那里，经济论被当作广义政治论的一个组成部分。

近代以后，经济学的含义逐渐超越了这种狭隘的概念，成为研究社会生产、交换、分配和消费过程中的经济关系和运动规律，以实现稀缺资源的优化配置的一门科学。

0.1.2 政治经济学的形成与演变

政治经济学作为一门独立的社会科学，是随着资本主义生产方式的产生和发展而逐步形成的。首次使用这一说法的是法国重商主义的代表人物安·德·蒙克来田（1575—1622），他在 1615 年出版的《献给国王和王后的政治经济学》一书中使用了"政治经济学"这个名称。对资本主义生产方式进行全面考察，把经济研究的领域扩展到生产领域，并建立起较完整的理论体系，使政治经济学作为一门独立的经济科学始于 17 世纪中叶，由威廉·配第创立，亚当·斯密集大成，大卫·李嘉图最后完成于 19 世纪初。当时，工场手工业制度已在英、法等国确立，资本主义生产关系迅速发展，但是新兴资产阶级与封建地主阶级之间的矛盾仍十分尖锐，代表产业资本家阶级利益的古典政治经济学应运而生。

古典政治经济学主要是抨击封建制度，反对封建贵族特权和重商主义的国家干预政策，主张经济自由，把研究领域从流通转向生产，并且研究了资本主义生产关系的内在联系，从理论上说明在资本主义制度下如何使财富增长，探讨财富生产和分配的规律，并且论证了资本主义生产优越于封建主义生产。他们提出了劳动创造价值的思想，并触及了剩余价值问题，从而具有一定的科学成分。古典政治经济学是资产阶级对封建主义作斗争的重要的理论武器，对资本主义生产方式的确立与巩固起了促进作用。但是，由于他们把资本主义看成是唯一符合人的本性的、绝对的、最后的社会生产形式，使他们的理论不可避免地带有庸俗成分。

随着资本主义的发展，资本主义生产方式的内部矛盾不断外化和激化。到 18 世纪末 19 世纪初以后，资产阶级的经济学家不断偏离古典政治经济学原有基础，摒弃其科学因素和基础，发展了其中的庸俗成分，对以私有制为基础的市场经济如何运行进行描述和概括，他们的看法往往只停留在分析经济现象的表面联系上，却未触及资本主义生产方式的内部联系和内部矛盾，更不承认资本主义经济制度是人剥削人的制度以及资本主义具有的历史暂时性。

19 世纪 40 年代初，马克思和恩格斯在批判地继承资产阶级古典政治经济学的研究成果的基础上，创立了马克思主义政治经济学，实现了政治经济学史上的伟大革命。

参阅资料

亚当·斯密

亚当·斯密（1723—1790），是英国工场手工业向机器大工业过渡时期的资产阶级经济学家。他继承和发展了英国自威廉·配第以来的古典政治经济学思想，是英国资产阶级古典政治经济学的杰出代表和理论体系的创建者。

斯密出生于苏格兰的一个海关官吏家庭，先后就读于格拉斯哥大学和牛津大学，1748 年毕业后长期在大学任教。1759 年他出版了《道德情操论》一书，该书包括神学、伦理学、法学和政治学等方面内容，其中也涉及经济学和经济政策方面的问题。1764 年，他作为私人教师陪同青年贵族布克莱公爵去欧洲大陆旅行，在巴黎结识了伏尔泰、魁奈、杜尔阁等许多法国知名人士，并在旅居巴黎期间决定撰写一部政治经济学著作。1767 年，斯密返回英国后潜心该书的写作。1776 年，人类历史上的第一部政治经济学巨著《国民财富的性质和原因的研究》（即《国富论》）出版问世，它标志着政治经济学作为一门独立学科正式建立起来了。该书的成功也使斯密成为英国当时最著名的经济学家。亚当·斯密被誉为西方经济学的开山鼻祖，他提出了著名的被称为"看不见的手"的原理。为了表述这一原理，他写道，每个人都力图应用他的资本，来使其生产的产品能得到最大的价值。一般地说，他并不企图增进公共福利，也不知道他所增进的公共福利为多少。他所追求的仅仅是他个人的安乐，仅仅是他个人的利益。在这样做时，有一只看不见的手引导他去促进一种目标，而这种目标绝不是他所追求的东西。由于追逐自己的利益，他经常促进了社会利益，其效果要比他真正想促进社会利益时所收到的效果更大。

0.1.3 马克思主义政治经济学的创立和发展

0.1.3.1 马克思主义政治经济学的创新

马克思主义政治经济学是适应 19 世纪中叶无产阶级与资产阶级斗争的需要，在对英国古典政治经济学、法国空想社会主义学说的批判继承以及同资产阶级庸俗经济学的战斗中产生的，以马克思的伟大著作《资本论》的诞生为标志。它以社会生产关系即经济关系作为研究对象，阐明人类社会各个发展阶段上支配物质资料的生产、交换以及与之相适应的产品分配的规律，是代表无产阶级利益的经济理论体系。它对政治经济学的伟大变革表现在以下四大方面：

（1）第一次明确提出政治经济学的研究对象是人与人之间的社会生产关

系，创造了生产力与生产关系矛盾运动的历史唯物主义分析方法，并据此进行社会经济分析。

（2）首创了生产商品的劳动二重性学说，创立了科学的劳动价值理论。

（3）建立了科学的剩余价值理论，指出了利润、地租、利息的真正来源，发现了资本积累的一般规律和历史趋势。

（4）揭示了资本主义生产方式的内在矛盾和历史过渡性，并对未来的社会主义社会的经济制度及社会经济资源的配置方式等提出了原则构想。

0.1.3.2 马克思主义政治经济学的不断发展

19 世纪末 20 世纪初，自由竞争资本主义发展到了垄断资本主义阶段，列宁对垄断阶段资本主义的经济特征做了大量的研究，深刻揭示了帝国主义的经济基础就是垄断。根据帝国主义经济政治发展不平衡的规律，列宁得出了社会主义可能在少数几个或单独一个国家取得胜利的新结论，并在苏联初步实践了马克思的社会主义理论，丰富和发展了马克思主义政治经济学。列宁逝世之后，斯大林坚持了列宁的基本思想，根据苏联社会主义经济建设的最初实践，对社会主义建设的一系列规律做了探索和总结，创立了政治经济学社会主义部分的体系，成为各个社会主义国家建国初期进行社会主义建设的指导思想。

斯大林逝世以后，各个社会主义国家先后进行了经济体制的改革。改革的实践又不断地丰富和发展了马克思主义政治经济学特别是社会主义政治经济学。尤其是从 20 世纪 70 年代末开始，中国展开了波澜壮阔的市场化改革，这个伟大实践极大地推动了社会主义政治经济学的完善和发展。现阶段，我国在政治经济学社会主义经济分析方面取得了根本性的理论进展：

（1）承认社会主义条件下存在商品关系，进而确认社会主义经济也是市场经济。

（2）承认现阶段的社会主义处于初级阶段，并将研究重点转向社会主义初级阶段的生产方式以及与它相适应的生产关系和交换关系，在这个基础上确认社会主义的根本任务是发展生产力。

（3）明确社会主义初级阶段的基本经济制度是以公有制为主体、多种所有制经济共同发展，与此相应的分配制度是以按劳分配为主体、多种分配方式并存的制度。

（4）承认公有制可以有多种实现方式，进而明确公有制企业在股权多元化基础上建立现代企业制度的改革方向。

（5）依据现阶段的基本经济制度特征，将非公有制经济中的所有者、经营者、管理者和技术人员明确为中国特色社会主义的建设者。

参阅资料

"千年伟人"马克思　不朽巨著《资本论》

1999 年，英国剑桥大学发起"千年第一思想家"的评选，结果是马克思位居第一。同年，英国广播公司也进行了同一命题的全球网上投票，结果仍是马克思位居第一。2002 年，英国路透社搞了一次"千年伟人"的评选，马克思以一分之差略逊于爱因斯坦。2005 年，英国广播公司又进行了"最伟大哲学家"的评选，马克思以近 28% 的得票率位居第一，位居第二的休谟的得票率仅为 12% 多。为什么马克思仍然受到世人如此的关注和崇敬呢？这与其不朽巨著《资本论》为人类精神发展做出了不朽贡献是密不可分的。

《资本论》是一部博大精深的辉煌巨著，是马克思政治经济学研究的高峰，也是马克思经济思想的真实体现。当时，随着资本主义生产方式在欧洲的迅速发展，资本主义社会所固有的矛盾明显地暴露出来，无产阶级反对资产阶级的斗争日益尖锐与复杂化。为了给无产阶级提供强大的理论武器，马克思开始着手研究政治经济学。1867 年 9 月 14 日《资本论》第一卷在汉堡正式出版，其余各卷在他 1883 年逝世以后由恩格斯整理出版。《资本论》分三卷。第一卷从商品入手，着重研究了资本的直接生产过程，揭示了作为阶级关系的资本的本质，重点阐述了剩余价值理论。第二卷研究的就是资本的流通过程和总过程的各种形式，进一步揭示了资本的本质及其内在的深刻的矛盾。第三卷探讨的主要问题是剩余价值是如何在剥削阶级内部分配的。

马克思在这部作品中对古典经济学家（如亚当·斯密、大卫·李嘉图等）的理论进行了仔细的分析和批判，同时吸收了黑格尔的辩证法这一方法，提出了全新的观点。

马克思在《资本论》中研究了资本主义社会的产生和发展，揭露了它的内在本质和矛盾，指出了社会主义革命的必然性和实现共产主义的必然性。《资本论》的基础是剩余价值学说，马克思根据这一学说揭示了资本主义剥削的秘密，科学地论证了无产阶级必然要为实现无产阶级专政和消灭人剥削人的现象而斗争。《资本论》以深沉犀利的笔触揭示了资本主义积累的普遍规律，对资本主义及其辩护士进行了严厉的指控，是具有鲜明的党性的著作。马克思的思想武装了全体工人阶级，并在政治经济学上完成了一个伟大的革命。全书所涉及的有关政治学、社会学、历史和文化的研究，都反映着马克思的历史唯物主义观和阶级斗争学说。这部巨著第一次深刻地分析了资本主义的全部发展过程，以数学般的准确性证明了这一发展必然引导到社会主义革命和无产阶级专政的确立。《资本论》武装了无产阶级，成为无产阶级进行革命斗争的强有力的理论武器，是马克思主义理论宝库中光辉灿烂的科学巨著。

就这部书的历史意义，恩格斯曾说，自地球上有资本家和工人以来，没有一本像我们面前这本书那样，对于工人具有如此重要的意义。资本和劳动的关系，是我们现代全部社会体系所赖以旋转的轴心，这种关系在这里第一次被作了科学的说明，而这种说明之透彻和精辟，只有一个德国人才能做到，这个人就是马克思，他攀登到最高点，现代社会关系的全部领域一览无遗。

《资本论》诞生一百多年来，当今世界的形势已发生巨大的变化，但它的基本理论仍然是今天的人们宝贵的精神财富。马克思的思想不仅为 19 世纪的人类所拥有，更为 20 世纪的人类所重视。它所阐述的基本原理和它的立场、观点、方法，对于如何发展社会主义经济，进行社会主义现代化建设和经济体制改革，具有重要的现实意义。例如，《资本论》中揭示的适合一切生产方式的生产和交换的普遍规律，反映商品经济和社会化生产的范畴、规律的一些原理，如再生产的基本原理，商品、货币与价值规律的理论，资本循环与周转的理论，利润、利息、地租的理论，只有很好地把握住生产关系的本质区别，才能适用于社会主义经济，给我们以极大的启示和教益。

0.2　政治经济学的研究对象与范围

政治经济学是研究人类社会生产关系（经济关系）及其发展规律的科学。马克思认为政治经济学从最广泛的意义上说，是研究人类社会中支配物质资料的生产和交换的规律的科学。在《资本论》第一卷序言中又指出："在本书中研究的，是资本主义生产方式以及与其相适应的生产关系和交换关系。"①
为什么政治经济学要以研究生产关系为研究对象呢？

0.2.1 物质资料的生产是政治经济学研究的出发点

物质资料的生产是人类社会存在和发展的基础。我们知道，人们要生存，就要吃饭、穿衣、住房，就需要各种生活用品。但是，要得到这些东西，就要通过生产活动。任何民族，如果停止了劳动，不用说一年，就是几个星期，就会灭亡。所以，物质资料的生产是社会生活的基础，也是社会存在和发展的基础，只有在这个基础上，人们才能从事政治、科学、艺术等其他方面的活动。可见，作为人类社会存在和发展基础的物质资料生产，是人类最基本的实践活动，它是政治经济学研究的出发点。

0.2.2 政治经济学研究的对象是社会生产关系

在物质资料的生产过程中，不仅人们要同自然界发生关系，人和人之间也要发生一定的关系。前者表现为生产力，后者表现为生产关系。生产关系也称经济关系，就是人们在生产和再生产过程中结成的相互关系。生产关系是各种社会关系中最基本、最重要的关系，政治关系、家庭关系、宗教关系等各种社会关系，都受生产关系的支配和制约。生产关系有狭义和广义之分。狭义的生产关系是指直接生产过程中结成的人与人之间的关系。广义的生产关系是指人们在社会再生产过程中建立的生产（直接生产过程）、分配、交换、消费诸关系的总和。因为社会生产是不能间断的，而是不断重复和更新的，所以表现为再生产过程，它包括生产、分配、交换和消费四个环节，每个环节各有自己的运动规律，它们之间也存在着相互联系、相互制约的辩证关系。

政治经济学所研究的是广义的生产关系。政治经济学想要研究生产关系、解释生产关系的发展规律，就必须研究考察生产关系的生产、交换、分配、消费这些具体的形式，才能揭示其本质。

在这一整体中起决定作用的是生产。所谓生产，是指以一定关系（一定

---

① 《马克思恩格斯选集》第2卷，人民出版社1995年版，第1页。

的劳动方式、一定的生产资料所有制为基础的劳动者与生产资料相结合的形式）结合起来的人们改造自然、生产物质资料的过程。人们在这一过程中的共同活动和相互交换其活动成果的关系构成生产关系，这一层次意义上的生产关系既包括劳动者在分工协作基础上互相交换其活动与能力的关系，也包括社会生产各部门、企业之间在生产过程中发生的协作关系以及人们对生产进行组织管理方面的关系。

（1）生产决定分配。有什么样性质的生产关系，就有与其相适应的分配形式。分配的结构决定了生产的结构，它体现人们对产品的所有权关系：一是被分配的产品只是生产的成果，因而生产的发展水平决定了可分配的产品的数量；二是生产的社会性质决定了分配的社会形式。

（2）生产决定交换。交换包括人们在生产过程中发生的各种活动和能力的交换，以及一般产品和商品的交换。前者属于直接的生产过程，后者则是联结生产、分配、消费的中间环节。没有生产发展和社会分工，就没有交换。生产资料所有制的性质决定交换的性质，生产发展的水平和结构决定交换的深度和广度。同时，交换对生产也有反作用，交换的发展也可以促进生产的增长和社会分工的发展。

（3）生产决定消费。生产为消费提供对象，而且决定消费的方式和消费的性质。生产的最终目的是为了消费，生产关系的性质和生产的目的不同，人们在消费过程中体现的消费资料所有制、消费结构和消费水平也就不同。反过来，消费关系也对生产关系具有反作用，这主要表现为消费不仅使产品成为现实的产品，而且也是生产的目的和发展动力，并不断创造出生产的主观因素——劳动力。所以，生产关系和消费关系互为条件、互相依存、互相转化，一定的消费关系是一定生产关系的一个方面的体现。

0.2.3 政治经济学必须结合生产力研究生产关系

生产力和生产关系是社会生产的两个方面，这两个方面不是任意地、偶然地结合在一起的，而是有机地、必然地联系着的。一定的生产力水平客观上要求有一定形式的生产关系同它相适应，两者的有机结合就构成了一定的社会生产方式。生产力和生产关系既相互对立又相互统一的矛盾，构成了生产方式的内部矛盾。这一矛盾运动，是人类社会发展的基本动力。

　　首先，生产力决定生产关系。一定的生产力要求一定的生产关系与之相适应，每一种新的生产关系，都是适应一定的生产力状况而建立起来的。有什么样的生产力，就有什么样的生产关系与之相适应，生产力的性质决定着生产关系的性质。正如马克思所说："手推磨产生的是封建主为首的社会，蒸汽磨产生的是工业资本家为首的社会。"①所以，生产力是生产力与生产关系矛盾运动中最活跃、最革命的因素，是起决定作用的因素。它不可能长期停留在一个水平上，而是经常处于不断地发展变革的过程中。而生产关系则相反，它具有相对稳定性，当其所容纳的全部生产力发挥出来之前，它是不会灭亡的；而新的更高级的生产关系，在它所赖以存在的物质条件成熟之前，也是不会出现的。生产力决定生产关系，生产关系一定要适合生产力的发展状况，这是历史唯物主义最基本的原理之一。

　　其次，生产关系对生产力的发展具有反作用。生产关系对生产力的反作用，具体表现为两方面：一是当生产关系同生产力的发展相适应的时候，它对生产力的发展起积极的促进作用。例如，资本主义发展的初期，适应生产力发展的生产关系代替了阻碍生产力发展要求的封建主义的生产关系，使生产力得到了迅速发展。二是当生产关系同生产力发展的要求不相适应的时候，它对生产力的发展就起着阻碍和破坏作用，并成为生产力发展的桎梏。例如，资本主义经济危机的爆发，就是资本主义生产关系不适应生产力发展的具体表现。这种同生产力不相适应的陈旧的、起阻碍作用的生产关系总不能过分长久地落后于生产力，它或迟或早要被能适合生产力要求的新的生产关系所代替，新的生产关系一旦建立起来，就能成为一种积极的能动力量，促进生产力的迅速发展。

　　政治经济学以生产关系作为研究对象，就不可避免地要研究生产力，而且研究生产关系的目标也是要使生产关系适应生产力发展的要求，进而促进生产力的发展。因此先进生产力的发展方向，生产关系与生产力的矛盾运动是政治经济学关注的重点。马克思主义政治经济学是资本主义发展到一定阶段，代表先进生产力的无产阶级利益的思想理论，因此，对资本主义和社会主义的生产关系的研究就有不同的着眼点：对资本主义生产力与生产关系的研究目的是揭示资本主义生产关系对生产力的阻碍作用，寻求改变这种生产关系的动力；而对社会主义生产关系的研究目的则在于寻求完善社会主义生

---

　　① 《马克思恩格斯选集》第 1 卷，人民出版社 1995 年版，第 108 页。

产关系的途径，以进一步发展和解放社会主义的生产力。

政治经济学的研究对象也是随着其要完成的历史使命而与时俱进的。当我们进入社会主义社会后，政治经济学既要研究生产关系以及作为其表现形式和实现形式的经济体制、运行机制，也要研究生产力和资源的有效配置，以促进社会主义经济的快速发展。

0.3　政治经济学的任务

任何一门学科的研究任务都是解释其研究对象的运动规律。政治经济学的研究对象是生产关系，其任务就是要揭示各种生产关系产生、发展和变化的规律性，揭示经济过程的本质联系及其运动的客观必然性。

0.3.1　经济规律及其特点

世界上一切事物都是按一定的规律发展变化的。规律就是指事物内部具有的、本质的、必然的联系，经济规律规律是社会经济发展过程中不以人们的意志为转移的客观的、内在的、本质的必然联系。经济规律规律和其他规律一样具有共同的特性。

（1）客观性。任何规律都是客观的，不以人的意志为转移而客观存在的，事物的规律性决定于客观事物本身所固有的内部矛盾及其所依赖的客观条件。例如，地球围绕太阳转从而分出白天黑夜，树叶的下落，不论你愿意不愿意、喜欢不喜欢，都不以人的意志为转移。

同自然规律一样，经济规律也是客观过程的内在的联系，具有客观必然性，是不依赖人的意志为转移的。不管人们主观上是否认识经济规律，它总是客观存在和必然发生作用的。

（2）强制性。规律是客观存在的，这就要求人们必须按客观规律办事，顺应客观规律，否则就达不到预期的目的。

（3）普遍性。不论什么规律，都是在一定的条件下产生的，因此只要具备一定的条件，规律就会重现。例如，在正常大气压下，100 ℃时水就可以变成汽，在 0 ℃时则可以结成冰。

经济规律就是指在社会经济发展过程中经济现象之间的共同的、普遍的和经常起作用的东西。它是经济现象和经济过程本身固有的、本质的、客观的必然联系。例如，在商品经济条件下，商品价格时高时低，商品供应时多时少，商品生产者有的发财有的赔本，这是为什么呢？就是因为在这些经济现象后面，有一种内在的、本质的东西在起作用，这种东西就是经济规律。经济规律也和其他规律一样，具有客观性。它的客观性在于：经济规律是不以人们的意志为转移的。它在一定的经济条件下产生并发生作用。任何人，违背了或是企图臆造任何经济规律，都会无一例外地遭到无情的惩罚。这是因为经济规律的存在具有历史性。它们只在一定的历史阶段发生作用，随经济条件的变更而变化。同时，经济规律作用的实施必须有人的活动参与其中，由于人们认识、利用经济规律的能力有限，从而使经济规律作用的发挥受到了限制。

案例研究

揠苗助长

古时候宋国有个人，嫌禾苗长得太慢，就一棵棵往上拔起一点，回家还夸口说："今天可把我累坏了，我帮助苗长了！"他儿子听说后，到地里一看，苗都死了。天下不助苗生长的人实在很少。以为没有用处而放弃的人，就像是不给禾苗锄草的懒汉。妄自帮助它生长的，就像揠苗助长的人，非但没有好处，反而危害了它。

此人行为严重地违背庄稼生长的基本规律，落为邻里笑柄自然不奇怪。种庄稼和做其他事都一样，要符合事物发展规律，按照规律办事，万万不能单凭自己的意愿，否则只会适得其反，遭到规律的惩罚。

0.3.2 经济规律的类型

经济现象形形色色、错综复杂，反映经济现象的本质联系的经济规律也是多种多样的。经济规律按照其发生作用的历史时期的长短，可分为三种类型（见图 0.1）。

（1）共有经济规律：在一切社会经济形态中起作用的共有经济规律，它表现各个社会经济形态发展过程中经济现象的某些共同的本质联系。例如，生产关系一定要适合生产力状况的规律，就是随着人类社会的产生和发展而产生和发展的。它体现着生产力和生产关系发展变化之间的本质联系，存在于人类社会发展的各个时期。在一切社会经济形态中，共有经济规律的存在，说明各个社会经济形态有着互相联系的一面。

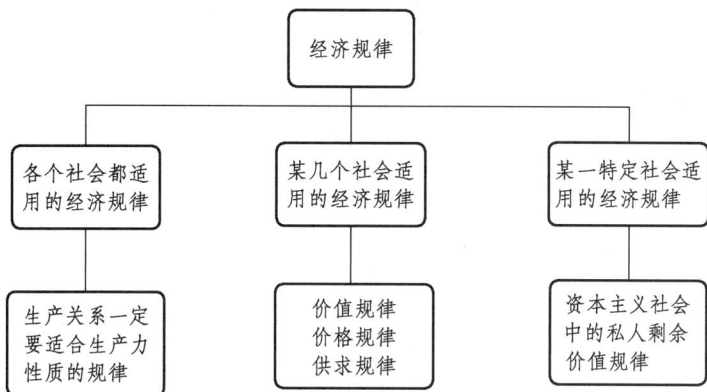

图 0.1　经济规律分层图

（2）部分共有经济规律：在几个社会经济形态中起作用的共有经济规律，它表现几个社会经济形态中存在的某种经济现象的共同的本质联系。如价值规律是商品经济社会中存在的规律。

（3）特有经济规律：在某一社会形态中或某一社会经济形态的某一发展阶段存在并起作用的特有经济规律，它表现某一特定社会经济形态发展过程中经济现象的某种特殊的本质联系。如竞争和生产无政府状态规律是资本主义社会经济形态的特有经济规律之一，而有计划按比例发展规律则是社会主义社会、共产主义社会的特有经济规律之一。

各个社会形态不仅以自己特有的经济规律彼此区别开来，而且以一切社会形态共有的经济规律相互联系着。人类社会已经经历了五种社会制度，各种社会经济制度的性质不同，生产关系发展的规律也截然不同。我们应该根据生产关系发展的不同历史阶段，揭示出各种社会特有的经济规律，然后才能在这个基础之上揭示出各个社会共有的最普遍的规律。

0.3.3　经济规律能够被人们认识和利用

经济规律是客观存在的，又是看不见摸不着的，但它是可以被人们认识和利用的。也就是说，经济规律虽然是不以人们的意志为转移而客观存在的东西，人们不能任意"消灭"规律或"创造"规律，但人们可以认识和掌握规律，利用规律来为社会谋福利，这是因为人有主观能动性。一旦人们认识了客观规律，就能有效地发挥主观能动性，按客观规律办事，成为客观规律的主人。政治经济学的任务就是揭示客观经济规律，为人们提供认识问题和解决问题的依据和方法。所以，一定意义上说，人们所认识和利用的经济规律就是由政治经济学正确地揭示的经济规律。

案例研究

赶在畜瘟疫前

1875 年的一天，美国某肉类食品公司的老板在报纸上看到一篇报导——墨西哥发生了畜瘟疫。他想，如果墨西哥真的发生了瘟疫，必然会很快传到相邻的美国的加利福尼亚和得克萨斯州，而这两个州都是美国的肉类食品供应地，一旦发生瘟疫，政府必然会下令禁止这两个州的肉类食品外运。于是，这位老板立即派他的私人医生到墨西哥进行实地考察。第二天，医生打来电话，说那里确实发生了畜瘟疫，而且情况非常严重。这位老板立即从上述两州购买牛肉和生猪，并火速运往美国东部。几天后，瘟疫消息传入美国，政府下令禁止这两个州的肉类外运，美国市场因肉类食品短缺而涨价，这家肉类食品公司却因此获利 9000 万美元。

经济规律具有客观性，并不等于人们在经济规律面前是消极的、无能为力的。相反，人们是可以认识和利用经济规律，并用来为自己和社会服务的。作为企业的经营者在不断提高自己业务素质的同时，也要尊重市场在资源配置中的基础性作用，及时捕捉市场信息，调整自己的经营方向和经营目标，改善自己的经营策略。美国这家肉类食品公司的老板就是自觉运用了价值规律以及价格与供求之间相互影响和相互制约的关系，才在激烈的市场竞争中运筹帷幄，决胜千里，最终赚得了个盆满钵满。

经典读点

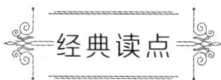

　　"社会力量完全像自然力一样，在我们还没有认识和考虑到它们的时候，起着盲目的、强制的和破坏的作用。但是，一旦我们认识了它们，理解了它们的活动、方向和影响，那么，要使它们愈来愈服从我们的意志并利用它们来达到我们的目的，这就完全取决于我们了。"这里的区别正像雷电中的电的破坏力同电报机和弧光灯的被驯服的电之间的区别一样，正像火灾同供人使用的火之间的区别一样。当人们按照今天的生产力终于被认识了的本性来对待这种生产力的时候，社会的生产无政府状态就让位于按照全社会和每个成员的需要对生产进行的社会的有计划的调节。"

　　——恩格斯：(《马克思恩格斯全集》第 20 卷，人民出版社 2006 年版。

0.4　学习政治经济学的意义

　　作为经济分析指导思想和理论基础的政治经济学，是马克思主义的主要组成部分，它不仅提供阶级斗争的思想武器，也提供经济建设的指南。

0.4.1　政治经济学的实践性、阶级性与动态性

　　政治经济学在本质上是一门实践性非常强的科学，马克思主义政治经济学的科学性，就是建立在它的阶级性和实践性的坚实基础上的。过去，马克思、恩格斯为无产阶级革命斗争的需要，运用无产阶级的立场、观点和方法，坚持实践第一的原则，创立了有高度科学性的马克思主义政治经济学。现在，面对知识经济、经济全球化和市场经济所发生的巨大变迁，面临革命和建设的双重任务，我们更要坚定地继续运用无产阶级的立场、观点和方法，继续坚持实践第一的原则，进一步丰富和发展马克思主义政治经济学，捍卫它的

科学性，任何"左"的或右的经济思潮，均会使理论脱离和背弃当代经济实践，都将严重损害它的科学性，使之失去原有的活力和价值，应当不唯书、不唯上、不唯风，只唯实。

政治经济学的阶级性是由政治经济学所研究的对象决定的。作为政治经济学研究对象的生产关系，本质上就是人们的物质利益关系。在阶级社会或阶级世界里，生产关系及其经济利益必然表现为阶级利益的对立和差别。揭示生产关系的本质、矛盾和运动规律，直接涉及不同阶级的切身利益。所以，代表不同阶级利益的经济学家从不同的立场和观点出发，对社会经济现象和经济关系有不同的认识和解释。他们为自己的阶级创立的经济理论，是各个不同阶级的经济利益在理论上的表现。由于政治经济学所研究的材料的这种特殊性，在阶级社会里从不存在超阶级的政治经济学。

政治经济学是动态和发展的科学，从它产生的第一天起，就在不断地发展和变化，正如恩格斯所说："我们的理论是发展的理论，而不是必须背得烂熟并机械地加以重复的教条。"[1]因为它的一切理论观点都以事实为最后依据，并坚持理论和实践相结合，决定了它可能而且必然要求理论随着实际生活的发展而不断地发展，也决定了它具有强大的生命力。

拓展学习

政治经济学学科具有不可替代性

第一，政治经济学作为以社会生产方式及其与之相适应的生产关系和交换关系为主要研究对象的科学，负有为其他经济学科提供理论基础和为改革开放现代化建设提供理论指导的义不容辞的责任。从实践的需要看，我国正在进行的改革、发展和现代化建设，往往不乏具体的对策和建议，但每到重要关头，强有力的理论支持往往显得不足，这说明加强政治经济学建设、发展政治经济学学科是非常必要的。

第二，中华人民共和国成立五十多年特别是改革开放二十多年的实践证

---

[1] 恩格斯：《致弗·凯利·威士涅茨基夫人的信》，载《马克思恩格斯全集》第36卷，人民出版社1975年版，第584页。

明，指导中国改革和现代化建设的重大基本理论，不是某一部门经济学或其他经济学学科取得的成果，也不是西方经济学取得的成果，而是政治经济学理论研究取得的进展。继续发展政治经济学，努力取得更多的理论进展，是时代赋予的伟大历史使命。

第三，经济学是一个庞大的科学门类，它既包括世界经济、西方经济学、经济思想史、经济史等理论经济学学科，也包括金融学、国际贸易、产业经济学、区域经济学等应用经济学学科，用这样一门庞大的学科门类代替一门以研究经济关系为主要对象和以提供基本理论为基本任务的政治经济学是不适宜的。从科学的发展趋势看，虽然强调学科的交叉和融合，但这种交叉和融合是建立在学科细化、研究深入的基础之上的，而不是简单地以综合取代学科的分工。

第四，虽然原有的政治经济学确实存在研究对象过窄、内容滞后、某种程度上脱离实际等弊端，但这些弊端属于要改革的范围，而不必因此取消或者用别的学科取代政治经济学。事实上，改革开放以来，特别是 1992 年以后，我国的政治经济学无论是研究对象还是内容都有了很大的发展，这些发展虽然还不充分，但有了这样的基础，再坚持不懈地探索，一定可以取得更大的进展。

资料来源：逄锦聚：《论政治经济学的继承与创新》，载《光明日报》2002年 8 月 27 日。

0.4.2　学习政治经济学的意义

首先，学习政治经济学是认识现代资本主义的需要。自 20 世纪 50 年代以来，资本主义社会出现了一些新的情况和变化，生产力发展较迅速，人们的生活水平明显提高,资本主义制度固有的矛盾在不同程度上有一定的缓和。马克思主义政治经济学可以为认识和研究现代资本主义提供科学的世界观和方法论，同时也是重要的理论基础。

其次，学习政治经济学是学习其他经济学科的需要。政治经济学透过纷繁复杂的经济现象，研究经济现象之间内在的、本质的、必然的联系，是学好其他经济学科的起点和基础。同时，学习政治经济学能够培养扎实的理论功底，增强经济工作的适应能力。

最后，学习政治经济学是寻求指导社会主义市场经济运行的一般经济理论的需要。马克思主义政治经济学是一般性的经济理论，对现阶段的社会主义市场经济建设具有十分明显的指导作用。

拓展学习

政治经济学主要流派

一、资产阶级古典政治经济学

资产阶级古典政治经济学，是资产阶级经济学的开始和重要阶段。它产生于 17 世纪中叶，完成于 19 世纪初，也就是资本主义制度由确立到成长的时期。其代表人物有英国的威廉·配第、亚当·斯密和大卫·李嘉图。

古典政治经济学因为它在一定程度上研究了资本主义生产关系的内部联系，提出了价值的来源与实质，奠定了劳动价值论的基础，并在这个基础上不自觉地觉察到剩余价值，在不同程度上考察了利润、利息和地租这些具体形态。因此，古典政治经济学在经济学史上占有重要的地位。马克思对古典政治经济学进行了透彻的分析和批判，在分析批判的过程中，吸取其科学成分，创立了马克思主义政治经济学，即无产阶级政治经济学。英国的古典政治经济学是马克思主义的三个来源之一。

但是，由于古典政治经济学家的资产阶级局限性，他们不可能从本质上揭示资本主义经济发展的规律，所以在他们的经济学说中除包含一定的科学成分之外，不可避免地存在理论上的错误和庸俗成分。

二、资产阶级庸俗政治经济学

在资本主义制度确立之后，两大阶级的矛盾趋于尖锐化。它是专门为资本主义制度辩护的非科学的经济理论体系。从 19 世纪 30 年代起，已经取代古典政治经济学占据统治地位。

他们从资产阶级的偏见出发，歪曲或否定古典政治经济学的科学成分，发展其庸俗成分，攻击进步的、科学的经济学说，掩盖阶级矛盾，否认社会的发展规律。他们只研究资本主义生产的表面现象和外部联系，不去研究这些外部的表面现象所掩盖的实质。他们的研究方法只是把这些表面现象记录下来，加以分类，从而形成一个庞杂的混乱的不成体系的体系。他们出于为资本主义辩护的需要，把一些社会经济现象，完全按照资产阶级的利益来加以解释和说明。正如马克思所指出的：随着资本主义阶级斗争发展起来以后，科学的资产阶级经济学的丧钟敲响了，"现在问题不再是这个或那个原理是否正确，而是它对资本有利还是有害，方便还是不方便，违背警章还是不违背警章。不偏不倚的研究让位于豢养的文丐的争斗，公正无私的科学探讨让位于辩护士的坏心恶意"。庸俗政治经济学随着形势的发展，越来越暴露了自己的这种丑恶面目。

法国的萨伊、英国的马尔萨斯，就是古典政治经济学庸俗化的最初代表。近代和现代庸俗学派（马歇尔、萨缪尔森、斯蒂格利茨）在很多方面抛开了古典政治经济学中的科学成分，带有辩护性质。

总体上看，现代西方经济学存在或多或少的资产阶级局限性，但其中包含的关于"经济运行规律＝运行方式"的解释和经济管理的具体知识、关于经济过程和经济机制的某些分析方法，包括数量分析和动态分析的运用等方面，反映了社会化大生产和市场经济的普遍规律，是可资可鉴的。

三、小资产阶级政治经济学

小资产阶级政治经济学是资本主义社会中代表小资产阶级利益的一种理论体系。它产生于19世纪产业革命已在西欧主要国家展开小资产阶级剧烈分化的时期。主要代表人物有西斯蒙第、蒲鲁东。他们从小资产阶级的立场出发，无情地批判资本主义制度，指出了资本主义制度的历史过渡性；但又主张复古倒退，把中世纪宗法式的农业和手工业社会理想化为人类幸福生活的新境地，这显然是不切实际的空想，违反历史发展规律，开历史倒车，当然不可能作出科学的论述。

在资本主义形成时期，小资产阶级经济学家对资本主义的矛盾和弊病的揭露与批判具有一定的积极意义。因为这种揭露和批判戳穿了资产阶级经济学家所谓"资本主义是自然的、永恒的、无限美好的理想社会制度"的廉洁的虚伪性，有助于使劳动群众消除对资本主义的幻想。但是随着资本主义的发展，工人运动的高涨，特别是马克思主义政治经济学的创建和传播，小资产阶级经济学说就日益显出其空想性和反动性。

四、空想社会主义经济学说

空想社会主义从产生到发展经历了几个世纪，分为三个时期。16 至 17 世纪的空想社会主义者揭露了资本原始积累时期的罪恶，最初描绘了一个实行公有制、人人劳动、合理分配的理想社会；18 世纪的空想社会主义者明显地带有平均主义和禁欲义的色彩；到了 19 世纪初，空想主义者对资本主义制度作了无情的揭露和尖锐的批判，并对未来的社会制度作了天才的具体描绘，提出了许多积极的主张。这些学说是不成熟的无产阶级的理论表现，反映了早期无产阶级对改造社会的迫切要求。在当时曾经起过积极的、进步的作用。他们的学说包含了许多卓越的思想，为后来的科学社会主义的建立提供了宝贵的材料，成了马克思主义的三个来源之一。

但是，空想社会主义学说不可能超出时代的限制，未能了解资本主义发生、发展和灭亡的规律，也看不到无产阶级作为资本主义掘墓人和社会主义创造者的伟大历史使命。他们把希望寄托在统治阶级上，否定阶级斗争，反对用革命手段来改造社会，幻想用和平手段来达到消灭旧社会、建设新社会的目的。总之，空想社会主义者受着时代的局限，所以他们的理论是不成熟的。因此，他们所设想的社会制度也是"一开始就注定要成为空想的，它愈是制定得详尽周密，就愈是要陷入纯粹的幻想"。

五、无产阶级政治经济学——马克思主义政治经济学

马克思主义政治经济学是马克思主义的三个组成部分之一，是马克思的理论的"最深刻、最全面、最详尽的证明和应用"。作为一门揭示社会经济运动规律的科学，它在马克思主义的整个理论体系中处于核心地位。

马克思主义政治经济学是马克思、恩格斯在批判地吸收资产阶级古典政治经济学的科学因素的基础上创立的。它的产生是政治经济学历史上的一次伟大革命，是人类思想史上最伟大的成果之一，它使社会主义从空想变为科学。马克思主义政治经济学是一门真正阐明了人类社会经济发展规律的科学。

本章知识结构

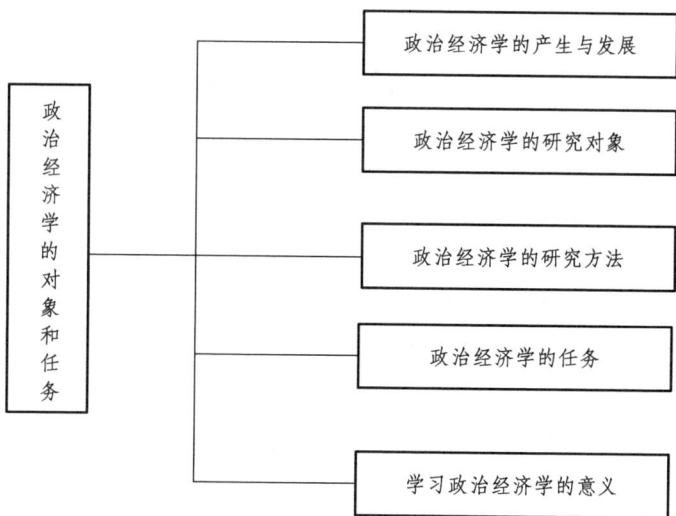

```
                        ┌─────────────────────────┐
                        │   政治经济学的产生与发展      │
                        └─────────────────────────┘
        ┌───┐           ┌─────────────────────────┐
        │ 政 │           │   政治经济学的研究对象       │
        │ 治 │           └─────────────────────────┘
        │ 经 │
        │ 济 │           ┌─────────────────────────┐
        │ 学 │           │   政治经济学的研究方法       │
        │ 的 ├───────────┤─────────────────────────┘
        │ 对 │           ┌─────────────────────────┐
        │ 象 │           │   政治经济学的任务          │
        │ 和 │           └─────────────────────────┘
        │ 任 │
        │ 务 │           ┌─────────────────────────┐
        └───┘           │   学习政治经济学的意义       │
                        └─────────────────────────┘
```

问题与应用

1. 为什么说物质资料生产是马克思主义政治经济学研究的出发点？
2. 马克思主义政治经济学的研究对象是什么？
3. 怎样理解经济规律的客观性和人的主观能动作用？
4. 学习政治经济学有何重大意义？

实战演习

1. 一个烈日炎炎的中午，几位在沙漠上旅行的学者经过长途跋涉，饥渴交困。然而不幸的是，当他们坐下来围着随身所携带的一堆罐头时，却因为没有开罐工具而一筹莫展。于是，一场研究如何用最简单的办法开启罐头的学术讨论会开始了。

物理学家首先发言："给我一个聚光镜，我可以用阳光把罐头打开。"

化学家接着说："我可以利用几种化学药剂的综合反应来开启罐头。"

而经济学家则说："我的办法最简单。假设我有一把开罐刀……"

问:(1)根据上述故事，请你谈谈在政治经济学的研究中是否需要假设？

（2）马克思在政治经济学的研究中采用的主要方法是什么？

（3）马克思主义政治经济学的方法论体系由那些方法所构成？

2. 马克思指出："政治经济学所研究的材料的特殊性，把人们心中最激烈、最卑鄙、最恶劣的感情，把代表私人利益的复仇的女神召唤到战场上来，反对自由的科学研究。"所以，不可能有统一的、适合一切阶级利益的政治经济学。不同的阶级有不同的政治经济学。马克思把政治经济学区分为资产阶级政治经济学、小资产阶级政治经济学和无产阶级政治经济学。实际上，有些西方学者在某种程度上也承认这一点。西方学者并不都讳言自己的阶级立场。最有影响的西方经济学家凯恩斯在《劝说集》中就曾直言："如果当真要追求阶级利益，那我就得追求属于我自己那个阶级的利益。……在阶级斗争中会发现，我是站在有教养的资产阶级一边的。"凯恩斯终身拥护资本主义制度，并且相信只要有"正确的"经济理论和经济政策，资本主义的各种弊端都可以得到改善。1987 年诺贝尔经济学奖获得者索洛也曾说过："社会科学家和其他人一样，也具有阶级利益、意识形态的倾向以及一切种类的价值判断。但是，所有的社会科学的研究，和材料力学或化学分子式结构的研究不同，都与上述的（阶级）利益、意识形态和价值判断有关。不论社会科学家的意愿如何，不论他是否察觉到这一切，甚至他力图避免它们，他对研究主体的选择，他提出的问题，他没有提出的问题，他的分析框架，他所使用的语言，很可能在某种程度上反映了他的（阶级）利益、意识形态和价值判断。"

问：你认为上述观点是否正确？为什么？

3. 兰州市物价局出台的限价令已然细致到老百姓每天使用的筷子上。据报道，上述部门联手于 2007 年 6 月 26 日出台文件，根据经营环境、技术力量、服务水平和饭菜质量等，把该市的拉面馆（店）划分为特级、一级、二级、普通级四个级别，并限制每个级别的最高售价。同时规定兰州市普通级牛肉拉面馆大碗牛肉拉面不得超过 2.5 元，小碗与大碗的差价为每碗 0.2 元。此前，兰州市物价局商价处工作人员曾表示，牛肉拉面实行市场调节价并不等于政府部门不能对牛肉拉面价格进行干预。普通级牛肉拉面每碗最高 2.5 元的限价标准是经过成本审核后得出的，必须严格按照此标准执行。西固区物价局局长也称，面馆若违法涨价将依法进行查处。

问：（1）规律的客观性指什么？

（2）政府试图改变的是经济规律本身，还是经济规律起作用的条件？

（3）兰州拉面限价行为是否违背了规律？

第一篇

资本的生产过程

1　商　品

　　商品从它产生开始，就以它自身的属性来满足人的需要，它既是财富的元素，也是欲望的载体。市场上商铺林立，店内商品琳琅满目，商品以其特有的魅力吸引并占据着人们的日常生活。然而，商品就像一把双刃剑，一方面给人们的生活带来便利，改善了生活品质，推动了经济的发展；另一方面给人们带来了剥削、压迫，甚至战争。在这样一个商品无处不在的时代，我们的生活变得丰富了，但是也变得更加复杂了。这也不得不让我们深思：商品到底是什么？它为何具有如此神秘的力量？

　　商品是马克思政治经济学研究的逻辑起点。"资本主义生产方式占统治地位的社会的财富，表现为'庞大的商品堆积'，单个的商品表现为这种财富的元素形式。因此，我们的研究就从分析商品开始。"①

1.1　商品及其内在矛盾

　　众所周知，商品是用于交换的劳动产品。换句话说，商品就是为市场交换而生产的对他人或社会有用的劳动产品。商品包含使用价值和价值两个要素，是使用价值和价值的有机统一体。商品的价值有质的规定性和量的规定性两方面。从质的规定性讲，它是物化在商品中的抽象劳动，是无差别的人类劳动的凝结。阳光、空气虽然是人类生存所必需的，却不是商品。商品不是现成就有的东西，物品要成为商品，必须是人类劳动的、通过市场交换的产品。家庭中自己生产出来满足自己需要，或将其赠给他人供别人消费的物品，仍不是商品（见图 1.1）。可见，只有通过交换，通过市场，有用的劳动产品才能成为商品。

---

①《马克思恩格斯文集》第 5 卷，人民出版社 2009 年版，第 47 页。

图 1.1　自耕自足产品不是商品

1.1.1　商品的属性

1.1.1.1　使用价值

　　作为商品，首先必须能够满足人类的某种需要，如衣服、食物、房屋、汽车可以分别满足人们衣、食、住、行的需要（见图 1.2）。商品的这种能够满足人们某种需要的属性就是商品的使用价值。使用价值是商品的自然属性，体现了人与自然的关系。

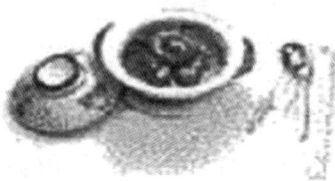
充饥

御寒

图 1.2　商品的使用价值

　　首先，各种商品分别满足人类不同的需要，具有不同的使用价值。决定使用价值这种不同用途的是商品的自然属性。例如，笔可以用来书写，琴可以用来演奏，笔和琴不能互换其使用价值。其次，同一商品具有多种自然属性，从而具有多种使用价值，尤其是随着生产和科学技术的发展，人们对同一种商品可以挖掘出更多的用途，例如，过去人们只把煤作为燃料，现在可以用来制作化肥、药品、染料、塑料、合成纤维等，满足人们的不同需要。

　　人类社会要存在和发展，必须不断生产出各种有使用价值的物品来满足人们的需要。因此，"不论财富的社会形式如何，使用价值总是构成财富的物质内容"①。商品的使用价值与一般物品的使用价值存在着差别：第一，它必须是劳动产品的使用价值。如空气、阳光虽能满足人们的需要，却不是商品。第二，作为商品的使用价值，不是为了满足自己的需要，而是为了满足他人的需要。第三，供给别人满足需要，不是无代价的奉献或赠予，而是通过交换转移到别人手里。因此，它是交换价值的物质承担者。

案例研究

大瓢无用可泛舟

　　《逍遥游》讲了一个大瓢无用的故事。惠施对庄子说："魏王送给我一粒大葫芦种子，我把它种了下去，没想到培育出来的葫芦太大了，竟然能在里面存放五石粮食。我想用它来存水，可是这皮太脆，没有力量承受；我把它剖开当瓢用，可是它太大，没有水缸能够容纳它。它太大，大到了无所适用的地步，所以我一生气，就把它给砸碎了。"庄子笑笑说："以我之见，不是瓢大而无用，而是先生不懂得如何使用。现在先生有一个可放五石粮食的葫芦，为什么不把它剖开做成小舟漂浮于江湖之上，而却在那里为其没有用处而犯愁呢？"

　　使用价值就是能满足人们某种需要的物品的效用，如粮食能充饥，衣服能御寒。这是商品的基本属性之一，是价值的物质承担者，是形成社会财富的物质内容。大千世界里各种事物以千姿百态的使用价值为人们所喜爱，构成了人们丰富多彩的物质生活和精神生活内容，人们的一切活动都离不开这些事物的使用价值。我们为什么要购买某种物品，其背后的原因在于这种商品具有某种使用价值。通常情况下，同一事物蕴涵着多种使用价值；同一使用价值又可由多种事物表现出来；同一事物对于不同使用主体可表现出不同的使用价值；同一事物对于同一使用主体在不同的用时间或在不同的环境条件下又可表现出不同的使用价值。庄子重点论述了大瓢

---

　　① 马克思：《资本论》第 1 卷，人民出版社 1975 年版，第 48 页。

的使用价值，大瓢不能存放粮食，不能当普通的瓢用，但是仍旧有它的使用价值，即可以做成小舟。

资料来源：http://data.book.163.com/book/section/0000FbPB/ 0000FbPB34.html。

1.1.1.2　交换价值与价值

劳动产品要成为商品，必须是可以用来交换的，而能交换到别的物品，就必须具有交换价值。交换价值就是一种使用价值同另一种使用价值相交换的数量关系或比例。例如，1只羊＝2把斧子，2把斧子就是1只羊的交换价值（图1.3）。2把斧子还可以与其他使用价值相交换，从而具有多种交换价值。而且，各种商品交换的比例，还会因时因地而发生变化。

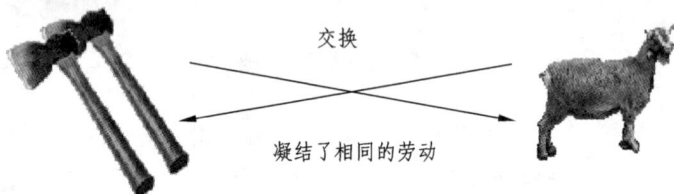

交换

凝结了相同的劳动

图 1.3　交换价值

不同使用价值的商品能够按照一定的比例进行交换，这表明它们之间存在着某种共同的东西，从而使它们在量上能够相互比较。如果我们撇开商品的使用价值，商品就只剩下一种属性，即它们都是劳动产品，在它们的生产上都耗费了人类劳动。这里所说的劳动已不是某种具体形式的劳动，而是指撇开了劳动的具体形式的一般人类劳动，即人们脑力和体力的耗费。这种无差别的一般人类劳动凝结，就是商品的价值。价值是商品的社会属性，体现的是人与人之间的关系。

不同的商品之所以能按照一定的数量比例进行交换，正是由于价值这个同质但不同量的东西的存在，因此商品价值的大小决定着商品之间交换的量的比例。可见，价值是交换价值的基础，交换价值只是价值的表现形式。

1.1.1.3　商品是使用价值和价值的对立统一体

任何一种商品都是使用价值和价值的统一体，它们处在一种既相互统一又相互矛盾的关系之中。

一方面，它们是相互统一的，使用价值和价值两者互相依赖，互为条件，缺一不可，彼此有着不可分割的联系。这种联系表现为以下四个方面：

（1）一种东西如果没有使用价值，也就不能形成价值，即使在这种物品的生产上耗费了大量劳动，这些劳动也是白费，不能形成价值，因此没有使用价值的东西不能成为商品。

（2）有的东西虽然有使用价值，但不是劳动产品，其中没有凝结人类劳动，也就没有价值，因此也不是商品。例如，空气、阳光等。

（3）有的东西既有使用价值又是劳动产品，却是为自己消费生产的，也就不是商品。例如，家庭主妇为家里绣的十字绣等。

（4）还有的东西，既有使用价值，又是劳动产品，而且也是为别人、为社会生产的，但却不是经过交换到达消费者手中的，所以，这也不是商品。例如，妈妈为儿女织的毛衣等。

另一方面，使用价值和价值又是相互矛盾的。对商品的生产者来说，生产商品是为了交换，对他有意义的只是商品的价值；对商品的购买者来说，购买商品是为了满足自身的需要，他关注的是商品的使用价值。商品生产者要实现商品的价值，就必须让渡商品的使用价值；商品购买者要获得商品的使用价值，就必须支付该商品的价值。商品交换中的任何一方，都不可能同时占有商品的使用价值与价值。只有通过交换，使用价值与价值的矛盾才能得到解决。如果交换失败，使用价值无法进入消费环节，商品的内在矛盾得不到解决，就会使商品生产者陷入困境。

拓展学习

马克思商品二因素理论对古典政治经济学的发展

马克思和恩格斯在研究政治经济学的时候，十分注重对价值范畴的考察，批判地继承了古典学派的劳动价值论。马克思在 1847 年所写的《哲学的贫困》中，阐述了马克思主义劳动价值论的基本要点。在 1849 年的《雇佣劳动与资本》中，进一步阐述了价值规律及其作用。在 1867 年的《资本论》第 1 卷中，将科学的劳动价值理论完整地呈现于世人面前。

古典政治经济学派的杰出代表亚当·斯密和大卫·李嘉图，虽然明确划分了商品的使用价值和交换价值，指出使用价值是交换价值不可缺少的前提，而并不是交换价值的尺度，但是他们并不了解使用价值和交换价值是同一商品的两个对立的属性，不了解商品是这两个对立面的统一体。他们虽也开始感觉到价值与交换价值有所区别，但看不见交换价值和价值的内在联系，把交换价值看成是与商品的社会性质毫无关系的东西。其结果，就是会把商品、价值都看成自然范畴，而不被看作历史范畴和一定生产关系的理论表现，而把资本主义生产关系看做是不变的、永恒的范畴。

正如卢森贝所说，对于人们而言，交换价值在两个方面还是一个谜。第一，就其自然属性来说完全不能比拟的两种东西的相等意味着什么？这种相等又掩盖了什么？第二，为什么刚好是一种商品的一定数量交换另一种商品的一定数量？在这两个"谜"中，资产阶级经济学家研究了并正在研究着第二个，第一个甚至还没觉察到。而马克思却对此进行了研究，提出了价值是交换价值的基础。交换价值不过是价值的表现形式的科学结论（参见卢森贝：《〈资本论〉注释》第1卷，生活·读书·新知三联书店1975年版，第68页）。马克思的商品二因素理论，明确区别了交换价值和价值的关系，深入地分析了价值形式的发展、商品拜物教的实质，从而为揭露剩余价值的秘密奠定了必要的理论基础。

马克思主义劳动价值论与古典学派劳动价值论有十分明显的区别。一是古典学派站在资产阶级立场上，只注重价值量的考察，而马克思主义站在无产阶级立场上注重考察价值，为研究资本主义生产关系奠定了基础。二是古典学派把价值只看作物与物的关系，而马克思则是社会经济关系的抽象。三是古典学派把价值看作永恒的、自然存在的经济范畴，而马克思主义把价值看作历史的一定的生产关系的反映。

1.1.2 劳动的二重性决定商品的二因素

商品是由劳动创造的，商品之所以具有二因素，是因为生产商品的劳动具有二重性，即具体劳动与抽象劳动。生产商品的劳动，一方面是与其他劳动不同的具体劳动，另一方面又是与其他劳动相同的抽象劳动。正是生产商品的劳动二重性决定了商品的二因素：具体劳动生产使用价值以及抽象劳动生产价值。

1.1.2.1　具体劳动

生产商品的劳动，首先必须是具体劳动。具体劳动是指在一定具体形态下进行的劳动，即人们为了满足不同需要采取不同的手段和操作方法作用于不同的对象从而实现不同目的和结果的劳动。例如，农民采用镰刀、锄头等工具在土地上进行耕作生产出农作物，木匠使用刨子、锯子等工具作用于木材生产出桌椅（见图 1.4），等等。农民与木匠的劳动形式完全不同，从而生产出各不相同的使用价值。

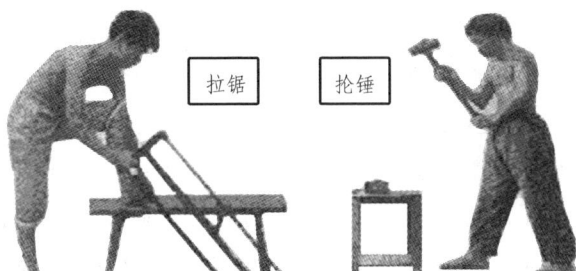

拉锯　　抡锤

图 1.4　具体劳动

不同商品之所以具有不同的使用价值，除了其构成的物质要素各有其特殊的自然属性外，还因为生产它们的劳动又各有其特殊的具体形式，即具体劳动与自然物质共同构成了使用价值的源泉。具体劳动与社会形态无关，即在任何社会，人类要生存和发展，都必须从事各种各样的具体劳动，生产出各种各样的使用价值来满足人们各种各样的需要。

1.1.2.2　抽象劳动

生产商品的劳动在具体形式上虽各不相同，但生产出来的各种商品却可以互相交换，这说明人们的劳动有共同的一面。撇开农民和木匠的劳动形式，双方在劳动过程中都耗费了脑力和体力，这种撇开了劳动的具体形式的无差别的一般人类劳动就是抽象劳动。抽象劳动的凝结形成价值。

抽象劳动是劳动的社会属性，是商品经济特有的范畴。因为只有在劳动产品成为商品的条件下，服从于交换的需要，要比较不同商品的价值的大小，即比较在商品生产上所耗费的人类劳动的多少，才有必要将各种不同的具体劳动化为同质的抽象劳动。由此可见，抽象劳动是人类劳动的一种特殊的社会形式，它体现着商品生产者之间通过商品交换而相互交换自己劳动的社会关系，是一个历史范畴。

1.1.2.3 生产商品的劳动是具体劳动和抽象劳动的对立统一

一方面，具体劳动和抽象劳动是统一的，是生产商品的同一劳动的两个方面，而非两次劳动。抽象劳动是本质，是生产商品的一般人类劳动的耗费；具体劳动是形式，是人类劳动耗费的具体形式。同一劳动的这两个方面是不可分割的。

另一方面，具体劳动和抽象劳动又是有区别的。首先，具体劳动在质上是各不相同的，正是由于各不相同的具体劳动形成了各不相同的使用价值；抽象劳动在质上是相同的，正是由于抽象劳动都是无差别的一般人类劳动，各个商品才有了比较的基础。其次，具体劳动体现了人与自然的关系，是生产商品劳动的自然属性；抽象劳动则体现了人与人的关系，是生产商品劳动的社会属性。最后，具体劳动与社会形态无关，是个永恒范畴；抽象劳动是人类劳动的一种特殊的社会形式，是商品经济的特有范畴。

1.1.2.4 劳动二重性的矛盾是商品二因素矛盾的根源

具体劳动创造商品的使用价值，这是产品成为商品的前提。但是商品生产者所进行的这种具体劳动只有通过交换还原为抽象劳动，商品的价值才能得以实现；如果具体劳动不能还原为抽象劳动，具有使用价值的产品就不能实现其价值，产品就不能转化为商品。具体劳动与抽象劳动的矛盾正是通过使用价值和价值的矛盾反映出来的，或者说具体劳动和抽象劳动之间的矛盾是商品的使用价值和价值之间的矛盾的根源。

1.1.2.5 劳动二重性学说的意义

马克思在《资本论》中指出："商品中包含着的劳动的这种二重性，是首先由我批判地证明了的，这一点是理解政治经济学的枢纽""是对事实的全部理解的基础""是批判地理解问题的全部秘密"。可见，劳动二重性学说有着非常重要的意义，是理解政治经济学的枢纽。第一，马克思首创的这一理论克服了古典政治经济学的重大缺陷，为建立科学的劳动价值论奠定了坚实的基础；第二，劳动二重性理论为马克思剩余价值理论奠定了科学基础；第三，这个理论是我们理解马克思经济理论体系中其他一系列重要原理（如资本有机构成理论、资本积累理论、社会资本再生产理论等）的钥匙。

1.1.3 私人劳动和社会劳动的矛盾是简单商品经济的基本矛盾

商品内部使用价值和价值的矛盾，是由具体劳动和抽象劳动的矛盾决定的，而具体劳动和抽象劳动的矛盾是由私人劳动和社会劳动的矛盾决定的。所以，私人劳动和社会劳动的矛盾是商品二因素和劳动二重性矛盾产生的根源。

私有制与社会分工的存在，既是商品经济产生的条件，也是私人劳动和社会劳动矛盾产生的条件。一方面，生产资料归私人所有，商品生产者的生产具有随意性，他们生产什么、如何来进行生产都可以自主决定，所以他们的劳动是私人性质的劳动。另一方面，社会分工是商品经济存在的基础。单个商品生产者的生产都只是社会劳动的一部分，都需要通过交换提供给他人与社会以满足社会的需要，因此他们的劳动具有社会性质。由此得知，私人劳动和社会劳动是矛盾的，这种矛盾同时存在于商品生产者的劳动中，成为商品经济的基本矛盾。

私人劳动和社会劳动的矛盾是商品内在矛盾产生的根源。商品本身所包含的使用价值和价值的矛盾、具体劳动和抽象劳动的矛盾都是由私人劳动和社会劳动的矛盾引起和决定的。因为要解决私人劳动和社会劳动这一矛盾，即私人劳动转化为社会劳动，就必须通过商品交换。而要实现商品交换，就要比较和计量交换双方商品的劳动量，从而必须把各种不同质的具体劳动还原为同质的一般人类劳动，即还原为抽象劳动。所以，在商品经济中，具体劳动和抽象劳动的矛盾，是由私人劳动和社会劳动的矛盾引起和决定的。至于商品内部使用价值与价值的矛盾，则是由具体劳动和抽象劳动的矛盾决定的。因此，私人劳动和社会劳动的矛盾也决定着使用价值与价值的矛盾，私人劳动和社会劳动的矛盾是商品内在各种矛盾产生的根源。

私人劳动和社会劳动的矛盾产生于生产过程，却只有在商品交换过程中才能表现出来。所以，商品交换既是私人劳动与社会劳动的矛盾的表现过程，又是它的解决过程。如果私人生产的商品全部都能在市场上卖出去，证明商品的使用价值在质和量上都符合社会的需要，有社会使用价值，从而私人劳动的社会有用性就实现了。因此，商品交换的成功意味着私人劳动与社会劳动的矛盾的解决。反之，如果商品卖不出去，私人劳动的全部或一部分得不到社会的承认，该矛盾就没有解决或者没有完全得到解决。所以，比较和衡量私人劳动与社会劳动时间的长短，对于商品生产者来说意义十分重大。

拓展学习

钻石和水的悖论

早在 200 多年前，亚当·斯密（1723—1790）就在《国富论》第一卷第四章中提出了著名的价值悖论："水的用途最大，但我们不能以水购买任何物品，也不会拿任何物品与水交换。反之，金刚钻虽几乎无任何使用价值可言，但须有大量其他货物才能与之交换。"（参见亚当·斯密：《国民财富的性质和原因的研究》上，商务印书馆 1981 年版，第 25 页。）

斯密认为，钻石和水价格的不同在于其稀缺性不同，"仅仅想一下，水是如此充足便宜以至于提一下就能得到；再想一想钻石的稀有……它是那么珍贵"。斯密注意到一个迷失在阿拉伯沙漠里的富裕商人会以很高的价格来购买水。如果工业能成倍地生产出大量的钻石，钻石的价格将大幅度下跌。

此后，斯密从价格中分离出效用理论，将使用价值和交换价值区分开。水很有用途，但有很小的"价值"；一颗钻石几乎没有用途（这指钻石被用于工业之前），但有巨大的"交换"价值。但是斯密没能解决这一悖论，他将注意力转移到了交换价值的确定上，他认为生产成本决定了交换价值。这个生产成本在原始社会中就是劳动，在发达经济中又包括了工资地租和利润。简单来说，斯密认为珍珠的交换价值来源于人潜水的劳动和制造潜水设备的花费。然而这种解释对于稀缺性资源的高价仍然缺乏解释力，后来李嘉图发展了斯密的学说，他认为使用价值是交换价值的前提，而具有使用价值的商品有两种获得交换价值的方法，一是商品具有稀缺性，这种商品由于数量固定，劳动不在其成本里起作用；二是获得商品所需要的劳动量，一般的商品都属于这一类。

马克思继承且发展了亚当·斯密的价值理论，建立了劳动价值论。按照这一理论，虽然水具有很大的使用价值，但其开采花费的劳动时间较少，因而价值就较小，交换价值和价格也就不高。相应的，钻石十分稀少，发现和开采钻石需要花费大量的劳动时间，自然一小块钻石的价值就比一桶水的价值要高得多。同时，马克思区分了"价格"和"价值"两个不同的概念，并进一步指出，"供求"只是影响价格的因素，而"价值"才是价格的决定因素。这里马克思继承和完善了亚当·斯密的"交换价值"理论，指出交换价值的基础是价值。交换价值只是价值的表现形式。在劳动价值论的基础上，马克思建立了剩余价值理论，揭示了资本主义本质，即生产的社会化同生产资料私人占有之间的矛盾，指出了资本主义必然发生经济危机。这一点，在马克思提出以后的一百多年时间里，已经被历史所证明。

资料来源：《困扰亚当·斯密的价值悖论》，http://blog.sina.cn/s/blog 5 dfe 2b/bo100cnf3.html。

参阅资料

边际效用价值论

19 世纪 30 年代后，在对抗古典经济学劳动价值论的背景下，逐渐出现了边际效用价值论。德国经济学家赫尔曼·海因里希·戈森（1810—1858）是边际效用论的主要先驱者。边际效用价值论完成于 19 世纪 70 年代初。19 世纪 80—90 年代，边际效用论的发展形成两个支流，一是以奥地利学派为代表的心理学派，一是以洛桑学派为代表的数理学派。

边际效用论者从人对商品效用的主观心理估价引出价值，并且认为价值量取决于边际效用量，即满足人的最后的亦即最小欲望的那一单位商品的效用。价值纯粹是一种主观心理现象，价值起源于效用，又以物品稀缺性为条件，效用和稀缺性是价值得以出现的充分条件。因为只有在物品相对于人的欲望来说稀缺的时候，才构成人的福利不可缺少的条件，从而引起人的评价即价值。

边际效用论者认为，价值尺度是边际效用。按照欲望递减定理，人对物品的欲望会随欲望的不断被满足而递减；如果物品数量无限，则欲望可得到完全满足即达到欲望饱和状态，这意味着欲望强度递减到零，从而满足该欲望的物品效用（价值）也完全消失。然而，数量无限的物品只限于空气、阳光和泉水等少数的几种，除此而外的大多数物品的供给量是有限的。在供给量有限的条件下，人不得不在欲望达于饱和前的某一点放弃他的满足；如果涉及的欲望不止一种（这是通例），按照戈森的边际欲望相等规律，为得到最大限度的满足，务必把数量有限的物品在各种欲望之间作适当的分配，使各种欲望被满足的程度相等，这样，各种欲望都要在达到完全满足之前的某一点中止下来。这个中止点上的欲望，必然是一系列递减的欲望中最后被满足的最不重要的欲望，它处在被满足和不被满足的边沿上，这就是边际欲望；物品满足边际欲望的能力就是边际效用，它必然是物品一系列递减效用中最后一单位所具有的效用，即最小效用。因为只有这个边际欲望和边际效用最能显示物品价值量的变动，即随物品数量增减而发生的相反方向的价值变动，所以，边际效用能够作为价值尺度。不能直接满足人的欲望的生产资料的价值，由它们参与生产的最终消费品的边际效用决定。

边际效用论者用主观价值论和供求论来说明市场价格的形成和决定，认为物品市价是供求双方对物品主观评价达于均衡的结果。一般效用价值论的主要错误在于，将商品的价值混同于使用价值或物品效用，抹杀了商品价值范畴所固有的社会历史性质；将商品交换的必要条件混同于商品交换的基础，无视交换比例的确定有赖于不同使用价值中包含着某种共通物这一事实。

边际效用价值论的出现和发展，反映了资产阶级经济学的进一步庸俗化。这种理论把商品价值这个客观的社会历史范畴歪曲成主观的个人心理范畴，完全割断了商品价值同劳动之间的联系，抹杀了价值本身所固有的物质内容。

资料来源：http://baike.baidu.com/view/1078299.htm。

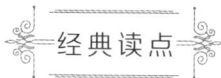

> 一切劳动，从一方面看，是人类劳动力在生理学意义上的耗费；作为相同的或抽象的人类劳动，它形成商品价值。一切劳动，从另一方面看，是人类劳动力在特殊的有一定目的的形式上的耗费；作为具体的有用劳动，它生产使用价值。
>
> ——《马克思恩格斯集》第 5 卷，人民出版社 2009 年出版，第 60 页。

1.2　商品价值量

商品的价值是质和量的统一。从量的规定性讲，它是由包含在商品中的劳动量来决定的。商品进行交换时会形成交换价值来反映商品价值的大小，这就是从量的角度考察商品的价值量。既然价值是抽象劳动的凝结，商品的价值量就是生产商品所耗费的劳动量，即凝结在商品中的一般人类劳动量。劳动量的多少由劳动时间的长短来衡量，因此商品价值量决定于生产商品所耗费的劳动时间。商品的价值量与生产商品所耗费的劳动时间成正比。

1.2.1　个别劳动时间与社会必要劳动时间

就同类商品的生产而言，由于不同的商品生产者生产商品的条件不同，生产同一种商品所耗费的劳动时间也就不同。这种各个生产者生产某种商品实际耗费的劳动时间叫作个别劳动时间。由个别劳动时间形成的价值是商品的个别价值。价值是商品的社会属性，因此商品的价值量并非由个别劳动时间来衡量。否则，懒惰、落后将会得到鼓励，商品交换不可能接受这种由个别劳动时间决定的价值量，商品的价值量只能取决于生产商品的社会必要劳动时间。

马克思指出："社会必要劳动时间是在现有的社会正常的生产条件下，在社会平均的劳动熟练程度和劳动强度下制造某种使用价值所需要的劳动时间。"①社会必要劳动时间是由两方面的条件决定的：一方面，由生产的客观条件，即"现有社会正常的生产条件"决定。所谓现有社会正常的生产条件，是指现时某一生产部门中占大多数的商品在生产中所使用的生产资料条件以及所达到的技术装备水平。另一方面，由生产的主观条件，即"社会平均的劳动熟练程度和劳动强度"决定。在社会标准生产条件下，由于商品生产者的劳动熟练程度和劳动强度不同，他们生产同种商品耗费的劳动时间也是不同的，而决定价值的只能是社会平均的劳动熟练程度和劳动强度。

以上含义的社会必要劳动时间是在生产同种商品的不同生产者之间形成的，它是同一部门内部同一商品价值量的决定因素。例如，纺织业部门，既有使用机器织布的，又有使用手工织布的，如果当时大多数工厂都是用机器织布，那么，使用机器生产就是纺织业的社会正常生产条件，在这个前提下，由于劳动熟练程度和劳动强度不同，因而生产同种同量棉布所耗费的劳动时间各不相同，在这种情况下，决定这种商品价值量的只能是社会平均的劳动熟练程度和劳动强度，也就是社会平均的劳动时间。例如，在纺织部门有三类企业（如图 1.5 所示）：

一类企业生产 1 件衣服　　12 小时

二类企业生产 1 件衣服　　10 小时

三类企业生产 1 件衣服　　 8 小时

那么，1 件衣服的价值量就是 10 小时的社会必要劳动时间。它是由社会平均的劳动熟练程度和劳动强度的生产条件决定的。

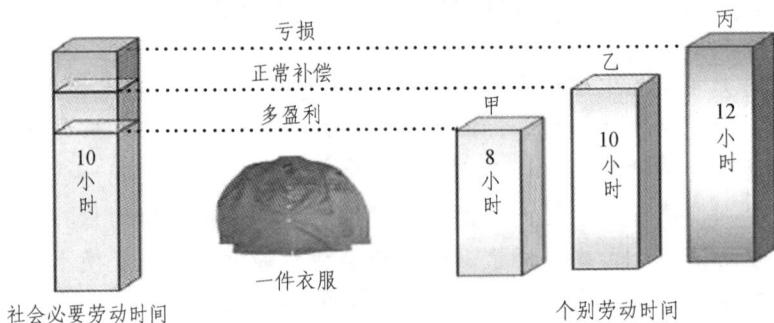

图 1.5　社会必要劳动时间的形成

至于不同部门生产的不同商品间进行交换，就需要把不同商品所包含

---

① 马克思：《资本论》第 1 卷，人民出版社 1975 年版，第 52 页。

的社会必要劳动时间所决定的价值量来相互比较、计量。不同商品价值量的比较将会涉及复杂劳动和简单劳动的换算问题。

经典读点

　　先来看看孤岛上的鲁滨逊吧。不管他生来怎样简朴，他终究要满足各种需要，因而要从事各种有用劳动，如做工具、制家具、养羊驼、捕鱼、打猎等。关于祈祷一类事情我们在这里就不谈了，因为我们的鲁滨逊从中得到快乐，他把这类活动当作休息。尽管他的生产职能是不同的，但是他知道，这只是鲁滨逊的不同的活动形式，因而只是人类劳动的不同方式。需要本身迫使他精确地分配自己执行各种职能的时间。在他的全部活动中，这种或那种职能所占比重的大小，取决于他为取得预期效果所要克服的困难的大小。经验告诉他这些，而我们这位从破船上抢救出表、账簿、墨水和笔的鲁滨逊，马上就作为一个道地的英国人开始记起账来。他的账本记载着他所有的各种使用物品，生产这些物品所必需的各种活动，最后还记载着他制造这种种一定量的产品平均耗费的劳动时间。鲁滨逊和构成他自己创造的财富的物之间的全部关系在这里如此简单明了，甚至连麦·维尔特先生用不着费什么脑筋也能了解。但是，价值的一切本质上的规定都包含在这里了。

　　价值量由劳动时间决定是一个隐藏在商品相对价值的表面运动后面的秘密。

　　——《马克思恩格斯集》第5卷，人民出版社2009年出版，第94、93页。

参阅资料

关于两种"社会必要劳动时间"的讨论

　　根据马克思在《资本论》第1卷中的有关论述，把商品的价值决定于生产某种使用价值所需的劳动时间，即社会必要劳动时间，称之为第一种社会必要劳动时间（简称必要劳动Ⅰ）；而把《资本论》第3卷中，关于商品的价值量决定于社会需要该种商品使用价值量应使用的必要劳动时间，称之为第二种社会必要劳动时间（简称必要劳动Ⅱ）。于是，出现了价值由必要劳动Ⅰ决定，还是由必要劳动Ⅱ决定，以及由两者共同决定的不同观点。

有的人认为，必要劳动Ⅱ决定就是市场价值决定，是市场供求关系情况下社会必要劳动时间具体确定的规律。必要劳动Ⅰ决定是生产价值决定。生产价值决定和市场价值决定相比，前者的确定是对某个商品价值量而言，后者的确定则是对生产某种商品的整个生产领域而言；从条件的规定性上看，前者以社会平均的生产条件为直接前提，后者则以满足社会需要为前提。虽然价值的源泉只能是活劳动或现在劳动，却不能将价值决定也归结为只与活劳动耗费有关。其实要完整地把握社会必要劳动或价值决定，除了要注重活劳动外，还要考虑平均生产条件、社会使用价值或社会效用、社会需要等因素，以及这些因素在市场竞争中出现的各种组合。

卫兴华教授则不同意上述观点，断言《资本论》第1卷中只考察单个商品，不考虑商品总量和社会需要，从而只考虑第一种社会必要劳动时间，不涉及第二种社会必要劳动时间，是不符合事实的。马克思在《资本论》第1卷第3章中曾讲到过："社会对麻布的需要，像对其他各种东西的需要一样，是有限度的"，如果产品超过了这种需要，"产品就成为多余的、过剩的，因而是无用的了"（马克思：《资本论》第1卷，人民出版社1975年版，第125页）。两种含义的社会必要劳动时间的关系是：如果某种产品的供需平衡，"第二种含义的必要劳动时间等于第一种含义的必要劳动时间与社会需要量之乘积。只有先确定第一种含义的必要劳动时间，才能确定第二种含义的"（卫兴华：《价值决定和两种含义的社会必要劳动时间》，载《经济研究》1984年第1期）。如果供需失衡，二者之间的关系就复杂得多了。但无论如何，第二种社会必要劳动时间只是决定一定价值量的实现，而不是直接决定商品的价值量。

1.2.2　简单劳动与复杂劳动

简单劳动是指在一定社会条件下，不需要经过任何专门训练，一般劳动者都能胜任的劳动。复杂劳动是指劳动者需经过专门培训，具有一定技术专长才能从事的劳动。例如，清扫街道与制造飞机的劳动，前者属于简单劳动，后者属于复杂劳动。

假设甲商品由简单劳动创造，乙商品由复杂劳动创造，单位甲、乙商品所耗费的社会必要劳动时间都是4小时。按照社会必要劳动时间决定商品价值量的理论，当甲、乙商品进行交换时，是否就是一单位甲交换一单位乙呢？如果是这样，将鼓励人们从事简单劳动。这既不利于社会的进步与发展，也不符合现实。复杂劳动创造的一单位乙商品应该能换回更多单位简单劳动创造的甲商品，才符合现实。这是由于简单劳动和复杂劳动是复杂程度不同的劳动，它们在同一单位时间内创造的价值是不同的。复杂劳动在同一时间内所创造的价值可以是简单劳动创造的价值的若干倍。为了便于交换，必须将复杂劳动换算为简单劳动来进行比较。因此，商品的价值量是以社会必要的简单劳动量为单位来确定的。复杂劳动如何换算、按什么比例换算为简单劳动，是在千百次的交换中自发形成的。图 1.6 是复杂劳动和简单劳动的换算关系的形象展示。

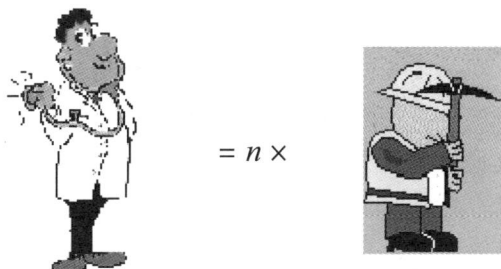

图 1.6　复杂劳动是倍乘的简单劳动

　　什么样的劳动算作简单劳动，什么样的劳动算作复杂劳动，并不是由人们的主观随意确定的，而是由社会的客观条件决定的，这在不同的时代、不同的国家可能有所不同。例如，在一个绝大多数人都是文盲的国家里，经过 10 年或者以上教育培训的中学生才能胜任的劳动，就算是比较复杂的劳动了。其 1 小时的劳动，可以等于文盲 2 小时或者更多的劳动。但在一个中等教育已经普及的国家里，中学生能够胜任的劳动已经成为简单劳动，劳动者必须在中学毕业后再经过若干时间的专业培训后，他的劳动才算得上比较复杂的劳动。但随着科技的发展以及教育水平的提高，劳动者技能普遍提高，整个社会区分复杂劳动和简单劳动的标准也会发生变化，原来相对复杂的劳动现在可能已经成为相当简单的劳动。类似地，在科技水平低的国家相对复杂的劳动，到了科技水平高的国家可能已成为相当简单的劳动。但在一定时期、一定地域里，简单劳动和复杂劳动的差别则是相对固定的。

案例研究

科学家对社会的贡献与价值

2001 年 2 月 19 日，中国科学院系统研究所研究员、中国科学院院士吴文俊和湖南杂交水稻研究中心研究员袁隆平获得首届国家最高科学技术奖。他们的获奖证书由国家主席江泽民签署并颁发，每人获得 500 万元的最高奖金。与此同时，2001 年 2 月 22 日，湖南省人民政府嘉奖袁隆平 300 万元，其中 100 万元用于改善个人生活条件，200 万元用于科学研究，以表彰他在杂交水稻研究领域做出的重要贡献。

马克思主义认为，商品的价值是凝结在商品中的无差别的人类劳动，价值量的大小则由生产商品的社会必要劳动时间决定，生产商品所耗费的劳动量越大，商品价值量也越大。根据价值规律，商品交换要以社会必要劳动时间所决定的价值量为基础实行等价交换，从事复杂劳动者所获得的报酬理应大于简单劳动者。在相同的时间内，复杂程度不同的劳动所创造的价值量是不同的，复杂劳动所创造的价值量等于自乘的或者说倍加的简单劳动所创造的价值量。从事科学研究的吴文俊和袁隆平等所有从事复杂程度较高劳动的劳动者，所创造的价值量，在相同时间内大于搬运、剃头等简单劳动所创造的价值量，即科学技术的运用使人类劳动不断地起着自乘的作用。

给予有成就的科技人员奖励，这一举措明确表示了科学家的复杂劳动在整个经济体系中的重要性。同时也传递了一个强烈的信号，即对知识的尊重，对知识价值的承认。这也是尊重价值规律，按规律办事的重要体现。

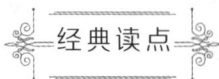

经典读点

商品价值体现的是人类劳动本身，是一般人类劳动的耗费。正如在资本主义社会里，将军或银行家扮演着重要的角色，而人本身则扮演极卑微的角色，人类劳动在这里也是这样。它是每个没有任何专长的普通人的机体平均具有的简单劳动力的耗费。简单平均劳动虽然在不同的国家和不同的文化时代具有不同的性质，但在一定的社会里是一定的。比较复杂的劳动只是自乘的简单劳动，还不如说是多倍的简单劳动，因此，少量的复杂劳动等于多量的简单劳动。经验证明，这种简化是经常进行的。一个商品可能是最复杂的劳动的产品，但是它的价值使它与简单劳动的产品相等，因而本身只表示一定量的简单劳动。各种劳动化为当作它们的计量单位的简单劳动的不同比例，是在生产者背后由社会过程决定的，因而在他们看来，似乎是由习惯确定的。为了简便起见，我们以后把各种劳动力直接当作简单劳动力，这样就省去了简化的麻烦。

——《马克思恩格斯集》第 5 卷，人民出版社 2009 年出版，第 58 页。

1.2.3　劳动生产率与价值量

商品的价值量是由社会必要劳动时间决定的。生产商品的社会必要劳动时间不变，商品的价值量也不变，但随着劳动生产率的变化，生产商品的社会必要劳动时间也会发生变化，因而会引起单位商品价值量的变化。

1.2.3.1　劳动生产率

劳动生产率是生产者生产某种产品的效率或能力，通常有两种表示方式：一是单位劳动时间内生产的产品数量。单位劳动时间内生产的产品数量越多，劳动生产率就越高；反之，劳动生产率就越低。二是生产单位商品所耗费的必要劳动时间。生产单位商品所耗费的必要劳动时间越短，劳动生产率就越高；反之，劳动生产率就越低。劳动生产率的公式为：

$$劳动生产率 = \frac{产品量}{必要劳动时间}$$

劳动生产率水平的高低受许多因素的影响，主要包括劳动者的平均熟练程度，科学技术的发展水平及其在生产中的应用程度，生产过程的社会结合（分工协作、劳动组织、生产管理）形式，劳动者的素质及熟练程度，生产管理的效能，劳动对象的状况以及自然条件等。在不同的生产部门，各因素对劳动生产率的影响是不同的，例如自然条件对加工工业部门劳动生产率的影响较小，而对农业和采矿业部门劳动生产率的影响就比较大。

1.2.3.2 劳动生产率和商品的价值量的关系

劳动生产率和商品的价值量有着密切的关系。马克思说："不管生产力发生了什么变化，同一劳动在同一段的时间内提供的价值量总是相同的。"[①]这是由于价值量只同劳动时间相关，在相同的劳动时间内无论创造商品多少，劳动时间都相等，从而价值总量相等。只是在劳动生产率低时，生产出的商品较少，单位商品价值量高；而当劳动生产率提高时，创造了更多商品，单位商品价值量减少。例如，原来生产一件商品需要 4 小时，每件商品的价值是 4 小时劳动，而当劳动生产率提高一倍时，4 小时可以生产两件商品。从价值总量来看，4 小时的劳动时间没变，价值总量仍是 4 小时劳动，只是劳动生产率提高后，4 小时劳动的价值量分摊到了两件商品上，从而每件商品的价值是 2 小时劳动。由此可以看到，劳动生产率提高了，价值总量虽然未发生变化，但单位商品价值量减少了。可见，单位商品的价值量与体现在商品中的社会必要劳动时间成正比，而与生产该商品的劳动生产率成反比。

在上述关系中，劳动时间指的是社会必要劳动时间，劳动生产率指的是生产同种商品的部门劳动生产率。而个别生产者也可以通过各种途径提高自己的劳动生产率，当其劳动生产率发生变化时，生产商品的社会必要劳动时间并没有发生变化，从而单位商品价值量不会发生变化。在同样的时间内，由于个别劳动生产率的提高，可以生产出更多的商品，单位价值量不变，从而价值总量将会增加。这样，个别生产者就可以通过提高劳动生产率来获得更多的价值。

可见，单位商品的价值量与体现在商品中的社会必要劳动时间成正比，而与生产该商品的劳动生产率成反比。

---

① 《马克思恩格斯全集》第 23 卷，人民出版社 1972 年版，第 60 页。

案例研究

拿破仑三世用铝碗而不用银碗

今天的体育比赛中，冠军的奖牌是金的，然而在一百多年前，俄国著名化学家门捷列夫因编制了举世闻名的化学元素周期率表等成就而受到沙皇的表彰，是只象征着最高荣誉的奖杯，但它不是金杯，而是铝杯。无独有偶，几乎在同一时代，喜欢宴请四方宾客的法兰西第二共和国皇帝拿破仑三世，每次设宴时，宾客都用高贵而亮丽的银碗，唯有他自己用的是色泽要暗得多的铝碗，以显示他的尊贵地位。而且，为了炫耀军功，他还把军旗上的金星换成了铝星。

在200多年前的"拿破仑时代"，凡和铝沾边的东西，都是一种极贵重的宝贝，别说是铝锅，就是谁家有一把铝勺，那都身价百倍，价值远远高于金银。这是因为冶炼和使用金银已经有很长的历史，宫廷中的银器比比皆是。可是，在那个时候，人们才刚刚懂得可以从铝矾土中炼出铝来，冶炼铝的技术还非常落后，炼铝十分困难，冶炼铝的成本极高。所以，当时铝是非常稀罕的东西，不要说平民百姓用不起，就是大臣贵族也用不上。拿破仑让客人们用银餐具，偏偏自己用铝碗，就是为了显示自己的高贵和尊严。

而今天，铝比银便宜得多。铝之所以变得便宜，是因为后来人们发明了电解铝的技术，提高了整个铝冶炼行业的劳动生产率，可以大量生产铝，从而使得社会必要劳动时间下降。

1.3 价值规律

价值规律在商品经济中具有十分重要的作用，凡是有商品生产和商品交换的地方，价值规律就必然要发生作用。它是一只看不见的手，支配着商品经济的变化和发展，揭示了商品生产者之间关系是如何实现的。价值是商品经济的核心范畴，商品的运动实质上是价值的运动。因此，有关价值决定和价值实现的价值规律成为支配商品经济运动的基本经济规律。

1.3.1 价值规律是商品经济的基本规律

商品经济是以直接交换为目的的经济形式，包括商品生产和商品交换。商品经济是在社会生产发展的一定历史阶段上产生和发展的，是同一定历史阶段相联系的经济范畴。商品经济的发展经历了简单商品经济和市场经济两个阶段，市场经济是商品经济高度发展的产物。

在商品经济条件下，有许多经济规律影响和制约着商品经济运动，如价值规律、供求规律、竞争规律、货币流通规律等。这些规律相互联系、相互影响，推动着商品经济的运行和发展。在众多的经济规律中，价值规律起着最主要的作用，它不仅贯穿商品生产和商品交换的始终，体现在社会再生产的生产、分配、交换和消费的各个领域，而且制约着商品经济的其他规律和矛盾运动，支配着每一个经济主体的行为和命运，调节着商品经济的全部运行过程。因此，价值规律是商品经济的基本规律。

价值规律的客观要求是：商品的价值量由生产商品的社会必要劳动时间决定，商品必须按照价值量相等的原则进行等价交换。

案例研究

郑州天价理发事件

郑州有一家名叫 BL 国际的理发店，一夜之间成了全国有名的理发店。不是因为它的手艺高，而是因其让人们瞠目结舌的天价理发事件。2008 年 3 月底的一天，两位学生在郑州市二七广场的 BL 国际理完发，结账时，收银员竟报出了总共 1.2 万元的天价。她们最终凑够了相关钱款后才得以脱身。这一天价理发事件为什么会引起人们的诧异？

价值规律告诉我们，商品价值是价格的本质，价格只是商品价值的货币表现。价值就是体现在商品里的社会必要劳动，即凝结在商品中的无差别的人类劳动。价值量大小是由社会必要劳动时间决定的，社会必要劳动时间长，则价值大；社会必要劳动时间短，则价值小。价值规律同时表明，价格围绕价值上下波动，也就是说，价格高于或低于商品价值都是价值规律的表现形式。但是，价格不能过分偏离商品的基本价值。市场经济条件下，绝大多数商品实行市场调节价。因此，一些生产经营者认为自己可以随意确定商品的价格，实际上，他们的定价必须遵循价值规律和相关法律。

在市场经济条件下，理发作为一项有偿性服务，其定价必须遵循价值规律的基本原则，即价格不能过分远离价值。1.2 万元的天价理发无疑偏离了理发这项服务的基本价值，这明显是商家的消费欺诈行为。由此，天价理发已经不是单纯的商品定价过高，而是涉嫌欺诈，受到相应的处罚也很正常了。

1.3.2　价值规律的表现形式

在货币出现后，商品价值的货币表现就是价格。价值规律要求商品按照价值量进行等价交换，也就要求价格符合价值。但在现实中，并不是每次商品交换价格都与价值完全一致，大量的商品交换可能是价格高于或低于价值。这是由于价格虽然以价值为基础，但还要受多种因素的影响，特别是受市场供求因素的影响。当某种商品供不应求时，价格就会上涨而超过价值；反之，当某种商品供过于求时，价格就会下降而低于价值（见图1.7）。这种情况并非不符合价值规律，而正是价值规律发挥作用的具体表现形式。

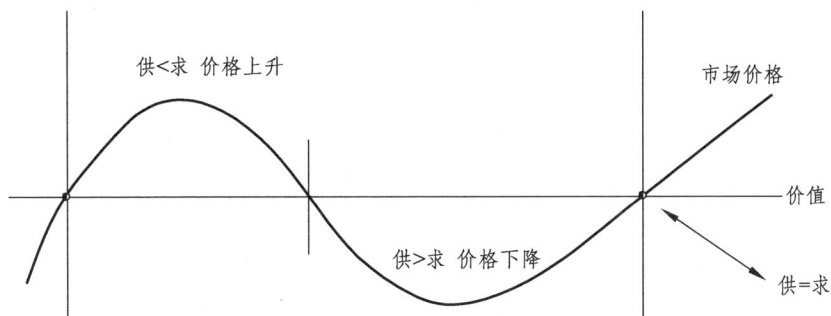

图 1.7　商品的市场价格围绕着价值上下波动

首先，无论商品价格如何波动，总是围绕价值这个中心进行，价格并不会与价值偏离太远。其次，从短暂、个别的交换过程来看，价格经常背离价值，但从商品交换的长期、总体来看，价格的涨落会相互抵消，从而导致价格和价值基本上是一致的。

价值规律的客观要求是等价交换，但实际上价格与价值又不相一致，规律就是在这种不一致中表现出来的。价格与价值之间不能背离太远，既不能无限地上涨，也不能无限地下跌，上涨与下跌不断重复出现，价格围绕价值这个中心不断上下波动。这正说明价格虽受供求关系等因素的影响，但归根结底要由价值决定，受价值制约。

案例研究

价格一时远高于价值的昂贵礼物

1945 年的圣诞节即将来临时，为了欢度战后的第一个圣诞节，美国居民急切希望能买到新颖别致的商品作为圣诞礼物。美国的雷诺公司看准一个时机，从阿根廷引进了当时美国人根本没见过的原子笔（即圆珠笔），并且在短时间内把它生产出来，当时公司研制和生产出来的原子笔成本每只 0.50 美元。在给新产品定价时，公司的专家们着实费了一番心思，他们认为，这种产品在美国市场是第一次出现。奇货可居，尚无竞争者，最好是采用新产品的价格策略，把产品价格定得远高于产品的成本，利用战后市场的物资缺乏的状况和消费者的求新求好的心理以及要求礼物商品新奇高贵的特点，用高价来刺激顾客购买。而且能把推出这种新产品的市场销售利润尽可能多地捞到手，随后公司再降价也主动。于是，雷诺公司以每只原子笔 10 美元的价格卖给零售商，零售商又以每只 20 美元的价格卖给消费者。尽管价格如此昂贵，原子笔却由于其新颖、奇特和高贵而风靡全国，在市场上十分畅销。后来其他厂家见利眼红，由于原子笔的生产技术并不复杂，竞争者蜂拥而上，市场零售价迅速降到 0.70 美元。

价值规律的客观要求是等价交换，但实际上价格与价值又并非时时一致，规律就是在这种不一致中表现出来的。价格与价值之间不能背离太远，既不能无限地上涨，也不能无限地下跌，价格围绕价值这个中心不断上下波动。尽管从短暂、个别的交换过程来看，价格经常背离价值，但从商品交换的长期、总体来看，价格和价值基本上是一致的。这正说明圆珠笔和其他商品一样，其价格虽受供求关系等因素的影响，但归根结底要由其价值决定，受价值制约。第二次世界大战后美国圆珠笔因高贵而风靡一时，随后价格迅速跌落，这正是价值规律发挥作用的具体表现。

1.3.3 价值规律的作用

价值规律通过市场机制的调节，对商品经济的发展起着以下三方面的作用。

1.3.3.1 调节作用

价值规律自发地调节生产资料和劳动力等生产要素在社会生产各部门之间的分配，即自发地调节、配置社会资源。这种调节作用是通过价格围绕价值的上下波动和市场竞争实现的。由于商品生产内在矛盾的存在，商品生产者都是各自独立经营的，事先不可能准确地知道市场的供求状况，只有通过商品价格涨落的信息反馈，才能知道什么商品供过于求，什么商品供不应求。商品价格的涨落直接关系到商品生产者的经济利益，因此商品生产者凭借市场信号这个指挥棒来调节生产。当自己生产的那种商品价格上涨时，生产者就会追加投资以便从中多获利润；当自己生产的那种商品价格下跌时，生产者就会抽出投资向价高利大的部门转移（见图 1.8）。可见，价值规律像一只看不见的手，调节着生产资料和劳动力在各个生产部门之间的转移，使社会生产各部门保持大体协调的比例关系。

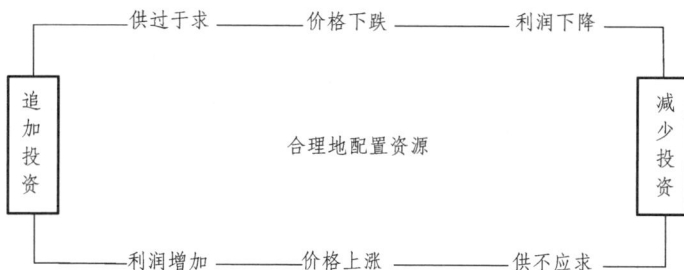

图 1.8　价值规律的调节作用示意图

1.3.3.2 刺激作用

价值规律刺激商品生产者改进生产技术，改善经营管理，提高劳动生产率，从而促进社会生产力的发展。这种刺激作用是通过社会必要劳动时间决定商品的价值量和市场竞争来实现的。按照价值规律的要求，商品的价值量是由生产商品的社会必要劳动时间决定的，而商品的价值量又与劳动生产率成反比。这样，那些技术水平高的商品生产者，其单位商品中耗费的个别劳动时间就少，其商品的个别价值低于社会价值，就可以获得较多的利润；反之，较多的个别价值只能较少地转化或者不能转化为社会价值，结果有一部分劳动消耗因得不到补偿而亏本。价值规律的刺激作用对商品生产者来说，既是获取利润的巨大动力，又是避免淘汰的巨大压力。商品生产者为了获得更多的利润，就必须不断进行技术创新，加强经营管理，提高劳动生产率，从而在客观上推动了整个社会生产力的发展。

1.3.3.3　分化作用

价值规律会引起和促进商品生产者的分化。这种分化作用也是通过市场竞争实现的。不同商品生产者的生产条件是有差别的，那些资本雄厚、生产技术设备好、劳动熟练程度高、劳动生产率高的商品生产者，其个别价值低于社会价值，就会获利多、发展快，在竞争中处于有利地位，而且越来越富裕；反之，则会获利少甚至亏损，在市场竞争中处于不利地位，而且越来越穷，甚至破产。可见，在价值规律的作用下，商品生产者优胜劣汰、两极分化。

价值规律除了发挥上述积极的作用以外，也会产生一些消极作用：市场机制具有自发性，即市场主体的发散决策难以自动实现整个国民经济的发展战略和目标；市场机制不能直接对需求总量和结构进行调控，会造成宏观经济总量和结构的失衡；市场机制会引起诸如生态失衡、环境污染、公共物品受损等外部不经济现象，并对外部不经济的调控显得乏力；市场机制会刺激生产经营者的短期行为，导致产业结构的失衡和资源的浪费。因此，在现实的经济运行中，除了发挥价值规律这只看不见的手的自发调节作用外，还需要政府的宏观调控。

案例研究

鲜牛奶为何倒进下水道？

经历了 2013 年下半年的"奶荒"之后，鲜奶价格曾一路飙升至 5 元/千克，很多奶农花高价买入了奶牛。但 2014 年下半年以来，鲜奶价格进入下行通道，鲜奶收购价格一路下跌至 3.3 元/千克，而与此同时，饲料售价居高不下，养殖成本上升，奶牛顿时成了烫手山芋。更要命的是奶企鲜奶用量减少，奶农的鲜奶交不上去，只好把交不上去的鲜奶倒掉。在北京下庄村养殖小区的奶站记者看到，白花花的牛奶刚刚挤出来，还冒着热气，放到了不锈钢大桶中，挤满一桶，就被奶农"哗"的一下子倒进下水道里。"心疼着呢，我们这牛奶多稠啊，老板都说质量好，但是没人要啊！"奶站工作人员介绍，每天早、晚奶农排队来奶站"标准化"挤奶，也每天排队"倒奶"。

许多人"不曾想到"：20 世纪 30 年代资本主义国家陷入经济危机时，农场主为了保持高额利润，将牛奶倒进大海的残酷情景，会在社会主义市场经济中出现！虽然奶农和农场主倒奶的原因大相径庭，但对奶农及千千万万市场主体来说，倒奶事件无疑是一堂生动的政治经济学课！

这一事件显示，"倒奶"并非资本主义社会所特有，它同样会发生在社会主义制度的中国，这是市场经济价值规律作用的结果。提起市场，人们常用风云变幻来形容，仿佛在某个角落有股神秘的力量指导着市场运行。亚当·斯密将这股神秘的力量称之为"看不见的手"。我国提出建立社会主义市场经济体制目标已 10 多年了，但许多人并未真正认识到"看不见的手"，并未领教市场的残酷本性。但是，我国的倒奶事件和西方经济危机期间的倒奶事件相比，前者毕竟不是全社会性的生产过剩的表现，而是市场经济背景下经常存在的比例失调的表现，确切地讲，是价值规律决定的供求关系自发作用的结果。

价值规律是商品经济的基本规律，它除了具有配置物质资源、促进社会生产力的发展、进行利益分配的作用外，还具有盲目性、自发性以及能造成极大的社会资源浪费等缺陷。一方面，在市场经济自发组织调整的条件下，社会生产是处于无政府状态，社会生产和需求经常处于局部脱节的状态，出现或供大于求或供不应求的问题。另一方面，价值规律对经济的调节作用不是自觉的，而是自发的，不是事前的，而是事后的，从而难以避免人、财、物的巨大浪费。如果这些情况是全社会性的，就是全社会性的经济危机。

我国倒奶事件恰是价值规律这一负面效应作用的结果，即在价值规律的自发性和盲目性的作用下，造成了牛奶生产与消费的脱节。一方面，我国的奶类需求不是很大，这与我国消费者的传统习惯有关。尽管我国喝奶的人数比改革开放前多得多，但是，我国的大多数人还没有形成喝奶的习惯，牛奶在居民膳食中的份额仍微乎其微。据调查，我国城镇居民家庭每人用于奶品的支出为 42 元，仅占食品支出的 2%，有许多人与牛奶绝缘。这就使得我国缺少一个稳定的奶品需求市场。但是，另一方面，我国国内的奶牛生产和乳制品加工能力的增长速度大于消费增长速度，再加之国际奶类普遍过剩，世界乳品巨头也都纷纷进入中国市场来转移他们过剩的生产能力。这样，奶类产品的生产过剩在我国就不可避免了。虽然倒奶事件与现代企业制度不健全、国有经济体制的弊端有关，但是，究其深层次的原因，则是市场经济条件下价值规律的自发性和盲目性导致的局部供求失调。

尽管这是发生在我国社会主义市场经济建设中的一个典型个案，但是由此提出了一个新的课题：建立和完善社会主义市场经济体制，要采取切实有效的措施，帮助各类市场主体走"有效供给"之路，以避免社会财富的损失。

资料来源：根据网络资源编写。

本章知识结构

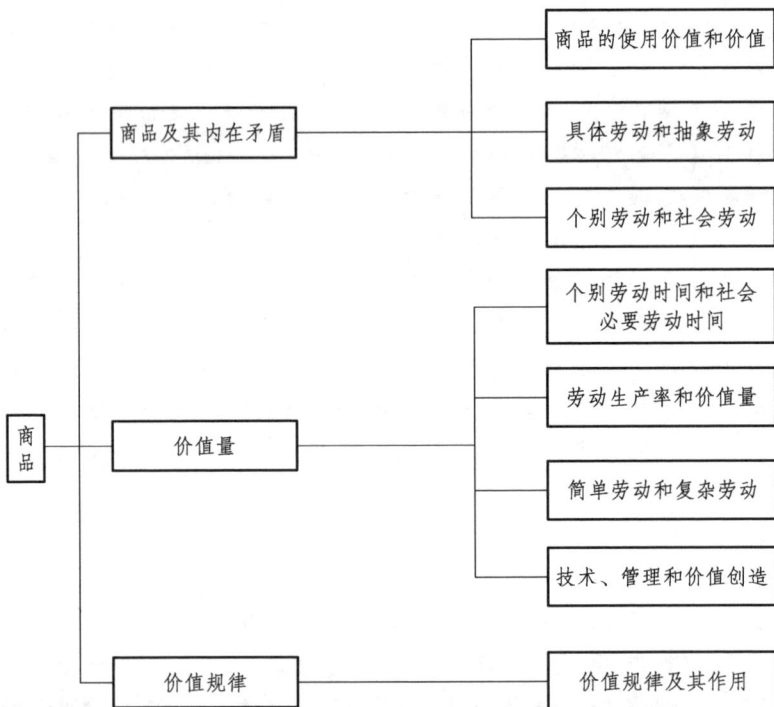

☞ 关键概念

商品　使用价值　交换价值　价值　具体劳动
抽象劳动　价值量　个别劳动时间　社会必要劳动时间
简单劳动　复杂劳动　劳动生产率　价值规律

📝 问题与应用

1. 简述商品的使用价值和价值之间的相互关系。

2. 生产商品的劳动二重性及其理论意义是什么？

3. 什么是简单劳动和复杂劳动？劳动的复杂程度对商品价值量的形成有何影响？

4. 简述价值规律及其对商品经济发展的作用。

5. 商品的价值量是如何决定的？劳动生产率的变化对商品价值量的形成有何影响？

6. 去年，一台彩电的价值为 3000 元。今年，由于生产技术的改进，生产彩电的社会劳动生产率提高了 50%。问：

（1）今年一台彩电的价值是多少？

（2）这道题反映了马克思主义政治经济学的哪一原理？

7. 去年，在供求一致的条件下，某种商品的单位价格为 10 元。今年，生产这种商品的社会劳动生产率提高了 25%，货币币值不变，但供求关系发生了变化，社会生产这种商品 10 000 件，而社会需要为 15 000 件。试计算：

（1）今年该商品的单位价值为多少？

（2）今年该商品的单位价格是多少？

（3）该商品单位价格和价值的背离是多少？

🔍 实战演习

1. 马克思在《资本论》中提出下面有关论述：

"出于流动状态的人类劳动力或人类劳动形成价值，但本身不是价值。它在凝固的状态中，在物化的形式上才成为价值。"

"劳动并不是它所生产的使用价值即为物质财富的唯一源泉。正如威廉·配第所说，劳动是财富之父，土地是财富之母。"

"铁会生锈，木会腐朽。纱不用来织或编，会成为废棉。活劳动必须抓住这些东西，使它们由死复生，使它们从仅仅是可能的使用价值变为现实的和起作用的使用价值。它们被劳动的火焰笼罩着，被当作劳动自己的躯体，被赋予活力以在劳动过程中执行与它们的概念和职务相适合的职能。"

问：（1）生产要素在商品生产中的作用是什么？

（2）生产要素与劳动创造价值的关系是什么？

（3）马克思劳动二重性理论说明了什么？

2. 对于凡·高的画，价格是如何决定的？

凡·高（1853—1890）是一位天才型的画家，他的画作的市场价格竟然飙升为数千万元以上的天文数字，其中他画的数幅作品，如《向日葵》《自画像》《播种者》《乡村的小路》等作品的拍卖总价，超过少数贫穷国家的年国内生产总值。对此，凡·高的画的价格究竟是由什么决定的？是由凡·高生前作画时的具体劳动时间或所耗费的劳动成本来决定的吗？2004年5月5日，毕加索的著名油画作品《拿烟斗的男孩》在美国纽约索斯比拍卖行被拍卖，最终以创纪录的1.04亿美元（包括竞拍者的额外费用）成交，成为世界上"最昂贵的绘画"。毕加索与凡·高的画作价格与其价值的关系应该怎么理解呢？这一直是人们心头好奇与困惑的政治经济学问题。

在市场经济中，凡·高画作的价格到底是如何决定的？请应用马克思的劳动价值论观点给予解释。

2 货　币

在现代社会中，金钱可以说是无处不在的，它早已渗透到人们衣、食、住、行的各个方面。一个人如果没有钱，那么他在社会上几乎寸步难行，如果有了钱，就可以得到一定的物质享受。由于金钱有这个作用，所以它就有了一种令人疯狂的魔力，被蒙上了一层神秘的面纱。但是钱并不完全等于货币。经济学理论认为，任何一种能执行交换媒介、价值尺度、延期支付标准或完全流动的财富储藏手段等功能的商品，都可被看作货币。事实上，在人类货币史上，许多东西都充当过货币，从贝壳等实物到金银等贵金属，再到纸币，以至目前的电子货币都被当作普遍接受的交换媒介。亚当·斯密在其《论货币的起源及其效用》中提及，古代往往以牲畜头数作为交换的评价标准，亦即用牲畜交换各种物品。荷马曾说，迪奥米德的铠甲，仅值 9 头牛，而格罗卡斯的铠甲，却值 100 头牛。据说，阿比西尼亚以盐作为商业交换的媒介；印度沿海某些地方，以某种贝壳为媒介；弗吉尼亚用烟草；纽芬兰用干鱼丁；苏格兰有个乡村，以铁钉为媒介，购买麦酒和面包；其他若干国家则用兽皮或鞣皮。

2.1　价值形式的演变与货币起源

商品是使用价值和价值的统一体，这决定了商品同时以自然形式和价值形式的方式存在。从自然形式来看，商品总是以具体的形式（如铁、麻和小麦等）出现，是一种可以感觉到的真实的存在。而商品的价值则是看不见、摸不着的。孤立的一个商品自身无法表现出其价值大小，只有通过与其他商品间的交换才能表现出来。人们在交换中确定对商品与商品之间量的比例关系，以保证交换能够顺利进行下去。这种商品与商品相交换的量的关系就是交换价值，它是价值的表现形式，也被称作价值形式，是商品的本质属性在交换中的表现。价值形式在先后经历了四个阶段的发展后最终导致了货币的产生。这四个阶段分别是：简单的、个别的、偶然的价值形式→扩大的、总和的价值形式→一般价值形式→货币形式。

2.1.1　简单的、个别的、偶然的价值形式

价值形式的发展过程，同商品交换过程是相适应的。简单的、个别的、偶然的价值形式产生于原始社会后期部落之间偶然地出现的剩余产品的交换，是一种商品的价值偶然地表现在另一种商品上。实际上，这时候还没有商品生产，人们只是将少量多余的产品偶然地拿来交换。因此，交换带有偶然性，是个别行为（见图 2.1）。

图 2.1　偶然的物物交换

但是，一切价值形式的秘密都已隐藏在这种简单的价值形式中了。例如，一个部落用 1 只羊从另一个部落换回 2 把斧子。羊与斧子在交换关系中处于不同的地位，起着不同的作用。等号左边的商品"羊"处于主动的地位，它通过斧子表现自己的价值；等号右边的商品"斧子"则处于被动的地位，它只是表现羊价值的材料。羊的价值自己无法表现出来，只有借助于后一种商品斧子才能相对地表现出来，它的价值表现为相对价值，称之为相对价值形式；斧子并不表现自己的价值，只是作为表现羊的价值的材料，证明羊有同自己相等的价值，它起着等价物的作用，

称之为等价形式（如图 2.2 所示）。

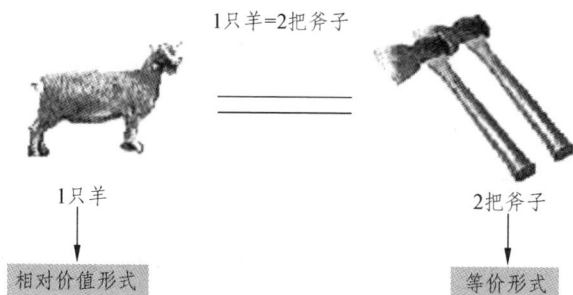

图 2.2　简单价值形式

相对价值形式和等价形式是价值形式的两极，它们相互依存、互为条件。没有等价形式就没有相对价值形式，没有相对价值形式也就没有所谓的等价形式，两者缺一不可。同时，相对价值形式和等价形式又是相互对立、互相排斥的。即在同一价值关系表现中，一个商品只能处在价值形式的一极，它不能同时既处于相对价值形式又处于等价形式，否则就会出现：1 只羊 = 1 只羊，或 2 把斧子 = 2 把斧子，这是毫无意义的。因此，两者又是互相对立、互相排斥的。而究竟是谁处于相对价值形式，谁处于等价形式，完全取决于它在价值表现中所处的地位。例如，上面的公式如果变为 2 把斧子 = 1 只羊，则斧子处于相对价值形式，羊处于等价形式。

处于相对价值形式的商品是使用价值和价值的统一，其使用价值可以自己表现出来，价值通过处于等价形式的商品表现出来。而处于等价形式的商品，也是使用价值和价值的统一，它究竟是用价值还是使用价值来表现处于相对价值形式的商品的价值呢？处于等价形式的商品自身也无法表现出其价值，更无法用其自身无法表现出的价值去表现另一个商品的价值，因此，只能是使用价值成为价值的表现形式。

前面章节中已经提到，商品内部使用价值与价值间存在矛盾，即商品交换中的任何一方，都不可能同时占有商品的使用价值与价值。这个矛盾只能通过交换得到解决。在简单的、个别的、偶然的价值形式中，一种商品与另一种商品相交换，商品内部的使用价值与价值的矛盾，表现为两个商品间的对立。处于相对价值形式的商品，只是直接作为使用价值出现的，它的价值必须表现在另一种商品上；处于等价形式的商品，只是作为价值，它的使用价值变成了表现另一商品价值的材料。这样，商品（羊）内部的使用价值和价值的矛盾，就表现为两个商品（羊和斧子）的外部对立。

由于商品交换是偶然的，等价物是个别的，这种简单价值形式既不完全，也不充分。随着第一次社会大分工的出现和社会生产力的发展，剩余产品增加了，商品交换的种类和范围都得到了发展，简单价值形式便发展为总和的或扩大的价值形式。

2.1.2　扩大的、总和的价值形式

第一次社会大分工之后，产品交换变得越来越频繁，一种商品不再是偶然地与另一种商品交换，而是经常同其他许多商品交换。这样，一种商品的价值已经不再是偶然地表现在另一种商品上，而是经常地表现在一系列其他商品上，于是简单价值形式就发展成为总和的、扩大的价值形式（见图 2.3）。

$$
1\text{只羊} = \left\{
\begin{array}{l}
2\text{ 把斧子} \\
2\text{ 匹布} \\
20\text{ 千克小麦} \\
1\text{ 件上衣} \\
\text{一定量其他商品}
\end{array}
\right.
$$

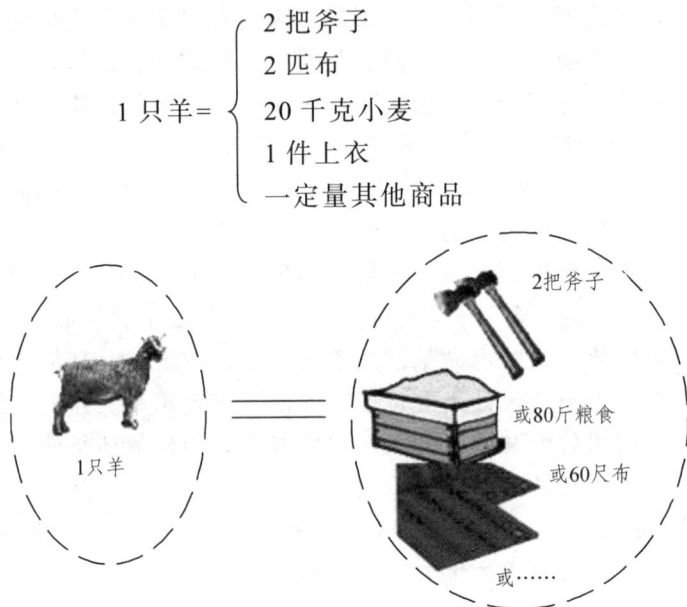

图 2.3　总和的、扩大的价值形式

在这一价值形式中，处于相对价值形式上的商品，其价值被表现在一系列商品上，羊的价值就能够比较充分地表现为无差别的人类劳动的凝结。同时，由于羊按不同的比例与各种商品交换，商品交换的量的比例也就同它们所包含的劳动的比例更加接近，商品交换的比例由它们所包含的价值量决定这一关系也得到充分地表现，商品的价值量能够更加准确地反映出来。

但扩大的价值形式仍然存在着局限性。扩大的价值形式所反映的商品交换，仍然是直接的物物交换，中间没有媒介物。尽管每种商品现在都有了一个扩大的价值形式，但是不同的商品是由不同系列的特殊等价物来表现它们的价值的，商品的价值还没有一个共同的、统一的表现。这样就会使商品交换经常发生困难。例如，羊的所有者需要斧子，斧子的所有者却需要粮食，而不需要羊。如果粮食所有者需要羊，则羊的所有者要先用羊去换粮食，再用粮食去换斧子，才能得到自己需要的商品；而如果粮食所有者不需要羊，交换就困难了。这表明，要适应社会分工和商品交换的发展，扩大的价值形式还需要进一步发展。

2.1.3 一般价值形式

随着社会分工和商品交换的进一步发展，逐渐从许多商品中分离出公认的一种商品，它可以直接和各种商品相交换，各种商品的价值都通过它来表现，这就是一般价值形式（图 2.4）。

$$
\left.\begin{array}{l}
2\ 把斧子 \\
2\ 匹布 \\
20\ 千克小麦 \\
1\ 件上衣 \\
一定量其他商品
\end{array}\right\} = 1\ 只羊
$$

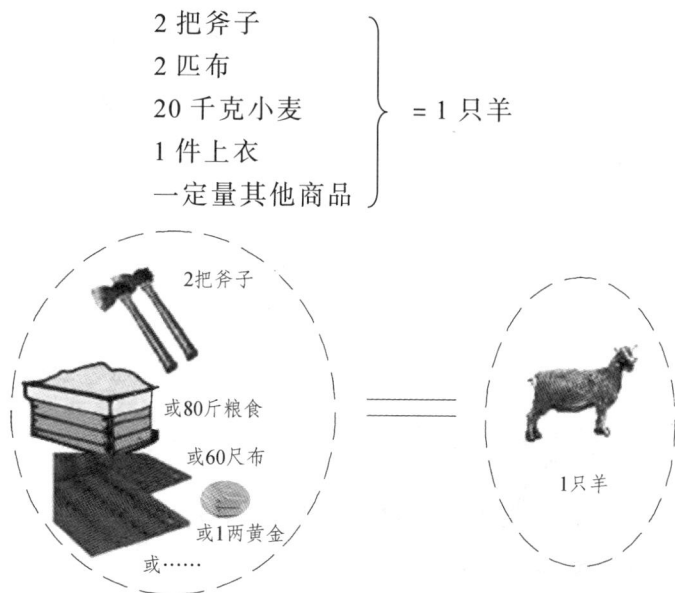

图 2.4 一般价值形式

由扩大的价值形式到一般价值形式，不是简单的等式位移，而是价值形式发生了质的变化，它使商品之间直接的物物交换发展成为以一般等价物为媒介的商品交换。一般等价物是指作为商品交换的媒介，能够与其他各种商品相交换的商品。生产者只要把自己的产品换成这个一般等价物，就可以用它与自己所需要的任何商品相交换。这样，各种商品的价值作为无差别的人类劳动凝结的性质便充分地显示出来了，而且可以对各种商品的价值量进行统一的比较和衡量。

一般等价物的出现，克服了扩大的价值形式的缺点，大大促进了商品交换的发展。但是，在一般等价物出现的初期，充当一般等价物的商品此时并不是固定的，往往是因时、因地而有所不同的。历史上充当过一般等价物的商品就有贝壳、布帛、牛、羊、兽皮、盐等。随着商品交换范围的扩大，交换有了新的困难。商品交换的进一步发展，就要求由一个固定的、统一的商品来充当一般等价物，使其在时间上具有稳定性，在地区上具有统一性。当一般等价物固定地由某种商品承担时，一种新的价值形式——货币形式应运而生。

2.1.4　货币形式

2.1.4.1　货币的产生

货币形式是一般等价物的职能最终固定在黄金、白银等贵金属上，这些贵金属就成为货币商品（见图 2.5）。

$$
\left.\begin{array}{l}
2\ 把斧子 \\
2\ 匹布 \\
20\ 千克小麦 \\
1\ 件上衣 \\
一定量其他商品
\end{array}\right\} = 1\ 两黄金
$$

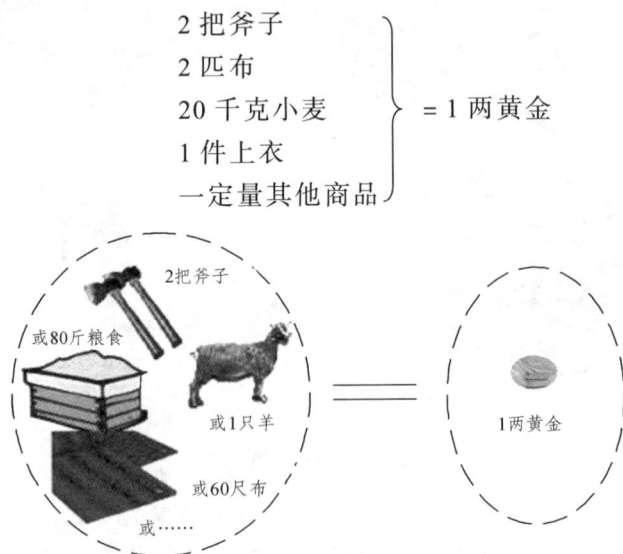

图 2.5　货币形式

　　货币形式替代一般价值形式并没有发生本质的变化，唯一的区别就是贵金属固定地充当了一般等价物。货币材料之所以最终固定在黄金和白银上，是由于它具有质地均匀、便于分割、体积小、价值大、便于携带、不会腐烂、便于保存等一系列其他商品都不具有的特点，这些自然属性使它最适宜充当货币。马克思曾对此进行了精辟概述。

　　货币的本质是固定的充当一般等价物的特殊商品，是商品交换关系发展到一定阶段的产物。货币的出现，克服了一般价值形式的缺陷，大大促进了商品交换的发展。货币形式是价值形式发展的完成阶段，是最发达的价值形式。同时，货币的出现也加深了商品经济的内在矛盾，使整个商品世界分为对立的两极：一极是商品，它们都作为特殊的使用价值存在，要求实现其价值；另一极是货币，它直接以等价物的形式出现，代表一切商品的价值，随时可以转化为任何一种有特殊使用价值的商品。这样，商品的内在矛盾，即使用价值与价值的矛盾，就从简单价值形式时商品与商品的外部对立，发展为商品与货币的外部对立。如果商品生产者将其商品通过交换转换成货币，商品的内在矛盾就得到了解决，商品的价值就得到了实现，商品生产者的个别劳动也就得到了社会的承认。但是，货币的出现也使得商品交换可能在时间和空间上脱节，从而使商品的内在矛盾更进一步加深了。

参阅资料

贵金属是否依然是货币？

　　长期以来，黄金作为商品价值的尺度、交易的媒介和社会财富的代表，被社会公众普遍接受。金本位制的终结和黄金与货币的脱钩，有许多政治和经济方面的原因，而不是因为黄金本身丧失了作为货币基础的特殊本质。短时期的价格波动并没有影响黄金在长时期里仍保持稳定的购买力和有效的价值储存功能。各国中央银行依然保持大量的黄金储备以及黄金市场的迅猛发展，说明黄金没有退出货币体系，而"纸黄金"的出现则为黄金的再货币化开辟了新的途径。因此，虽然从法律意义上说，从 1978 年开始黄金已经非货币化，但就社会经济意义而言，黄金作为最终支付手段、作为社会财富的代表等货币功能依然存在，而且现代社会经济发展仍然需要黄金继续发挥其货币功能。

资料来源：蒋铁柱、韩汉君：《黄金的非货币和再货币化——对黄金货币功能的再认识》，载《上海经济研究》2001年第3期。

经典读点

　　随着商品交换日益突破地方的限制，商品价值日益发展成为一般人类劳动的化身，货币形式也就日益转到那些天然适于执行一般等价物这种社会职能的商品上，即转到贵金属上。

　　"金银天然不是货币，但货币天然是金银"，这句话已为金银的自然属性适于担任货币的职能而得到证明。但至此我们只知道货币的一种职能：它是商品价值的表现形式，或者是商品价值量借以取得社会表现的材料。一种物质只有分成的每一份都是均质的，才能成为价值的适当的表现形式，或抽象的因而等同的人类劳动的化身。另一方面，因为价值量的差别纯粹是量的差别，所以货币商品必须只能有纯粹量的差别，就是说，必须能够随意分割，又能够随意把它的各部分合并起来。金和银就天然具有这种属性。

　　货币商品的使用价值二重化了。它作为商品具有特殊的使用价值，如金可以镶牙，可以用作奢侈品的原料等等，此外，它又取得一种由它的特殊的社会职能产生的形式上的使用价值。使用价值的这种二重化的矛盾，最终导致纸币和记账货币的出现，从而货币不再是某种商品。

　　——《马克思恩格斯集》第5卷，人民出版社2009年版，第108页。

2.1.4.2　货币形式及其演变

几千年来，货币形式随着商品交换和商品经济的发展也在不断发展变化。迄今为止，货币大致经历了金属货币、纸币、信用货币等形式的演变过程。

货币最初采用金银条块的形式，每次商品交易都需鉴定其成色和分量，十分不便。随着商品交换的发展，为了交换方便，逐渐产生了具有一定形状、重量、成色和标明面额价值的金属铸币。例如，我国春秋战国时曾经有刀币、环钱等形状各异的铸币。秦始皇为统一币制，铸造了圆形方孔铜钱，钱因此被称为"孔方兄"。以后历朝历代，圆形铜钱都是我国最重要的铸币（见图 2.6）。

图 2.6　北宋通宝

铸币的产生说明货币作为流通手段可以由价值符号来代替，且铸币也存在不易携带等缺点，于是就出现了纸币。纸币是国家强制发行的作为法定流通手段的货币符号。纸币的产生，不仅节约了宝贵的金属资源，更重要的是还节省了生产铸币的劳动力和生产资料，提高了社会生产力。正是由于这一优势，纸币逐渐成为世界各国普遍采用的货币形式（见图 2.7）。

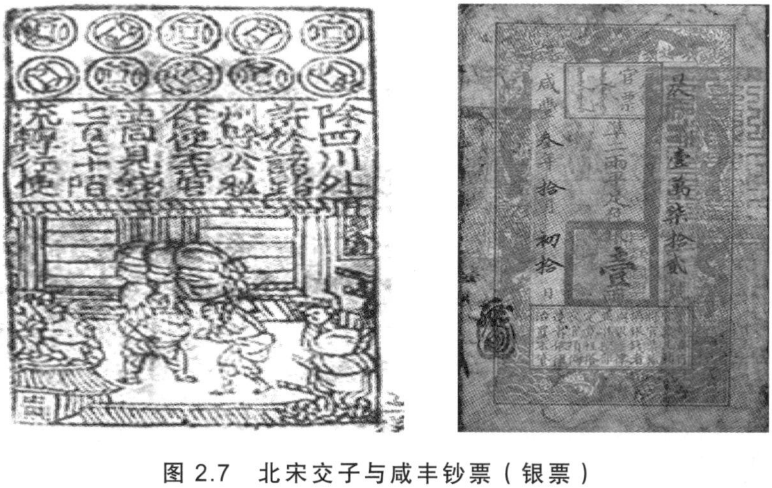

图 2.7　北宋交子与咸丰钞票（银票）

随着商品经济的进一步发展，又相继出现了各种各样的信用货币。所谓信用货币，是指代替金属货币充当支付手段和流通手段的信用证券，如银行券、支票、汇票、信用卡等。首先，在商品生产和交换不断扩大的过程中，出现了商业银行，随之出现了银行券，起初银行券是银行向存入金银条块或金银铸币者开出的收据，持券人可随时按券面额兑取金银。随后，银行券也可以流通，在商品交换中发挥货币的作用。其次，在信用和银行业不断发展的情况下，又出现了存款货币。存款货币是指可用于转账结算的活期存款。银行为工商业者开立活期存款账户，存户可依据存款向银行签发支付命令书——支票，或通过其他方式将存款转到收款人账户上，而不必通过兑取现金的过程。在这里，可用于转账结算的存款，与银行券一样，在商品交换中起着交易媒介的作用，能代替金属货币充当流通手段和支付手段，因此称之为"存款货币"。最后，存款货币并不是货币形式的终极形态。20 世纪 70 年代以来，随着科学技术的高度发展，特别是电子计算机技术在银行业中的广泛运用，又出现了新的货币形式——电子货币。所谓电子货币,实际上就是借助于电子计算机而进行的电子自动转账系统。电子货币的出现和广泛运用，使转账速度变得十分便捷，因此更进一步促进了商品交换的发展。

货币的具体形式不断由低级形式向高级形式演进（见图 2.8），是商品生产和交换不断发展的必然结果，同时货币形式的演进也不断地促进商品生产和交换的发展。

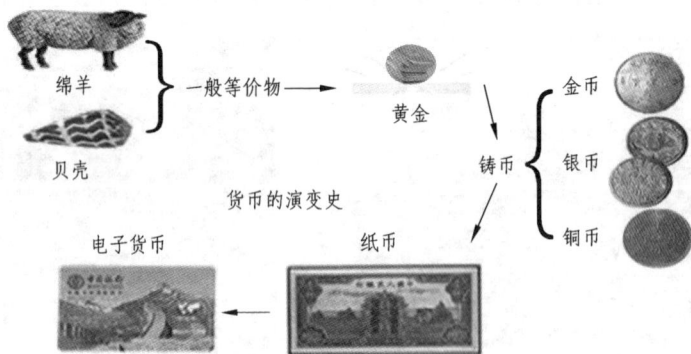

图 2.8　货币的演变

参阅资料

我国古代货币的六次重大演变

中国是世界上最早使用货币的国家之一，使用货币的历史长达五千年之久。中国古代货币在形成和发展的过程中，先后经历了六次重大的演变。

一、由自然货币向人工货币的演变

贝壳在中国很早就作为货币形式被使用。在史前的仰韶文化、龙山文化、大汶口文化遗址中以及夏代的二里头文化遗址和商周墓葬中，贝壳屡有发现。贝壳开始起货币作用，似乎可上溯到夏代，即中国进入阶级社会、国家产生的时候。商和西周时已成为流通中的主要货币。

随着商品交换的迅速发展，货币需求量越来越大，海贝已无法满足人们的需求，人们开始用铜仿制海贝。铜贝的出现，是我国古代货币史上由自然货币向人工货币的一次重大演变。随着人工铸币的大量使用，海贝这种自然货币便慢慢退出了中国的货币舞台。

二、由杂乱形状向规范形状的演变

从商朝铜贝出现后到战国时期，我国的货币逐渐形成了以诸侯称雄割据为特色的四大体系，即铲币、刀币、环钱和楚币（爰金、蚁鼻钱）。

秦统一中国后，秦始皇于公元前210年颁布了中国最早的货币法，"以秦币同天下之币"，规定在全国范围内通行秦国圆形方孔的半两钱。圆形方孔的秦半两钱在全国的通行，结束了我国古代货币形状各异、重量悬殊的杂乱状态，是我国古代货币史上由杂乱形状向规范形状的一次重大演变。秦半两钱确定下来的这种圆形方孔的形制，一直延续到民国初期。

三、由地方铸币向中央铸币的演变

刘邦建汉后，允民私铸钱币。豪绅富商和地方势力乘机大铸恶钱而牟利。文帝时，"邓通，大夫也，以铸钱财过王者"。元鼎四年（公元前115年），汉武帝收回了郡国铸币权，由中央统一铸造五铢钱。从此确定了由中央政府对钱币铸造、发行的统一管理，这是中国古代货币史上钱币由地方铸币向中央铸币的一次重大演变。此后，历代铸币皆由中央直接经管。铸币权收归中央，对稳定各朝的政局和经济发展起了重要的作用。

四、由文书重量向通宝、元宝的演变

秦汉以来所铸的钱币，通常在钱文中都明确标明钱的重量，如"半两""五铢""四铢"等（二十四铢为一两）。唐高祖武德四年（621年），李渊决心改革币制，废轻重不一的历代古钱，取"开辟新纪元"之意，统一铸造"开元通宝"钱。开元通宝一反秦汉旧制，钱文不书重量，是我国古代货币由文书重量向通宝、元宝演变的黑白点。此后，我国铜钱不再用钱文标重量，都以通宝、元宝相称，它一直沿用到辛亥革命后的"民国通宝"。

五、由金属货币向纸币交子的演变

北宋时，由于铸钱的铜料紧缺，政府为弥补铜钱的不足，在一些地区大量地铸造铁钱。据《宋史》记载，当时四川所铸铁钱一贯就重达二十五斤八两。在四川买一匹罗（丝织品），要付一百三十斤重的铁钱。铁钱如此笨重不便，纸币交子就在四川地区应运而生。交子的出现，是我国古代货币史上钱币由金属货币向纸币的一次重要演变。交子不但是我国最早的纸币，也是世界上最早的纸币。

六、由手工铸币向机制纸币的演变

清朝后期，随着国外先进科学技术的逐渐传入，光绪年间已开始在国外购买造币机器，用于制造银元、铜元。后来，广东开始用机器制造无孔当十铜圆。因制造者获利丰厚，各省纷纷仿效。清末出现机制货币，这是我国古代货币史上钱币由手工铸币向机制货币的重大演变。从此，铸造货币的工艺发生了重大变化，流通了两千多年的圆形方孔钱也终结了。

2.1.4.3　货币的层次

随着信用制度的产生和发展，货币的范围不断扩展，信用货币的种类也越来越多，这就使得货币的构成越来越复杂。人们对货币的认识也不断发展和深化，为了更有效地利用货币促进商品流通，人们对不同范围内发挥作用的货币进行了界定，从而使得货币有了不同的层次。

M_0 = 现金（纸币和硬币）

M_1 = M_0 + 所有金融机构的活期存款

M_2 = M_1 + 商业银行的定期存款和储蓄存款

M_3 = M_2 + 其他金融机构的定期存款和储蓄存款

M_4 = M_3 + 其他短期流动资产（如国库券、商业票据、短期公司债券、人寿保险等）

一般来说，不同层次的货币的流动形式是不同的，从 M_0 到 M_4 其流动性越来越弱，但其外延却越来越宽泛。因此，M_0 是流动性最高而边界最窄的货币，M_4 却是流动性最差而边界最宽的货币。通常把 M_2，M_3，M_4 等称为广义货币，把 M_0 和 M_1 称为狭义货币。

案例研究

雅普岛上特殊的石轮货币

在任何一个地方，人间烦人的货币制度常会出现问题，浮动汇率引发通货市场轩然大波，货币贬值随处可见。但在密克罗尼西亚的雅普，通货和岩石一般坚硬。实际上，货币就是岩石。更准确地说，货币就是石灰石。

近 2000 年来，雅普人就用巨大的石轮来进行大笔购买，例如购买土地、独木舟或办婚事。雅普是美国的托管地，在杂货店和加油站也用美元。但是，石轮货币（见图 2.9）和岛上古老的种姓制度及传统的草裙穿着一样经久不衰。

图 2.9　雅普岛上的石轮货币

用石轮来买财产"比用美元购买容易得多"，最近用一个直径 76.2 厘米的石轮买了一所房子的约翰·乔达德说："我们不知道美元的价值……"。

石轮是不易于携带的货币，因此，对一些小额交易，雅普人使用另一种形式的通货，例如啤酒。人们喜欢把啤酒作为各种零活的工资，包括建筑。雅普 1 万人一年消费 4 万～5 万箱啤酒，大多数是百威啤酒……

早在 1500～2000 年前，自从一个名叫安曼因的雅普勇士从邻近的帕卢岛上的石灰岩洞中第一次带回来石头起，雅普人就一直使用石头货币。受到月亮的启示，他把石头磨制成大轮盘的样子。

雅普人学会把石轮放在屋子旁，或者把它们堆放在村里的"银行"里。

大多数石轮的直径为 0.762～1.524 米，但有些可以大到 3.6576 米。每一个石轮中间都有一个洞，所以能穿过横倒的槟榔树并搬运。有些石轮要 20 个人来抬。

根据习惯，这些石轮一旦打破就不值钱了。你绝听不到雅普人开玩笑时想要一块岩石。为了不冒打破石轮的风险，雅普人尽量不把石头搬开，在所有权转移时，只是默记在心中，就好像在国际交易中用金条时，金条易手并不离开纽约联邦储备银行的金库一样……

把笨重的石头作为货币有一些决定性的优点。第一，很难有黑市交易，而且对扒手有难以逾越的障碍。此外，也不会有那些如何稳定雅普货币制度的无聊争论。全岛只有 6600 个石轮，货币供给十分稳定……

同时，雅普的石轮货币可能还具有国际意义。一天，华盛顿得到通知，密克罗尼西亚总统图什赫·那卡亚玛在访问美国时计划带一个石碟。官方表示，那卡亚玛先生希望这只石碟象征他们对减少美国预算赤字的贡献。

资料来源：http：//www.imoney.com.cn/web/lcjy/yhzx/capital1_3_1.htm。

2.2　货币的本质与职能

货币的本质决定货币的职能，货币的职能随商品经济的发展而不断完备。这些职能包括价值尺度、流通手段、贮藏手段、支付手段和世界货币。

2.2.1　货币的本质

通过对价值形式发展过程的分析可以看出，货币是在商品交换的长期发展过程中自发产生的，是商品内在矛盾发展的必然结果。首先，货币是商品，它和一般商品一样具有商品的特性；其次，货币又是一种特殊商品，它是一切商品共同的价值表现材料，执行着一般等价物的作用。而且，随着商品经济的不断发展，货币形式也出现了新的变化，但是，不论货币形式怎样变化，货币的本质就是固定地充当一般等价物的特殊商品，体现着商品生产者之间的社会关系，并通过它的职能体现出来。

2.2.2 货币的职能

2.2.2.1 价值尺度

所谓价值尺度，就是货币充当表现和衡量一切商品价值的尺度。这是货币最基本、最重要的职能之一。货币能充当价值尺度，是因为货币本身也是商品，具有价值。各种商品的价值之所以能相互比较，并不是因为有了货币，而是因为它们本身都是一般人类劳动的凝结。商品价值的内在尺度是社会必要劳动时间，货币作为价值尺度只是外在尺度。

货币执行价值尺度的职能，可以只是想象的或观念上的货币，不必是现实的货币。例如，2 匹布的价值是 1 两白银，并不需要在卖布时将 1 两白银摆在旁边来进行标明，因为货币执行价值尺度职能时，只是表现价值的大小，而非实现商品的价值（见图 2.10）。

图 2.10　货币执行价值尺度的职能

货币执行价值尺度的职能，是通过价格标准来实现的。为了衡量各种商品价值量的大小，货币自身必须先确定一个计量单位，即需要在技术上把一定重量的贵金属（金或银）确定为一个货币单位，这样才能使所有商品的价格都能用同一个货币单位表现出来。这种包含一定金属重量的货币单位及其等分，被称为价格标准。例如，中国历史上用白银作为货币材料时，就曾用"两"作为计量单位，即货币单位，而"两"又分为"钱""分"等。

通过价格标准，商品的价值就直接表现为一定数量的货币单位。而商品的价值通过一定量货币表现出来，就是商品的价格，或者说，价格就是商品价值的货币表现。在一般情况下，商品的价格主要取决于商品价值和金属货币价值两个因素。商品价格的变化与商品价值的变化成正比，与货币价值的变化成反比。但是，价格与价值也可能发生背离，主要包括量的背离与质的背离。第一，量的背离是指在商品的个别交换中，价格除了受到商品价值和货币价值的影响外，还会受到供求关系等其他因素的影响，从而使得价格偏离价值。第二，质的背离是指"没有价值的东西在形式上可以具有价格"。[①]例如人的名誉、良心等，本身不是商品没有价值，但是可以出卖从而具有了价格。这时，价格并不是价值的表现，价格与价值在质上发生了背离。

2.2.2.2 流通手段

所谓流通手段，即货币充当商品交换的媒介的职能。货币执行这一职能，就是要实现商品的价值，必须是现实的货币。但是，在货币发挥流通手段职能时，只要社会承认其能够充当商品交换的媒介即可，而不会计较它是否足值。正是由于这一特点，才导致了铸币、纸币乃至电子货币的产生。

以货币为媒介的商品交换叫商品流通，公式为：商品—货币—商品（W—G—W）。在商品流通中，商品卖出后就退出了流通领域而进入了消费领域，货币则不是这样。货币在充当一次交换媒介后，接着又去充当另一次交换媒介，货币这样作为商品流通媒介的不断运动就是货币流通。商品流通是货币流通的基础，货币流通是商品流通的表现，它是为商品流通服务的。

货币的出现打破了物物交换的种种限制，促进了商品经济的发展。但是，货币作为交换媒介使商品交换过程由原来的时间和空间上的统一，发展为时间和空间上相互分离的两个过程，即 W—G（卖）和 G—W（买）。这种分离加深了商品的内在矛盾，隐含了商品流通中断、发生危机的可能性。

2.2.2.3 贮藏手段

所谓贮藏手段，是指货币退出流通领域当作独立的价值形式和社会财富贮藏起来的职能。因为货币是一般等价物，可以随时转变为现实商品，货币就成为社会财富的一般代表，从而引起人们贮藏货币的欲望。执行贮

---

① 《马克思恩格斯全集》第 23 卷，人民出版社 1972 年版，第 121 页。

藏手段职能的货币，既不能是想象的、观念上的货币，也不能是作为价值符号的纸币，而只能是现实的、足值的金属货币。

在纸币流通的条件下，纸币被社会当作价值的代表，纸币的持有者可随时用它换取任何商品，从而使纸币也可以储蓄，这是否说明纸币可以代替货币发挥贮藏手段的职能呢？首先，纸币本身没有价值，只是一种价值符号，并非在任何条件下都可以储蓄。例如，中华民国时期发行的纸币在今天无法用来换取商品，不能储蓄，更谈不上贮藏。其次，纸币的储存者暂时未使用的纸币，最终还是要通过各种方式进入流通领域，而不像金属货币那样通过贮藏退出流通过程。因此，虽然纸币在一定条件下可以储蓄，但是无法代替货币执行贮藏手段的职能。

在金属货币流通的条件下，金属货币作为贮藏手段，具有自发地调节货币流通量的作用。当流通中的货币量过多时，多余的货币会退出流通领域成为贮藏货币；反之，当流通中货币量不足时，一部分贮藏货币会加入流通过程。所以货币作为贮藏手段，起着蓄水池的作用。在金属货币流通的条件下，不会产生流通中货币量持续地严重过多或过少的问题。而在纸币流通的条件下，由于纸币无法发挥贮藏手段的职能，从而也不能发挥这种自动调节作用。

2.2.2.4　支付手段

所谓支付手段，是货币用于清偿债务或支付税赋、工资、租金等的职能。货币的这一职能是随着商品交换过程中赊账买卖的出现而产生的。随着商品经济的发展，商品的卖出同货币的取得在时间上可以分离开来。就是说，商品的买卖可以不用现款，而是采取先交货后付款的信用买卖方式。这时，货币就执行支付手段的职能。货币作为支付手段，还逐步扩大到商品流通之外，如用于支付货币地租、税赋、工资、利息等。而且，随着赊账买卖的发展，产生了各种信用货币，如支票、汇票等。各种信用货币也可以发挥支付手段的职能。

货币的支付手段职能，一方面解除了"一手交钱一手交货"的交易方式对商品的交易规模和生产规模的限制，促进了商品经济的发展；另一方面又使得商品的内在矛盾进一步加深，加剧了经济危机爆发的可能性。这是由于随着支付关系的发展，赊销方式使商品生产者之间形成了一长串的债权债务链条。如果其中一人到期不能支付，会导致支付链条的断裂，整个债权债务关系陷入混乱，商品生产与经营无法顺利进行，从而导致危机的爆发（见图 2.11）。

图 2.11　到期不能支付引发经济危机的可能

2.2.2.5　世界货币

所谓世界货币，是指货币越出国界，在世界市场上充当一般等价物的职能。当商品流通越出一国范围而产生了国际贸易后，货币也就越出了国内流通领域而在国与国之间的经济关系中发挥作用。

世界货币的职能主要有：在国际市场上充当价值尺度；作为购买手段，购买外国商品；作为支付手段，支付国家收支差额；充当国际间财富转移的手段等。可以看到，世界货币是货币国内职能在世界范围内的延伸。因此，货币执行这一职能时就要脱去铸币、辅币和价值符号等带有地方性的外衣，而以金块、银块的自然形式出现。但在现代社会，货币作为世界货币职能的形式也发生了一些变化，出现了一些新型的国际货币形式。如国际货币基金组织的"特别提款权"，它是国际货币基金组织成员之间的标准信贷基金，可以代替黄金起到世界货币的作用，号称"纸币黄金"。此外，少数经济实力强大的国家的纸币在一定程度上也执行了世界货币的职能（见图 2.12）。

金

英镑

美元　　　　欧元

图 2.12　国际货币形式

　　货币这五种职能随着历史的发展而逐渐形成,是商品经济发展的结果,反映着商品经济从低级向高级发展的过程。同时, 这五种职能间存在着有机联系, 从不同的方面反映了货币作为一般等价物的本质。其中, 价值尺度和流通手段是货币的两个最基本的职能, 其他三种职能是在这两种基本职能的基础上派生出来的。

经典读点

　　商品的价格或货币形式, 同商品的所有价值形式一样, 是一种与商品的可以捉摸的实在的物体形式不同的, 因而只是观念的或想象的形式。铁、麻布、小麦等的价值虽然看不见, 但是存在于这些物的本身中; 它们的价值通过它们同金相等, 同金发生一种可以说只是在它们头脑中作祟的关系而表现出来。因此, 商品监护人必须把自己的舌头塞进它们的脑袋里, 或者给它们挂上一张纸条, 以便向外界表明它们的价格。既然商品在金上的价值表现是观念的, 所以要表现商品的价值, 也可以仅仅用想象的或观念的金。每一个商品监护人都知道: 当他给予商品价值以价格形式或想象的金的形式时, 他远没有把自己的商品转化为金, 而为了用金估量数百万的商品价值, 他不需要丝毫实在的金。因此, 货币在执行价值尺度的职能时, 只是想象的或观念的货币。

　　——《马克思恩格斯集》第 5 卷, 人民出版社 2009 年版, 第 115-116 页。

案例研究

美洲金银矿的发现为什么没有使财富增加而使物价上涨

16 世纪，随着欧洲人征服美洲，在美洲印第安人的印加国发现了储量丰富的贵金属矿藏，黄金白银是人们日思夜想的财富，现在美洲一下子发现了那么多的财富，人们拥有财富的机会来了。当时整个欧洲都被美洲发现黄金白银矿藏的好消息所鼓舞，由此掀起了一股金矿银矿的开采热潮。随着黄金白银的开采并被源源不断地运往欧洲，人们发现欧洲市场上的物价反而比从前更贵了，人们必须为食品支付比以前更高的价格，从 1570 年至 1640 年的大约七十年内，谷物的售价从每夸特二盎司白银上涨到每夸特六至八盎司白银。许多人的实际购买力反而下降了，除了经营黄金白银的人赚了钱，大多数人并没有从中得到好处，发现作为财富代表的金银并没有使社会财富增加，并没有使社会的经济状况改善。这是为什么呢？

货币价值尺度就是货币充当表现和衡量一切商品价值的尺度。商品的价值通过一定量货币表现出来，就是商品的价格，商品的价格主要取决于商品价值和金属货币价值两个因素，其中金属货币的价值显然就是金银的价值。商品的价格与商品的价值量成正比，随着生产商品的社会必要劳动时间的减少，商品的价值量在下降，商品的价格也在下降；而商品的价格与货币的价值量成反比，随着生产金银的社会必要劳动时间的减少，货币的价值量在下降，同样价值量的商品现在比过去需要更多的货币量才能表现其价值，商品的价格也就上升了，因而价格是价值的货币表现。

我们这里重点考察货币价值与商品价格的关系。在本案例中，在美洲发现金矿以前，欧洲贵金属市场是一个封闭的地区市场，欧洲市场的商品价格是由当时市场的商品价值和欧洲市场的货币价值共同决定的。随着世界市场的扩大，尤其是美洲金矿的发现和世界黄金市场的扩大，参加欧洲市场商品的价格决定不再是欧洲市场金银的地区价值，而是扩展为世界市场金银的世界价值，或者可以说欧洲市场商品的价格不再由欧洲生产金银的地区的劳动时间决定，而是由世界市场生产金银的社会必要劳动时间决定。美洲生产的金银在世界价值形成中的作用与美洲金银在世界金银交易中的地位有关。最初世界金银市场刚刚扩展时，金银的社会必要劳动时间主要以欧洲的金银开采的社会必要劳动时间决定为主，随着美洲金银矿开

采的扩大和美洲生产的金银在世界金银交易中所占份额的逐渐提高，美洲
生产金银的劳动时间在社会必要劳动时间的形成中的作用就越来越大了，
当美洲生产的金银在世界金银交易量中占主导地位时，美洲的金银对世界
价值的形成则起决定性作用。

由于美洲的金银矿藏丰富，开采条件比较容易，因而美洲的黄金开采
比欧洲具有更高的劳动生产率，也就是说美洲生产黄金的地区劳动时间比
欧洲更低，具有更低的地区价值。当美洲生产的金银在世界市场上所占的
比重日益增大的时候，世界市场的金银价值也随之不断下降，这就是欧洲
市场商品价格上涨的根本原因。以黄金为例，斯密把欧洲市场商品价格上
涨归因于美洲黄金向欧洲的大量涌入所引起的欧洲黄金供给的增加。斯密
的观点表面上看起来很有道理，其实不然。虽然商品价格上涨的直接起因
是黄金供给的增加，但是黄金供给之所以能够源源不断地增加是由于欧美
两地黄金开采的劳动生产率不同。只有当美洲黄金开采的劳动生产率大大
高于欧洲，从而美洲黄金的价值大大低于欧洲时，美洲的黄金才能长期源
源不断地输往欧洲，欧洲市场的商品价格才能经历一个持续上涨的过程，
直至一定数量的黄金与一定数量的商品相交换时他们的价值相等，商品价
格的持续上涨才算结束。

由此可见，在本案例中欧洲市场金银供给的增加只是商品价格上涨的
表现原因，隐藏在背后的是欧美两地金银生产的劳动生产率不同，即两地
金银地区价值不同，这种不同是欧洲市场价格上涨的根本原因，也是欧洲
金银供给持续增长的内在原因。

——摘编自周又红：《政治经济学案例》，浙江大学出版社 2004 年版。

2.3 货币流通规律与纸币流通规律

2.3.1 货币流通规律

为了适应商品流通的需要，流通领域需要有一定数量的货币。流通中
的货币需要量，并不是任意规定的，而是有规律性的。这种决定一定时期
内流通中所需要的货币量的规律就是货币流通规律。

一定时期内流通中所需要的货币量取决于三个因素：流通中待售商
品的数量、商品价格水平和货币流通速度。前两个因素共同构成待售商

品价格总额（＝待售商品的数量×商品价格水平），与流通中所需货币量成正比。货币流通速度是指一定时间内同一单位货币的平均周转次数。货币流通速度越快，同量商品实现价值所需要的货币量就越少；反之，流通中所需要的货币量越多。流通中所需货币量与货币流通速度成反比，用公式可表示为：

$$一定时期内流通中所需要的货币量 = \frac{待售商品价格总额}{同一单位货币流通的平均次数（速度）}$$

例如，一定时期（一年）社会所需要实现的商品价格总额是 400 亿元。假定每元货币平均在一年内为 10 笔交换做媒介，即一年流通 10 次。根据以上公式计算，只要 40 亿元的货币，就足以实现 400 亿元商品的交换了。

这一金属货币的流通规律，是从货币只作为流通手段出发而揭示的规律。在货币充当支付手段之后，一定时期内流通中所需要的货币量会发生变化。因为本期发生的赊卖商品的价格总额，无需货币支付，应从商品价格总额中扣除；本期以前发生而本期到期的债务，需要货币支付，这部分应加上去；另外，在商品生产者之间，有一部分债权债务可以相互抵消，相互抵消的支付额，也不需要现实的货币支付，也应从商品价格总额中扣除，这样上面的公式就应被修正为：

$$一定时期内流通中所需要的货币量 = \frac{待售商品价格总额 - 赊销商品价格总额 + 到期支付总额 - 相互抵消支付总额}{同一单位货币流通的平均次数（速度）}$$

2.3.2 纸币流通规律

2.3.2.1 纸币流通规律

纸币只是国家强制发行的作为法定流通手段的货币符号。纸币作为价值符号，本身没有价值，只是代表金属货币执行流通手段的职能。所以，纸币流通规律是以金属货币流通规律为基础的。根据这一前提，纸币的发行仅限于它象征的代表的金或银的实际流通数量。单位纸币所代表的金属货币量用公式表示为：

$$单位纸币所代表的金属货币量 = \frac{流通中必需的金属货币量}{流通中的纸币总额}$$

　　当发行的纸币量与流通中所需的金属货币量相符时，纸币就同它所代表的金属货币具有同等的购买力。如果纸币发行量过多，超过了流通中所需要的金属货币量，单位纸币所代表的价值量就会减少，纸币就会贬值，物价就要上涨；相反，纸币发行量过少，少于流通中所需要的金属货币量，物价就要下跌。所以，纸币不能离开它所代表的金属货币。纸币流通规律反映了纸币和金属货币之间的内在联系。实际上，纸币流通规律是货币流通规律在纸币流通条件下的一种特殊表现形式。它一方面受货币流通规律制约，另一方面反映了货币流通规律在纸币流通条件下的特殊要求。

2.3.2.2　通货膨胀与通货紧缩

　　所谓通货膨胀，就是由于纸币发行量超过商品流通中所需要的金属货币量所引起的纸币贬值、物价上涨的经济现象。通货膨胀的产生正是由于违背了纸币流通规律，纸币发行量过多，超过了流通中所需要的金属货币量，纸币面额所代表的金属货币量因而减少，纸币的购买力下降，造成纸币贬值和物价总水平的持续上涨。如果纸币发行量远远超过流通中所需要的金属货币量，纸币就可能变得一钱不值。

　　与通货膨胀性质相反的经济现象，谓之通货紧缩，即在纸币流通条件下，纸币发行量小于流通中所需要的货币量，所引起的物价总水平的持续下降和货币升值的经济现象。通货紧缩的产生也由于违背了纸币流通规律，纸币发行量过少，少于流通中所需要的金属货币量，纸币面额所代表的金属货币量就会因此而增加，纸币的购买力则会因此而上升，造成纸币的持续升值和物价总水平的持续下降。

　　通货膨胀与通货紧缩都是与纸币流通密切联系的经济现象，通常只有在纸币流通的条件下才可能出现。

拓展学习

通货膨胀的衡量指标

　　通货膨胀的测定指标，又称"通货膨胀的度量"，是指可以表示通货膨胀程度的一种相对数。由于通货膨胀总是与物价上涨相关，故通过计量物价水平的上升幅度，可以测定通货膨胀。在市场经济起步早的国家，通常将物价上涨率视为通货膨胀率，反映物价水平变动的相对数指标称为物价指数。目前世界上多数国家所使用的衡量通货膨胀的指标通常有三个：一是消费物价指数；二是批发物价指数；三是国民生产总值平减指数。

我国为了对物价变动趋势及影响的跟踪研究方便，统计部门除了定期公布社会零售物价指数外，还公布国营商业零售物价指数、集市贸易价格指数、居民生活费用物价指数及农副产品收购价格指数等。

消费物价指数，又称"生活费用指数或零售物价指数"，是反映一国消费品与劳务价格变动幅度并用以衡量通货膨胀程度的相对数。这是选择若干消费品的零售价格以及水、电、住房、交通、医疗和劳务费用价格编制的指数，主要反映与居民生活有直接关系的商品、劳务价格的变动趋势与变动幅度。计算消费价格指数所选择的商品的范围要随着人民生活水平的变化而变化。我国由原来的 325 种商品提高为现在的 500 多种商品。

批发物价指数，是通货膨胀测定指标的另一种，是根据商品批发价格变动资料所编制，反映不同时期生产资料和消费品批发价格的变动趋势与幅度的相对数。

批发价格是在商品进入零售，形成零售价格之前，由中间商或批发企业所定的，其水平决定于出厂价格或收购价格，对零售价格有决定性影响。因此，有些经济学家认为批发物价指数比消费物价指数具有更广泛的物价变动代表性。批发物价指数既可按全部商品综合编制，也可按不同部门或各类商品分别编制，但不包括劳务价格。批发物价指数的优点在于对商品流通比较敏感；其缺陷在于统计范围狭窄。所以，许多国家没有将批发物价指数列为测定通货膨胀的代表性指标。

国民生产总值平减价格指数，又称"国民生产总值折算价格指数"，是通货膨胀测定的重要指标之一，是按当年价格计算的国民生产总值与按不变价格计算的国民生产总值的比率。

国民生产总值平减价格指数可以全面反映生产资料、消费品和劳务费用的价格变动，因而统计范围更广，更适合作为测定通货膨胀的指标。世界银行的年度报告即以国民生产总值平减价格指数的增长率来测定通货膨胀的程度。这一指数的缺点在于资料不易收集、公布次数受限制（通常每年一次），因此客观上难以迅速反映物价的变动幅度与走势。因此，消费物价总水平上涨率是国际上普遍采用的衡量通货膨胀的指数。

对通货膨胀和通货紧缩的衡量一般以消费价格总指数表示，称为通货膨胀率。其公式为：

通货膨胀率＝(本期物价总水平－基期物价水平)/本期物价总水平×100%

 **案例研究**

津巴布韦的超级通货膨胀

2008 年 11 月，津巴布韦月度通胀率达到了 79 600 000 000%，物价翻倍间隔期为 24.7 小时。这是最新一起恶性通货膨胀的例子。

根据卡托研究所的报告，津巴布韦的货币灾难在 2008 年 11 月达到高峰，月通货膨胀率达到 79 600 000 000%。虽然在该国恶性通货膨胀最严重的几个月中，津巴布韦政府停止了报告官方通货膨胀统计数据，但该报告使用标准的经济理论（购买力平价比较法）来确定津巴布韦的最严重的通货膨胀率。

在物价近乎每隔 24 小时就翻一番的情况下，津巴布韦储备银行先是发行了面值 1 亿津元的钞票，几天之后再度发行了面值 2 亿津元的钞票，并且将银行取款限额设定在 5 万津元，而当时这只相当于 0.25 美元。当 1 亿元面值的钞票发行后，物价开始飙升，来自该国的报道称，一块面包一夜之间就由 200 万津元上涨到了 3500 万津元。现在在津巴布韦，一块砖的价钱在十年前可以买哈拉雷上层街区的一套公寓。

形势变得严峻，国内商店开始拒收货币，美元以及南非兰特成为事实上的交换媒介。最终，随着津巴布韦储备银行的直接干预，重新定价其货币并将其与美元挂钩，通货膨胀才走向尾声。政府还颁布法规，关闭了该国的证券交易所。

当 1980 年津巴布韦获得独立时，该国采用了新的货币，最初相当于 1.25 美元。后来失控的通货膨胀几乎完全是政府治理不善造成的。

恶性通货膨胀之路开始于 20 世纪 90 年代初，当时津巴布韦总统罗伯特·穆加贝（Robert Mugabe）发起了一系列的土地重新分配方案，收回欧洲裔农民的土地，并将土地分给津巴布韦族裔。长期而富有经验的农民阶层的突然流失严重损害了该国的粮食生产能力，使得国内粮食严重供不应求，导致粮价大幅上涨。

21 世纪早期，津巴布韦进入恶性通货膨胀时期。2006 年，国家印制了

21万亿津元来偿还国际货币基金组织的贷款。当年晚些时候，该国不得不再度印制60多万亿津元的钞票，来支付士兵、警察和其他公务员的工资。2007年，国内基本的食物、燃料、医药供应出现严重短缺。国际货币基金组织估计，到2011年年底时该国的月通胀率已经达到115 000%。同年9月，津巴布韦政府宣布对工资实行为期6个月的冻结。

到了2008年4月，5000万面值的津元仅相当于1.20美元，而央行预计该国的经济较上年收缩超过6%。《洛杉矶时报》在2008年7月报道称，欧洲印钞纸供应商出于人道主义考虑，停止向津巴布韦供货，竟导致该国政府用来印钞的纸张耗费一空。

总之，经济的全面萎缩、基本商品的严重短缺以及政府政策的严重失误，都是造成津巴布韦深陷恶化通货膨胀漩涡的原因。

本章知识结构

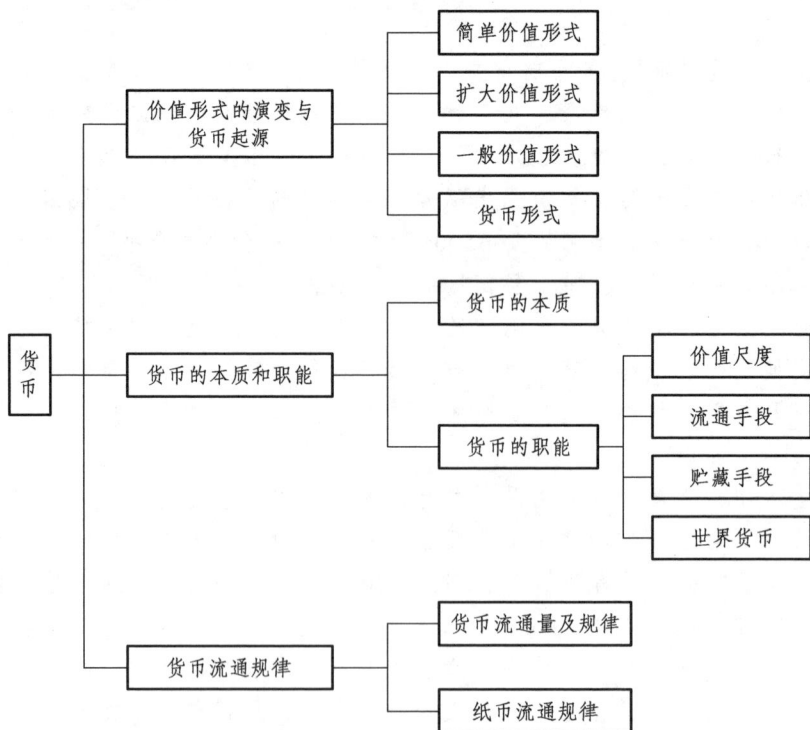

```
                          ┌─ 简单价值形式
                          │
              价值形式的演变与  ├─ 扩大价值形式
              货币起源      │
                          ├─ 一般价值形式
                          │
                          └─ 货币形式

                          ┌─ 货币的本质
                          │              ┌─ 价值尺度
货币 ──  货币的本质和职能   │              │
                          │              ├─ 流通手段
                          └─ 货币的职能  ┤
                                        ├─ 贮藏手段
                                        │
                                        └─ 世界货币

                          ┌─ 货币流通量及规律
              货币流通规律   ┤
                          └─ 纸币流通规律
```

👉 **关键概念**

货币　价值形式　价格　价值尺度

流通手段　贮藏手段　支付手段　世界货币

货币流通规律　纸币流通规律　通货膨胀　通货紧缩

📝 **问题与应用**

1. 什么是价值形式？简述价值形式的发展和货币的产生过程。

2. 什么是货币？货币有哪些职能？

3. 简述货币流通规律的基本内容。

4. 简述纸币流通规律的基本内容以及通货膨胀、通货紧缩的含义。

5. 某国年内待销售的商品价格总额为 400 亿元，货币的流通速度为 2 次/年，请问该国流通中所需要的货币量是多少？如果货币流通速度提高到 4 次/年，请问该国流通中所需要的货币量又是多少？

6. 某国年内待实现的商品价格总额为 2800 亿元，其中赊销的商品价格总额为 700 亿元；到期支付的货币总额为 800 亿元，其中相互抵消的支付总额为 500 亿元。根据经验测定该国单位货币的平均流通速度为 8 次/年。假定该国当年发行的纸币额是 600 亿元。试计算：

（1）该国当年流通中所需要的货币量是多少？

（2）纸币贬值后每元值多少？

🔍 **实战演习**

　　1950 年，美国商人弗兰·麦克纳马拉与他的好友施奈德合作投资 1 万美元，在纽约创立了"大莱俱乐部"，这家俱乐部后来成为著名的大莱信用卡公司。俱乐部向会员们发放了一种能够证明身份的特殊卡片，会员可以凭卡片记账，一定时期后再统一结账。这时的信用卡就已广受社会关注。1952 年，美国加州的富兰克林国民银行进入发行行列，率先发行了银行信用卡。随后，许多银行接踵而来，信用卡在美国乃至全世界迅速流行开来。1985 年，中国银行珠江分行发行了第一张"中行卡"，开创了中国信用卡发行的先河。中国截至 2010 年 9 月信用卡的发卡量已达 2 亿张。据万事达表示，该组织预计到 2025 年中国信用卡发卡量将超过 11 亿张。

问：（1）货币的什么职能导致了信用卡这一货币形式的产生？

（2）在信用卡出现以后，货币的形式发生了很大变化。你认为在未来的电子时代纸币会消失吗？

（3）信用卡的产生将会对流通中的货币量产生何种影响？

3 资本及其价值增殖

马克思认为，资本是"从头到脚，每个毛孔都流着鲜血和肮脏的东西"，资本是一种可以带来剩余价值的价值，它体现的是资本家对工人的剥削关系，"是一定的、社会的、属于一定历史形态的生产关系"。而西方经济学家几乎都把资本视为物。有的说资本是金银，是金属货币；有的说资本是物品，是物质；有的说资本是劳动工具，是生产资料；还有的说资本是进行生产、创造价值的三要素之一。毋庸置疑，资本的确是现实生产中任何企业经营活动必不可少的一项基本要素，是企业创建、生存和发展的一个必要条件，是重要的社会经济资源和财富，成为人们争相追逐的对象。资本集中到哪里，人才就集中到哪里，哪里就有繁荣和发展。那么，什么才是资本的真实面孔呢？

3.1 货币转化为资本

资本是一个历史范畴，是一定社会历史条件下的产物。劳动力成为商品是货币转为资本的前提条件，是解决资本总公式矛盾的关键，同时也为资本增值创造了条件。

3.1.1 资本总公式及其矛盾

3.1.1.1 货币与资本

货币是资本的最初表现形式，任何企业要进行生产经营，都必须先拥有一定量的货币用以购买生产要素，才能开始其生产活动。因此，资本首先表现为一定数量的货币。但是，货币本身并不一定就是资本，货币的本质是一般等价物，是商品交换的媒介，只有在一定的历史条件下，货币才转化为资本。作为资本的货币和作为商品流通媒介的货币是有着本质区别的，这可以从商品流通公式与资本流通公式的区别看出来。

商品流通公式是：商品—货币—商品（W—G—W），资本流通公式是：货币—商品—货币（G—W—G）。这两个公式都表现为买和卖两个阶段，都是买和卖两个阶段的统一，但它们之间又存在本质的差别。

（1）两者的流通形式不同。从买卖顺序看，前者是先卖后买，后者是先买后卖；从流通的起终点看，前者的起点和终点都是商品，后者则都是货币；从流通的媒介看，前者以货币充当交换的媒介，后者则以商品充当交换的媒介。

（2）两者的流通目的不同。前者商品生产者出卖商品，是为了买回另一种商品，为买而卖，交换的目的是获得另一种使用价值用以满足自己的需要，两端商品在价值量上是相等的；后者企业用货币购买商品，是为了卖出商品后重新取得货币，是为卖而买，目的是为了获得更多的货币。

（3）两者的流通限度不同。前者以使用价值为目的，商品的使用价值进入消费即可实现该目的，从而运动停止；后者以获得更多货币为目的，这种对货币的增加的追求是无止境的，因而资本的流通过程是无限的。

由此可见，在商品流通中，货币是商品交换的媒介，发挥一般等价物的作用；在资本流通中，货币的运动是为了获得更多的货币，这时的货币不再是普通的货币，已经转化为货币形式的资本。

3.1.1.2 资本总公式

在资本流通公式 G—W—G 中，处于两端的都是同一性质的货币，如果企业投入和收回的货币在数量上一样，就成为毫无意义的行为。因此，资本流通的结果是不仅要收回原有的货币，还必须获得更多的货币。准确的资本流通公式应是：G—W—G′，G′ = G + ΔG，即原来预付的货币额 G 加上一个增殖的货币额 ΔG。这个被修正了的资本流通公式就称之为资本总公式。货币在这一过程中实现了价值增值，从而变成了资本。这里，资本流通公式 G—W—G′更明显地表现出了资本主义生产的目的和动机，概括了产业资本、商业资本和借贷资本运动的共同本质，所以被称为资本总公式。

前面已经提到，货币是商品价值的表现形式，货币发生了增殖说明商品价值发生了增殖，马克思把这部分价值增殖叫作剩余价值。可见，只有当货币能够带来价值增殖即剩余价值时，才被称为资本。资本是在不断地运动中谋求自身价值增殖的价值。

3.1.1.3　资本总公式的矛盾

从形式上看，资本总公式 G—W—G′是同价值规律的客观要求相矛盾的。因为价值规律要求商品交换按照等价原则进行，交换的结果不可能出现价值增殖，剩余价值也就无法产生。但是资本在运动中又确实产生了价值增殖。这就是资本总公式的矛盾。这个矛盾该如何解决呢？

只有解决价值增殖究竟从何而来的问题，才能解决资本总公式的矛盾。在资本总公式中，价值增殖表现为两个流通过程的结果，似乎是在流通中产生的，然而在任何商品经济社会的流通中，无论是等价交换还是不等价交换，都不能产生价值增殖。在等价交换的情况下，所有商品都按照价值量实行等价交换，价值增殖根本无从产生。在不等价交换的情况下，如果商品普遍贵卖，某一商品生产者在贵卖的同时，别的商品生产者也在贵卖，结果就是他提价赚的钱又会多支付出去；反之，如果商品普遍贱买，某一商品消费者在贱买占到便宜的同时，自己销售的商品也将贱卖，结果就是他压价赚的钱又会得而复失。这样互相抵消，剩余价值的普遍存在将无从说明。即使不是普遍的贱买贵卖，而是某些商品生产者贱买贵卖，整个社会的价值总量也没有增加，只是改变了价值在不同商品生产者间的分配而已。因此，马克思指出"资本不能从流通中产生"①。但是，资本的产生也不能离开流通领域。因为如果货币持有者不把货币投入流通，不买也不卖，永远也不会给货币所有者带来价值增殖。

那么，在 G—W—G′的运动中，价值增殖究竟从何而来？首先，价值增殖不会发生在 G—W 的货币上，因为这里的货币只是购买手段，只是实现它所购买的商品的价值，不会带来价值增殖。其次，价值增殖不会发生在 W—G′的销售行为上，因为生产者生产出商品后，商品价值已定，销售只是实现了该商品的价值而未发生价值增殖。因此，价值增殖只能发生在

---

① 《马克思恩格斯全集》第 23 卷，人民出版社 1972 年版，第 188 页。

G—W 阶段所购买的商品上。货币所有者一定购买到了一种特殊的商品。这种商品的特殊，就在于它的使用不仅能够创造价值，而且还能够创造出比自身价值更大的价值。这种特殊的商品就是劳动力。劳动力成为商品是解决资本总公式矛盾的关键，也是货币转化为资本的根本条件。

3.1.2　劳动力成为商品是货币转化为资本的前提

3.1.2.1　劳动力成为商品的条件

劳动力就是人的劳动能力，是人的体力和脑力的总和。在任何社会，劳动力都是重要的生产要素，但是劳动力成为商品却是一定历史条件下的产物。劳动力成为商品，必须具备两个条件：第一，劳动者必须具有人身自由。只有这样，他才有权出卖属于自己的劳动力。第二，劳动者除了自身的劳动力以外一无所有，只有依靠出卖劳动力才能生存。上述条件是在封建社会的末期，小商品生产者日益两极分化，最终沦落为无产者的历史过程中形成的。在资本主义制度下，劳动力成为商品已是普遍现象。

参阅资料

圈地运动

15 世纪末，市场上羊毛价格上涨时，圈地运动大规模开展起来用以养羊。英国早期的圈地运动可划分为三次高潮，第一次高潮在 15 世纪的最后 30 年至 16 世纪最初的 10 年左右；第二次高潮在 16 世纪 30 年代英国宗教改革期间；第三次高潮在 16 世纪末至 17 世纪初。英国早期的圈地运动的规模相对比较小，据统计，从 1455 年至 1607 年，英国 24 个郡共圈地 516 676 英亩，相当于这些郡土地总面积的 2.76%，被赶离土地的农民约为 5 万人。

为了使被驱逐的农民很快地安置下来，英国国王在颁布限制圈地法令的同时，也限制流浪者，目的是让那些从家园中被赶出来的农民，去接受工资低廉的工作。

英国的圈地运动从 15 世纪 70 年代开始一直延续到 18 世纪末。英国全国一半以上的土地都变成了牧场。18世纪后，英国国会通过了大量准许圈地的法令，最终在法律上使圈地合法化，英国农民的人数为此减少到了有史以来的最低数量。

"羊吃人"的圈地运动带来了两个后果。一个是地主贵族用暴力圈地养羊，牟取巨额利润，变成了资产阶级化的新贵族阶级。另一个是大批农民被赶出家园，成为两手空空的流浪者。为了生存，他们不得不靠出卖劳动力为生。这样就为英国资本主义的发展准备了廉价的劳动力。因此，"羊吃人"的圈地运动不能不说是英国资本原始积累的重要方式之一。

3.1.2.2　劳动力商品的价值与使用价值

劳动力商品同其他一般商品一样也有价值和使用价值。

劳动力商品的价值也是由生产和再生产这种商品的社会必要劳动时间决定的。劳动力依存于人体之内，要生产劳动力商品就必须以劳动者的生存为前提。而劳动者的生存，又必须要有一定的生活资料来保证。因此，生产和再生产劳动力商品的社会必要劳动时间，可转化为生产和再生产劳动者生活资料所需要的社会必要劳动时间。它包括三个组成部分：一是维持劳动者自身生存所必需的生活资料的价值；二是维持劳动力再生产（即劳动者家庭）所必需的生活资料的价值；三是劳动者掌握一定的生产技术所需要的教育和训练费用。

此外，劳动力商品价值的决定，还包含着一些历史和道德的因素。各国自然条件、历史传统和生活习惯不同，以及各国历史所形成的经济文化发展水平不同，导致在不同的国家或同一国家的不同时期，劳动者平均必要的生活资料的种类和数量也有差别，它必然会对劳动力的价值高低产生影响。

劳动力商品的特殊性最主要的表现是它具有特殊的使用价值。一般商品的使用价值在被消费的过程中消失，价值也随之消失或者转移到其他商品中去。劳动力商品的使用就是劳动，劳动不仅能创造出劳动力自身的价值，而且能创造出比劳动力自身更大的价值即剩余价值。因此，劳动力这一特殊商品最重要的特征表现在它的使用价值上，它是价值、剩余价值的源泉。资本所有者购买劳动力商品，正是看中了这一特殊性，同时也为增值价值的生产创造了条件。所以说，劳动力成为商品是货币转化为资本的前提，这也是解决资本总公式矛盾的前提。

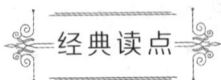

经典读点

> 生产劳动力所需要的劳动时间，可化为生产这些生活资料所需要的劳动时间，或者说，劳动力的价值，就是维持劳动力所有者所需要的生活资料的价值……
>
> 生产劳动力所必需的生活资料的总和，要包括工人的补充者即工人子女的生活资料，只有这样，这种特殊商品所有者的种族才能在商品市场上永远延续下去。
>
> 要改变一般的人的本性，使它获得一定劳动部门的技能和技巧，成为发达的和专门的劳动力，就要有一定的教育或训练，而这就得花费或多或少的商品等价物。劳动力的教育费随着劳动力性质的复杂程度而不同。因此，对于普通劳动力来说，这种教育费是微乎其微的，包括在生产劳动力所耗费的价值总和中。对于非普通劳动力来说，这种教育费虽然不是微乎其微的，但是只要劳动者受到了教育，那么它实际上就能用与未受教育的劳动者同样的生活资料每天提供受到了教育的高级劳动力。
>
> 劳动力的价值可以归结为一定量生活资料的价值。因此，它也随着这些生活资料的价值即生产这些生活资料所需要的劳动时间量的改变而改变。
>
> ——《马克思恩格斯集》第 5 卷，人民出版社 2009 年版，第 119-200 页。

参阅资料

社会主义公有制经济中劳动力是否是商品问题研究概述

一、社会主义公有制经济中劳动力是商品，即"商品论"。"商品论"的观点主要有以下几种：

（1）从马克思关于劳动力成为商品的两个条件出发，认为社会主义公有制经济中仍然存在劳动力成为商品的两个条件：① 劳动者对自己的劳动力具有法律上的自由支配权。劳动人民既不像奴隶社会那样属奴隶主所有，也不像封建社会那样对封建地主有人身依附关系，而是一个不受剥削不受压迫的自由平等的独立公民。② 在社会主义阶段，虽然实现了生产资料公有制，生产资料为全体劳动者所有，但并不等于生产资料归劳动者个人所有，劳动者拥有生产资料的形式是共同拥有、不能分割的，每个劳动者无法占有某一具体部分，劳动者个人不能从社会直接获取生产资料。因此劳动者个人对生产资料仍然是"一无所有"，只有靠出卖劳动力才能获取所需生活资料。

（2）认为劳动力成为商品的决定性条件是劳动者有人身自由，具备劳动力的个人所有权。只要劳动者具有劳动力的个人所有权，无论劳动者是否拥有生产资料，劳动力都可以成为商品。比如：一方面，劳动者丧失了生产资料，但劳动力没有成为商品。在奴隶社会和资本主义社会，同样是丧失了生产资料，在没有人身自由的奴隶社会，劳动力不是商品，在有人身自由的资本主义社会，劳动力成为商品。另一方面，劳动者有了生产资料，劳动力也可以成为商品。在当今发达资本主义国家的股份公司中，既拥有股权或其他财产，又通过市场出卖劳动力的劳动者比比皆是。

（3）从以商品经济和市场经济为前提和立足点出发，市场经济就是以市场为中心配置社会资源的经济体制，从资源配置这个角度看，市场经济不能够只包括商品市场，而不包括生产要素市场，生产要素市场是一个完整的不能彼此分离的体系，不能只包括生产的物质要素，而不包括人身要素。所以劳动力商品是商品经济形成的必要前提，也是商品经济存在的主要标志，又是商品经济充分发展的基本条件。因而社会主义市场经济的发展，不仅要求一切劳动产品成为商品，而且也要求包括劳动力在内的一切生产要素成为商品，都处于市场机制的作用下。

（4）认为在社会主义初级阶段社会生产力的发展还达不到社会财富充分涌流、劳动成为个人生活的第一需要的程度，社会还不可能对个人消费品实行按需分配。一方面，劳动还是谋生的手段，劳动力的生产再生产由劳动力所有者个人来承担所需费用，劳动者不能无偿提供自身所有的劳动力给企业使用，企业要使生产和再生产正常进行，又必须使用劳动力，这就必然发生劳动力使用者的企业和劳动力所有者个人之间的劳动力商品交换关系。另一方面，从劳动者个人角度看，由于劳动能力的差别，劳动者个人之间必然存在不同的利益关系，这种不同的利益关系的实现也只有通过以抽象劳动为基础的交换才能完成。

（5）认为劳动力商品化是由社会生产的组织形式决定的，由于社会分工和生产社会化造成单个劳动力必须组合汇成一个结合劳动力，才能从事生产，也即劳动力个人所有与劳动力社会化使用的矛盾，决定了劳动力必须采取商品的形式。

二、社会主义公有制经济中劳动力不是商品，即"非商品论"。"非商品论"的观点主要有以下几种：

（1）从马克思关于劳动力成为商品的两个条件出发，认为劳动力成为商品的最根本的经济条件是劳动者丧失生产资料或资本主义私有制。在社会主义条件下，尽管劳动者具有劳动力的个人所有权，但公有制是劳动者在或大或小的范围内共同占有生产资料和产品，并不是劳动者"一无所有"。

（2）针对"商品论"的第二种观点，反对意见认为：在资本主义社会中某些既拥有一定的生产资料又向资本主义企业出卖劳动力的"兼业户"的存在，固然表明这些劳动者在生产资料方面并非一贫如洗。但是，相对于他们向其出卖劳动力的资本主义企业而言，他们在生产资料方面仍然是一无所有，在发达资本主义国家中某些工人确实拥有一定的股票和其他财产，但这并不表明他们与资本家在生产资料所有制方面已经"平起平坐"，更不表明他们是股份公司的真正占有者。因此，如果全面和客观地考察当代资本主义国家中工人阶级的经济状况，则不难看出工人阶级仍旧处于丧失或基本丧失生产资料的境地。如果抽掉资本主义私有制因素，把劳动力成为商品的经济条件实质上归结为劳动者具有劳动力个人所有权，则会模糊资本主义经济与社会主义经济的界限。

（3）与"商品论"第三种观点不同，论者认为商品经济或市场经济的存在与发展只是劳动力成为商品的一般前提条件，而不是劳动力成为商品的基本原因。商品经济在几个社会形态中都存在，而劳动力成为商品则是特定历史条件下的产物。正如马克思所指出的那样，商品经济并不是资本主义经济的特点，而劳动力成为商品才是资本主义经济的特点。

此外,还有一些学者引用 1919 年《国际劳动组织宪章》明文确定的"无论在法律上和事实上,劳动力都不应当被视为商品"的原则为依据,反对劳动力是商品的观点。

在我国现阶段的劳动力商品和剥削问题,都是一定社会发展阶段的产物,是历史性的,在历史中产生也必将会在历史中消亡。

资料来源:萧琼:《近年来我国理论界关于劳动力商品问题讨论综述》,载《当代经济科学》1996 年第 5 期。

3.2　资本的特征与属性

资本不是一般的物,它体现着一定的、社会的、属于一定社会历史形态的生产关系。在市场经济中,资本具有二重性。一方面,它作为生产要素,具有一般性,不同社会经济制度下,只要发展市场经济,都会有资本和资本运动。另一方面,它体现社会生产关系,具有特殊性,不同社会经济制度下的资本反映着不同的社会生产关系。

3.2.1　资本的基本含义

资本是不断地在运动中谋求自身增殖的价值,它是在劳动力变成商品的基础上产生的,当一个人手中拥有了一定量的货币,购买了生产资料、劳动力,为了使价值能够增殖而开始进行生产经营的时候,货币就变成了资本。资本是历史的产物,是人类发展阶段史上各种不同的商品经济社会形态所共有的。但资本与不同的社会经济制度结合在一起表现为不同的社会属性,体现了资本的特殊性质。

在资本主义社会,资本是与生产资料私有制结合在一起的,剩余价值归资本家私人所有,体现了资本对雇佣工人的剥削关系。而在社会主义公有制条件下,资本与生产资料公有制结合起来,表现为集体资本和国家资本,是由公有企业占用的能带来价值增殖的价值。它是为社会主义经济服务的,体现了社会主义的生产关系,反映着国家、企业与劳动者之间的利益关系。资本增量中的一部分作为利税上缴国家,其余部分转化为垫支资本，构成劳动者整体利益和长远利益的基础。

案例研究

不幸的皮尔先生

英国有个叫皮尔的人，打算到澳大利亚的斯旺河一带去创办工厂。这位皮尔先生从英国购置了 5 万英镑生活资料和生产资料到澳大利亚去，并且还非常有远见地带去 3000 名男工、女工和童工。可是，英国工人一到地广人稀、物产丰富、极易生存的澳大利亚，就跑得无影无踪，结果连一个替他铺床或到河边打水的仆人都没有了。马克思因此有趣地写道："不幸的皮尔先生，他什么都预见到了，就是忘了把英国的生产关系输出到斯旺河去。"(《马克思恩格斯全集》第 23 卷，人民出版社 1972 年版，第 835 页)

这一有趣的故事，非常形象而又生动地告诉我们，资本的本质不是物，而是体现在物上的资本主义的生产关系。

资本家手里的资本虽然总是表现为一定的物品，如机器、厂房、原料等，但是生产资料本身并不天生就是资本。个体农民自己使用的农具，只是单纯的劳动工具，不是资本。奴隶主和封建主占有的生产资料是剥削奴隶和农奴的手段，不是剥削雇佣工人的手段；榨取的是剩余劳动，而不是剩余价值，所以不是资本。那么，生产资料等物品到底是不是资本呢?它们是不是资本，并不是由它们本身的自然属性决定的，而是由加在它们身上的一定的社会关系决定的。拿一台机器来说，如在资本主义社会里，当这台机器被资本家买走，用作剥削工人的手段，能够为他带来剩余价值时，这台机器就是资本。或者它虽还没有卖出去，但它是由雇佣工人生产出来的，在这台机器中凝结了雇佣工人无偿地为资本家生产的剩余价值，它也是一种资本。判断一个物件是不是资本，同样也不能根据它的自然属性来确定，因为资本不是物的自然属性，而是它的社会属性。马克思说："黑人就是黑人。只有一定的关系下，他才成为奴隶。纺纱机是纺棉花的机器。只有在一定的关系下，它才成为资本。脱离了这种关系，它也就不是资本了。"(《马克思恩格斯全集》第 23 卷，人民出版社 1972 年版，第 834-835 页) 可见，资本是一定社会历史条件下的产物。资本不是物，它体现着资本主义的生产关系——资产阶级剥削工人阶级的生产关系。从本质上说，资本就是能够带来剩余价值的价值。

皮尔先生的悲剧在于他不懂得资本的本质，他更不懂得没有资本主义的生产关系，他带到澳大利亚斯旺河一带去的大量的生产资料和几千名工人，是不能给他带来剩余价值的。

既然资本是能带来剩余价值的价值，那么，是不是资本家的所有资本，比如厂房、机器、买回的劳动力等，都能给他带来剩余价值呢?当然不是，因为资本家腰包里的资本又有可变资本与不变资本之分，只有他的可变资本即劳动力才能给他带来剩余价值。

3.2.2　资本的存在形态

资本是市场经济运行的一种基本要素，它的运动对其他各种生产要素的组合发挥着重要作用。在现实经济生活中，资本以两种形态存在：一是物质形态，二是非物质形态。也就是说，它既可以表现为各种生产要素，如生产资料、劳动力、专利等，又可以表现为非物质形态，如货币、证券、股票等。

但是，经济学对资本的研究，着眼点在于其价值形态，而不在其物质形态。从本质上看，资本的运动是价值运动，其物质形态只是资本的物质承担者。

3.2.3　资本的基本特点

无论资本采取何种形态，在任何社会经济制度下，它都具有以下特征：

（1）增殖性。一般商品和货币，在等价交换的条件下，是不可能发生价值增殖的，而资本总是不断地和无限地追求自身的价值增殖，一旦资本停止了增殖，资本也就丧失了它的基本职能。在商品经济条件下，资本运动始终体现为一种增量运动。私人资本要增殖，公有资本也要增殖。公有制条件下的资本要求增殖，不仅是商品经济运动的客观要求，也是社会主义本质的内在要求。只有公有资本增殖，才能增加社会财富，积累资本，奠定扩大再生产和改善人民生活的物质基础。

（2）运动性。资本的生命在于运动。资本只有在生产过程和流通过程相统一的运动过程中才可能增殖。任何形态的资本一旦停止运动，也就不会带来价值的增殖；而资本运动速度的快慢，也反映了资本增殖能力的强弱和形成一定时期内资本增殖量的多少。

（3）返还性。资本的运动和增殖，是以垫支一定量的货币资本为起点的。因此，这一特点也被称为资本的垫支性或预付性。同时，投资者在投资之时也就会蓄意要收回它。

（4）风险性。资本具有收益和风险并存的特点。一般情况下，收益越大，风险也可能越大。在市场经济条件下，市场各种参数的变化，并不以资本所有者个人的意志为转移。投资者只能通过提高市场预测的科学性和增大资本实力或适当分散投资等方法，尽可能减少投资风险的影响。

3.2.4　不变资本和可变资本

在商品生产过程中，资本以两种形式存在，一部分以生产资料的形式存在；另一部分以劳动力的形式存在。这两部分资本在价值增殖中起着不同的作用。以此为据，可以把资本区分为不变资本和可变资本。

不变资本是指以厂房、机器、原材料等生产资料形式存在的资本，在生产过程中不发生价值增殖。所以把它称为不变资本（用 c 表示）。因为在生产过程中，生产资料的价值是随着它的物质形态的改变转移到新产品中去的，它的价值只是再现于新产品的价值之中。

可变资本是指以劳动力形式存在的资本，劳动力在生产过程中可以创造出比自身价值更大的价值，因而这部分资本在生产过程中发生了量的变化，即发生了价值增殖。所以把它称为可变资本（用 v 表示）。

区分不变资本和可变资本的重要意义在于：第一，揭示了剩余价值的源泉，即剩余价值并不是由全部预付资本带来的，而是由可变资本产生的。不变资本只是可变资本增殖的物质条件。第二，这种区分为确定资本主义社会资本家对雇佣劳动者的剥削程度提供了科学依据。剩余价值率反映了资本对劳动的剥削程度。第三，为此后一系列理论（如资本积累理论、平均利润与生产价格理论等）奠定了必要的理论基础。

拓展学习

马克思主义经典作家关于资本的基本观点

一、资本产生和存在的条件

第一，商品生产和发达的商品流通是资本产生的历史前提。"商品流通是资本的起点。商品生产和发达的商品流通，即贸易，是资本产生的历史前提。世界贸易和世界市场在 16 世纪揭开了资本的现代生活史。"（《马克思恩格斯选集》第 2 卷，2008 年版，第 166 页）

第二，生产资料和劳动者的分离，是货币转化为资本的前提。资本表现为一定物（比如货币或生产资料），但物本身并不就是资本。马克思在批判"资产阶级经济学家把资本说成是物、是生产资料"的观点时指出，"黑人就是黑人。只有在一定的关系下，他才成为奴隶。纺纱机是纺棉花的机器。只有在一定的关系下，它才成为资本。脱离了这种关系，它也就不是资本了。"（《马克思恩格斯选集》第 1 卷，2008 年版，第 344 页）物转化为资本需要一定的社会条件。商品经济是资本产生的基础，但仅仅"有了商品的流通和货币流通，绝不是就具备了资本存在的历史条件。只有当生产资料和生活资料的占有者在市场上找到出卖自己劳动力的自由工人的时候，资本才产生"（《马克思恩格斯选集》第 2 卷，2008 年版，第 172 页）。资本是能带来剩余价值的价值，价值增殖是资本的基本特征。马克思指出："原预付价值，不仅在流通中保存下来，而且在流通中改变了自己的价值量，加上了一个剩余价值，或者说增殖了。正是这种运动使价值转化为资本。"（《马克思恩格斯全集》第 2 卷，2008 年版，第 167 页）资本只有一种生产本能，这就是增殖自身，获得剩余价值，用自己的不变资本即生产资料吮吸尽可能多的剩余劳动。

二、资本是一个历史的范畴，体现着一定的社会关系

任何经济活动都是在特定生产关系下进行的，资本带来剩余价值这一经济活动也不例外。"资本是一种社会生产关系"，剩余价值是由雇佣工人创造的被资本家无偿占有的超过劳动力价值的那部分价值，它体现了资本

家对雇佣工人的剥削关系。因此，资本是"资产阶级的生产关系，是资产阶级社会的生产关系"。但资本的剥削关系是被掩盖着的，它虚伪地表现为"生出剩余价值的运动是它自身的运动，它的增殖也就是自行增殖。它之所以获得创造价值的奇能，是因为它是价值。它会产仔，或者说，它至少会生金蛋"（《马克思恩格斯全集》第 2 卷，1961 年版，第 168 页）。

在马克思主义经济学中资本是作为资本主义特有的经济范畴，体现着资本家无偿占有雇佣工人创造的剩余价值的一种剥削关系。

资料来源：http://4a.hep.edu.cn/mzj/text/g.html。

3.3 资本价值增殖过程

资本生产的本质是为了价值增殖。资本条件下的生产是创造使用价值的劳动过程与价值形成和价值增殖过程的有机统一。

3.3.1 劳动过程与价值增殖过程

物质资料是人类社会生存和发展的基础，任何人类社会都必须通过劳动生产出各种各样的产品来维系和发展。因此，物质资料的生产过程首先表现为劳动过程。在商品经济条件下，劳动产品取得了商品的形式，使用价值只有转化为价值才能实现商品生产者的目标。因此，生产过程不仅是劳动过程，而且还必须是价值形成过程。又由于资本的存在，必然要求实现自身的增殖，这就使得生产过程成为劳动过程和价值增殖过程的统一。

3.3.1.1 劳动过程

不论何种性质的社会，其劳动过程都是劳动者通过有目的的活动，借助于劳动资料作用于劳动对象，从而创造某种使用价值的过程。但在不同的社会形态下，生产过程又具有不同的特点。

在资本主义制度下，由于生产资料掌握在资本家手中，劳动者一无所有，不得不把劳动力出卖给资本家。因此资本主义劳动过程具有两个显著特点：第一，工人的劳动在资本家的支配和监督下进行，他的劳动属于资本家。第二，劳动产品全部属于资本家。这说明资本主义制度的劳动是强制性的。

在社会主义公有制经济条件下，劳动者的身份、地位和产品的分配原则发生了根本性的变化。劳动者成了生产资料的共同所有者，实现了劳动者"不再通过受雇于剥削者"而进入劳动过程，使劳动者成为共同占有生产资料和凭借自己的劳动取得报酬的主人。

3.3.1.2 价值形成过程

企业购买了劳动力商品和生产资料后开始进行商品生产。在这一过程中，一方面，工人的具体劳动发生着两方面的作用，生产出一个新的使用价值并把生产资料的旧价值转移到产品中去；另一方面，工人同时耗费抽象劳动，形成商品的新价值。

如某服装厂在一次生产过程中用于生产资料方面的货币支出为 12 元，其中 2 米布料为 10 元，辅料 1 套的耗费为 2 元。工人每天劳动 6 小时，日价值为 3 元。投资者预付资本为：$10 + 2 + 3 = 15$ 元。

在制衣过程中，工人用具体劳动转移生产资料旧价值共 12 元，同时用抽象劳动 6 小时创造新价值 3 元，生产出成衣 1 件，其价值为：$10 + 2 + 3 = 15$ 元，如图 3.1 所示。

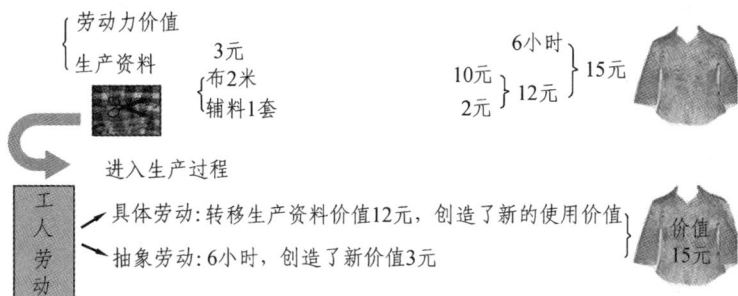

图 3.1 商品价值的形成过程

这样，产品价值等于预付资本额。显然，这仅是劳动过程和价值形成过程的统一，是一般的商品生产过程，价值并没有发生增殖，资本的生产目的并没有达到。价值增殖才是资本运动的原动力和目标，投资者必须使价值形成过程成为价值增殖过程。

3.3.1.3 价值增殖过程

为了使预付资本发生价值增殖，就要加强对劳动力的使用，在生产技术条件和劳动力强度既定的条件下，主要是延长工人的劳动时间。对投资者来说，他既然支付了劳动力的日价值，那么，劳动力一天的使用也就全归他。因此，投资者可以要工人劳动更长时间。

如果上面例子中，工人的劳动时间不是每天 6 小时，而是每天 12 小时，情况就会发生变化。这时，资本家在一天的生产过程中用于生产资料方面的货币支出为 24 元，其中 4 米布料为 20 元，辅料 2 套的耗费为 4 元；工人现在每天劳动 12 小时，日价值仍为 3 元。投资者预付资本为：20 + 4 + 3 = 27 元。

在 12 小时的制衣过程中，工人用具体劳动转移生产资料旧价值共 24 元，用抽象劳动 12 小时创造新价值 6 元，生产出成衣 2 件。这 2 件衣服共包含价值 30 元，产品价值为：20 + 4 + 6 = 30 元。比预付资本价值 27 元多出 3 元，这 3 元就是剩余价值。于是价值增殖过程实现了，如图 3.2 所示。

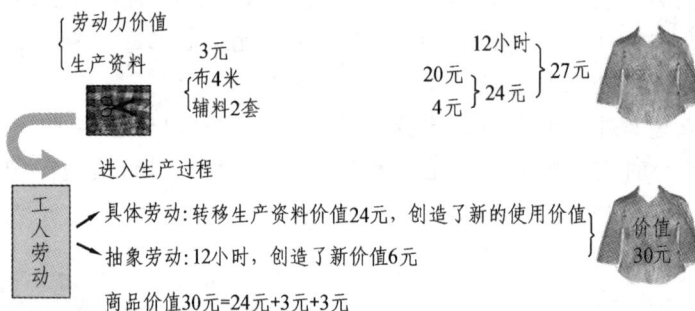

图 3.2 商品价值的形成过程转化为价值增殖过程

通过比较价值形成过程和价值增殖过程可以发现，价值增殖过程不外是超过了一定点而延长了的价值形成过程，这个"一定点"就是工人补偿劳动力价值的时间。剩余价值的产生，就是由于投资者把工人的劳动时间延长到补偿劳动力价值所需要的时间之外，工人创造的价值超过了他的劳动力价值，这就是价值增殖的秘密。

随着价值增殖的出现，工人的劳动时间分为两部分：一是必要劳动时间，在这一时间内支出的劳动叫必要劳动，即劳动者用以实现劳动力再生产而付出的劳动。对于劳动者来说，这一部分劳动是维持他自己和家庭的生活所必需的。对于投资者而言必要劳动也是必要的，它保证了劳动者的继续存在，为资本存在奠定了基础。二是超过必要劳动时间之外的那部分时间，叫剩余劳动时间，在这一时间内付出的劳动叫剩余劳动。剩余劳动是剩余价值的源泉。

剩余价值就是工人创造的超过劳动力价值的价值。剩余劳动的表现形式和占有形式不同，反映了一定社会生产方式的特点，反映了在一定生产力基础上的生产关系的属性。在资本所有权和劳动所有权相分离并且劳动力进入市场的情况下，剩余劳动取得了剩余价值的形式。根据马克思的分析，在未来社会中，由于生产要素由联合起来的劳动者共同占有，剩余劳动也就成为提供给全社会的共同财富。

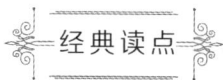

经典读点

价值增殖过程不外是超过一定点——盈亏平衡点——而延长了的价值形成过程。如果价值形成过程只持续到这样一点，即资本所支付的劳动力价值恰好为新的等价物所补偿，那就是单纯的价值形成过程。如果价值形成过程超过这一点，那就成为价值增殖过程。

——《马克思恩格斯集》第 5 卷，人民出版社 2009 年版，第 226 页。

3.3.2　资本价值增殖率与增殖量

3.3.2.1　剩余价值率

商品的价值实际上分为三部分，即不变资本、可变资本和剩余价值，用公式表示就是 $c + v + m$。经过对资本的划分，我们可以很清楚地知道，剩余价值只是可变资本价值变化的结果。因此在考察资本增殖的程度时，就不能用剩余价值和全部资本作对比，而应该用剩余价值和可变资本作对比。马克思把剩余价值和可变资本的比率叫作剩余价值率。其公式为：

$$m' = m/v$$

也可以用下面的公式来表示：

$$剩余价值率 = 剩余劳动时间/必要劳动时间$$
$$= 剩余劳动/必要劳动$$

剩余价值率反映实际使用的可变资本的增殖程度。在资本主义生产条件下，它反应资本家对雇佣劳动的剥削程度。由于资本家对剩余价值的贪欲是无止境的，他们会采取种种手段不断提高剩余价值率，对雇佣劳动者的剥削程度呈加重趋势。

3.3.2.2 剩余价值量

剩余价值率与剩余价值量关系密切。在一定时间内，剩余价值量（M）的大小取决于剩余价值率和可变资本总量（V）：

$$M = m' \times V$$

这一公式表明，剩余价值量等于预付可变资本的量乘以剩余价值率，或者说，等于一个劳动力的价值乘以该劳动力受剥削的程度，再乘以同时受剥削的工人人数。要增加剩余价值量有两个途径：一是增加可变资本总量，即使用更多的工人；二是提高剩余价值率，即每个工人提供更多的剩余价值。途径一显然受到资本数量的限制，因此，现实经济中，投资者往往更注重通过不断提高剩余价值率来生产更多的剩余价值。然而，剩余价值率的提高有它的绝对限度，就是说工作日不可能延长到 24 小时，所以在这个限度以内，资本家是同时使用延长劳动时间和提高劳动强度想结合的办法来榨取更多的剩余价值的。

案例研究

剩余价值率和剩余价值量的计算

某制鞋厂拥有平均生产条件，资本家雇佣工人 50 人，工作日为 8 小时，工人人均 4 小时生产 1 双鞋，消耗生产资料价值为 22 元，每个工人 1 小时创造新价值 2 元，劳动力价值 8 元。

该企业的一天必要劳动时间 = 8/2 = 4（小时）。

剩余劳动时间 = 8 − 4 = 4（小时）。

其剩余价值率：

$$m' = m/v$$
$$= （2 元 \times 4 剩余劳动小时 \times 50 人）/$$
$$（2 元 \times 4 必要劳动小时 \times 50 人）\times 100\%$$
$$= 100\%$$

该资本家一天共获得的剩余价值量：

$$M = m' \times V$$
$$= 100\% \times 2 \,元 \times 4 \,必要劳动小时 \times 50 \,人$$
$$= 400（元）$$

3.4 资本价值增殖的方法

资本要不断地追逐价值增殖。资本家加强对工人的剥削，获得价值增殖的基本方法有两种：绝对剩余价值的生产和相对剩余价值的生产。

3.4.1 绝对剩余价值的生产

绝对剩余价值是指在必要劳动时间不变的条件下，通过绝对延长工作日的方法所生产的剩余价值。以这种方法获取剩余价值就是绝对剩余价值的生产方法（见图 3.3）。

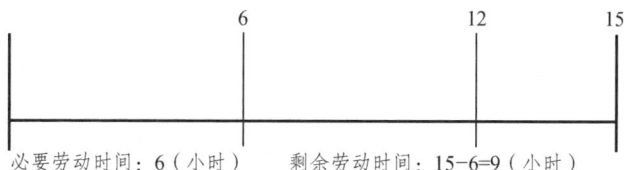

图 3.3　绝对剩余价值的生产

假定劳动日长度为 12 小时，其中 6 小时为必要劳动时间，6 小时为剩余劳动时间，剩余价值率为 100%。如果必要劳动时间不变，工作日延长到 15 小时，剩余劳动时间增加为 9 小时，此时剩余价值率为 9/6 = 150%。剩余劳动时间从 6 小时增加到 9 小时，增加的 3 小时所生产的剩余价值就是绝对剩余价值。

企业之所以能够采取延长劳动日的方法来增加剩余价值的生产，是因为劳动日是一个可变量。虽然工作日的总长度有弹性，但是它的变化也不是无边无际的，客观上存在一定的限度，包括：第一，生理界限。工人在一天之内，除了劳动占用的时间之外，还必须有一部分时间用于吃饭、休闲和睡觉，以满足身体本身的生理需要，否则劳动力的恢复和再生产将不可能，这就是工作日长度的生理界限。第二，道德界限。工人在一天之内，还必须有一定时间参加社会活动，阅读书报、娱乐、教育和抚养子女，以满足精神和社会生活的需要。但是，这些需要的数量和范围要取决于一国的经济文化发展水平。

　　绝对剩余价值生产是资本主义早期实行的主要方法。随着社会的发展，世界各国都在法律上对工作日的长度做出了规定，这使得资本所有者通过延长工作日的办法来生产剩余价值的行动受到制约。但追求更多的剩余价值是资本运动的目的，这样，相对剩余价值生产便成为更主要的获取剩余价值的方式。

参阅资料

"五一劳动节"的来历

　　美国和欧洲等国家、地区，在逐步由资本主义发展到帝国主义阶段时期，为了刺激经济的高速发展，榨取更多的剩余价值，以维护这个高速运转的资本主义机器，资本家不断采取增加劳动时间和劳动强度的办法来残酷地剥削工人。在美国，工人们每天要劳动 14～16 个小时，有的甚至长达 18 个小时，但工资却很低。马萨诸塞州一个鞋厂的监工曾经说过这样的话："让一个身强力壮体格健全的 18 岁小伙子，在这里的任何一架机器旁边工作，我能够使他在 22 岁时头发变成灰白。"

　　沉重的阶级压迫激起了无产阶级者巨大的愤怒。1877 年，美国历史上第一次全国罢工开始了。工人阶级走向街头游行示威，向政府提出改善劳动与生活条件，要求缩短工时，实行八小时工作制。"我们要把世界变个样，我们厌倦了白白的辛劳，光得到仅能糊口的工饷，从没有时间让我们去思考。我们要闻闻花香，我们要晒晒太阳，我们相信：上帝只允许八小时工作日。"

　　在工人运动的强大压力下，美国国会虽然被迫制定了八小时工作制的法律，但这项法律并未得到执行。1886 年 5 月 1 日忍无可忍的工人们再次纷纷联合起来，将这场斗争推向了一个新的高潮。当天，美国 2 万多个企业的 35 万名工人停工上街，举行了声势浩大的示威游行，各种肤色、各个工种的工人一齐进行总罢工。仅芝加哥一个城市，就有 4.5 万名工人涌上街头。此时，美国的主要工业部门处于瘫痪状态，火车变成了僵蛇，商店更是鸦雀无声，所有的仓库也都关门并贴上封条。经过艰苦的流血斗争，工人阶级终于获得了胜利。

为纪念这次工人运动，1889 年 7 月 14 日，由各国马克思主义者召集的社会主义者代表大会，在法国巴黎隆重开幕。大会上，与会代表一致同意把 5 月 1 日定为国际无产阶级的共同节日。这一决议得到世界各国工人的积极响应。1890 年 5 月 1 日，欧美各国的工人阶级率先走上街头，举行盛大的示威游行与集会，争取合法权益。从此，每逢这一天世界各国的劳动人民都要集会、游行，以示庆祝，它是全世界无产阶级、劳动人民的共同节日。

3.4.2 相对剩余价值的生产

3.4.2.1 相对剩余价值生产的含义

相对剩余价值生产是指在工作日长度不变的条件下，由于缩短必要劳动时间，相应延长剩余劳动时间而进行的剩余价值生产（见图 3.4）。

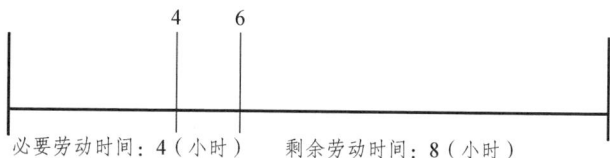

必要劳动时间：4（小时） 剩余劳动时间：8（小时）

图 3.4 相对剩余价值的生产

假定劳动日长度为 12 小时，其中 6 小时为必要劳动时间，6 小时为剩余劳动时间，剩余价值率为 100%。在工作日长度不变的条件下，必要劳动时间缩短为 4 小时，剩余劳动时间增加为 8 小时，此时剩余价值率为 8/4 = 200%。剩余劳动时间从 6 小时增加到 8 小时，增加的 2 小时所生产的剩余价值就是相对剩余价值。

3.4.2.2 相对剩余价值的形成

可以看到，相对剩余价值生产的关键在于缩短必要劳动时间。那么如何才能缩短必要劳动时间呢？

为了生产相对剩余价值，必须缩短必要劳动时间。工人的必要劳动时间是用来再生产劳动力价值的，要缩短必要劳动时间就必须降低劳动力的价值。由于劳动力价值由维持劳动者及其家属生活所必需的生活资料的价值所构成，并且这些生活资料的价值与生产它的劳动生产率成反比，因此要降低生活资料的价值，就必须提高生产生活资料的部门的劳动生产率，以及为这些部门提供生产资料的生产部门的劳动生产率。只有劳动生产率提高了，生活资料的价值才会降低，劳动力价值才会降低，必要劳动时间才能缩短。可见，相对剩余价值的生产，是整个社会劳动生产率普遍提高的结果。因此，个别资本所有者是不能直接生产相对剩余价值的（见图 3.5）。

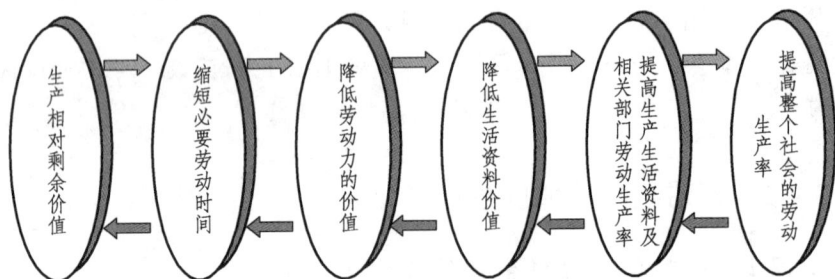

图 3.5　相对剩余价值生产

参阅资料

相对剩余价值生产逐渐成为主要方式

日本从 1955 至 1973 年，30 人以上的企业工人的实际工资提高了将近 3 倍，而这些企业的劳动生产率却增长了 9 倍。有学者指出，日本有两个数字曾经令世界上许多国家感到惊叹：一是日本用 15 年左右的时间消化了人类半个世纪所创造的科学技术成果的总和，比其他国家节约了 30 年时间。二是为了消化这 50 年的科技成果，日本花费了 101 亿美元的代价，而人类为了取得这 50 年的成果，花了近 2000 亿美元的成本。这里的 1900 亿美元的差额，就是相对剩余价值形成的。

科学技术的发展导致了劳动生产率的提高，但工人实际工资水平提高的幅度远不及生产效率提高的幅度，表明了当代资本主义国家中相对剩余价值生产成为主要的方式。

3.4.2.3 超额剩余价值

超额剩余价值是指商品个别价值低于社会价值的差额。由于商品的价值量是由生产该商品的社会必要劳动时间决定的，因此个别企业如果率先采用先进的生产技术设备，提高了劳动生产率，使商品的个别劳动时间低于社会必要劳动时间，按价值出售商品，就能获得更多的剩余价值，即获得超额剩余价值。

超额剩余价值是个别企业采用先进技术，提高劳动生产率获得的，但个别企业获得的超额剩余价值却是暂时的。当其他企业也采用新技术、新设备，使整个社会劳动生产率普遍得到提高时，这时超额剩余价值就会消失。但整个社会劳动生产率得到了提高，企业获得了相对剩余价值。这时，只有采用更先进技术的企业，才能再获得超额剩余价值。

由此可见，追求超额剩余价值，是个别企业改进生产技术、提高劳动生产率的直接动机，而各个企业在追求超额剩余价值的竞争中，由于劳动生产率的普遍提高，使单位商品价值量降低，劳动力价值也降低，必要劳动时间缩短，剩余劳动时间相对延长，使所有资本家都普遍获得了相对剩余价值。因此，相对剩余价值生产是在各个资本家追求超额剩余价值的过程中实现的。

案例研究

生产流水线和 5 美元工作日

1913 年春天，世界上第一个生产流水线在高地福特汽车公司的发电机车间建成，工作效率和产品质量显著提高。到这一年夏天，工厂的所有车间全部安装了自动生产流水线。1913—1914 年，福特汽车公司的生产再次实现了翻番，可是在此期间工人的数量不仅没有增加，反而从 14 336 人减少为 12 880 人。

然而，与成倍增长的产量和滚滚流入福特等人腰包的钞票形成鲜明对比的，是工人劳动强度的加大和收入的降低。据统计，由于新的生产方法的实施，福特汽车公司工人的劳动强度，视工种的不同是其他工厂工人的 0.5 倍或数倍，他们手中的半机械的动作每过 4 个小时才得片刻休息，神经更是高度紧张，然而工资水平却仅相当于整个底特律的平均水平——每天 2.34 美元。另外，在 1913 年夏天公司实行流水线作业后，还相应取消了"多劳有奖"的分级工资制度，代之以最原始的计时工资制。这样一来更打击了工人的劳动积极性，于是大批工人在干了一段时间后，就纷纷离开福特汽车公司，而去其他工厂从事报酬不低且劳动强度低的工作。

面对如此困境，1914 年 1 月 5 日，福特汽车公司董事会通过决议，郑重宣布："本公司将实现五美元工作日！任何合格的福特汽车厂的工人不论年纪、不分工种都能领到他自己的一份。"进厂的工人只有两条路可以选择：要么无条件地服从，拼命跟上传送带的转动速度以挣到诱人的五美元工资；要么被淘汰，由云集在厂门口跃跃欲试的其他人来代替自己。而且"挣五美元的工资，就要有五美元工资的纪律"，这是福特的口头禅。

1914 年 1 月，一名工人的妻子写信给亨利·福特说："上帝呀，我丈夫下班后回家连饭都顾不上吃就瘫倒在床上……福特先生，别再这样下去了，一天五美元的工资虽然诱人，可我们实在挣不起呀！你的传送带比奴隶主的皮鞭还厉害！！"

随着"福特制"的诞生与推广，资本家对工人的剥削方法产生了根本性的转变，即由原来的绝对剩余价值生产转变为相对剩余价值生产。

3.4.2.4　生产自动化条件下的剩余价值源泉

首先，资本主义条件下的机器人和自动化生产线在加入产品的生产时，只是把原有的价值转移到产品中去，而不创造新价值，更不能创造剩余价值。

其次，在生产自动化条件下，直接从事生产劳动的工人相对减少，而从事科研、设计、技术和管理劳动的人员日益增加，"总体工人"中的脑力劳动的比重不断增大，劳动的复杂程度和强度日益提高，从而成为生产力特别高的劳动，在其他条件不变的情况下，这种劳动会创造出更大的价值和剩余价值。

3.4.3　相对剩余价值生产与绝对剩余价值生产的关系

生产剩余价值的两种基本方式既有联系又有区别。

绝对剩余价值生产和相对剩余价值生产的联系在于：第一，从资本对雇佣劳动的关系来看，两者在本质上是一致的。不论是延长工作日，还是提高劳动生产率，结果都延长了劳动者的剩余劳动时间，增加了剩余价值的生产。第二，绝对剩余价值生产构成资本主义和社会主义的一般基础，是相对剩余价值生产的起点。投资者必须使工人的劳动超出必要劳动，出现剩余劳动，才有可能获得剩余劳动和剩余价值。把工作日延长到必要劳动以上的生产，就是绝对剩余价值的生产。没有它，就没有资本主义和社会主义的生产，所以，它构成资本主义和社会主义生产的基础。相对剩余价值的生产也是以工作日延长到必要劳动以上为前提。没有这个前提，就没有相对剩余价值的生产，所以绝对剩余价值的生产是相对剩余价值生产的起点。

绝对剩余价值生产和相对剩余价值生产的区别主要在于：第一，绝对剩余价值的生产只同工作日的长度有关，相对剩余价值的生产使劳动的技术过程和社会组织发生根本革命。第二，二者的物质技术基础不同，绝对剩余价值生产是与生产技术不变或生产技术发展缓慢相适应的；而相对剩余价值生产是以生产技术的不断变革为条件的。第三，二者在资本主义发展的各个历史阶段上所起的作用不同。在资本主义生产所经历的简单协作阶段，资本家提高对劳动者的剥削程度只能依靠延长劳动日的绝对剩余价值生产；在资本主义工场手工业阶段，劳动生产率的提高为相对剩余价值生产创造了条件；机器大工业出现以后，资本主义生产的物质技术基础发生了根本性的变化，相对剩余价值生产的意义越来越大。

在社会主义制度下，投资者为了扩大生产规模，也要不断地追求尽可能多的价值增殖。社会主义企业获取价值增殖主要靠提高劳动生产率，创造更多的利润来满足生产规模的扩大和人民生活水平不断提高的需要。

经典读点

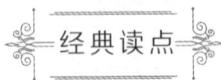

　　相对剩余价值是绝对的，因为它以工作日的绝对延长超过工人本身生存所必需的劳动时间以上为前提。绝对剩余价值是相对的，因为它以劳动生产率发展到能够把必要劳动时间限制为工作日的一个部分为前提。但是，如果注意到剩余价值的运动，这种表面上的同一性就消失了。在资本主义生产方式一旦确立并成为普遍的生产方式的情况下，只要涉及到剩余价值率的提高，绝对剩余价值和相对剩余价值之间的差别就可以感觉到了。假定劳动力按其价值支付，那末，我们就会碰到这样的抉择：如果劳动生产力和劳动的正常强度已定，剩余价值率就只有通过工作日的绝对延长才能提高；另一方面，如果工作日的界限已定，剩余价值率就只有通过工作日两个组成部分即必要劳动和剩余劳动的相对量的变化才能提高，而这种变化在工资不降低到劳动力价值以下的情况下，又以劳动生产率或劳动强度的变化为前提。

　　——《马克思恩格斯集》第5卷，人民出版社2009年版，第584页。

3.4.4　剩余价值规律是资本主义的基本规律

　　基本经济规律是指在一个社会形态的经济规律体系中起主导作用的经济规律。资本主义的基本经济规律就是剩余价值规律。它的内容是：资本主义的生产目的和动机是追求尽可能多的剩余价值，达到这一目的的手段是不断扩大和加强对雇佣劳动的剥削。剩余价值规律决定了资本主义生产的实质；剩余价值规律决定了资本主义生产发展的一切方面和主要过程；剩余价值规律还决定了资本主义生产方式的发展及其历史趋势。

本章知识结构

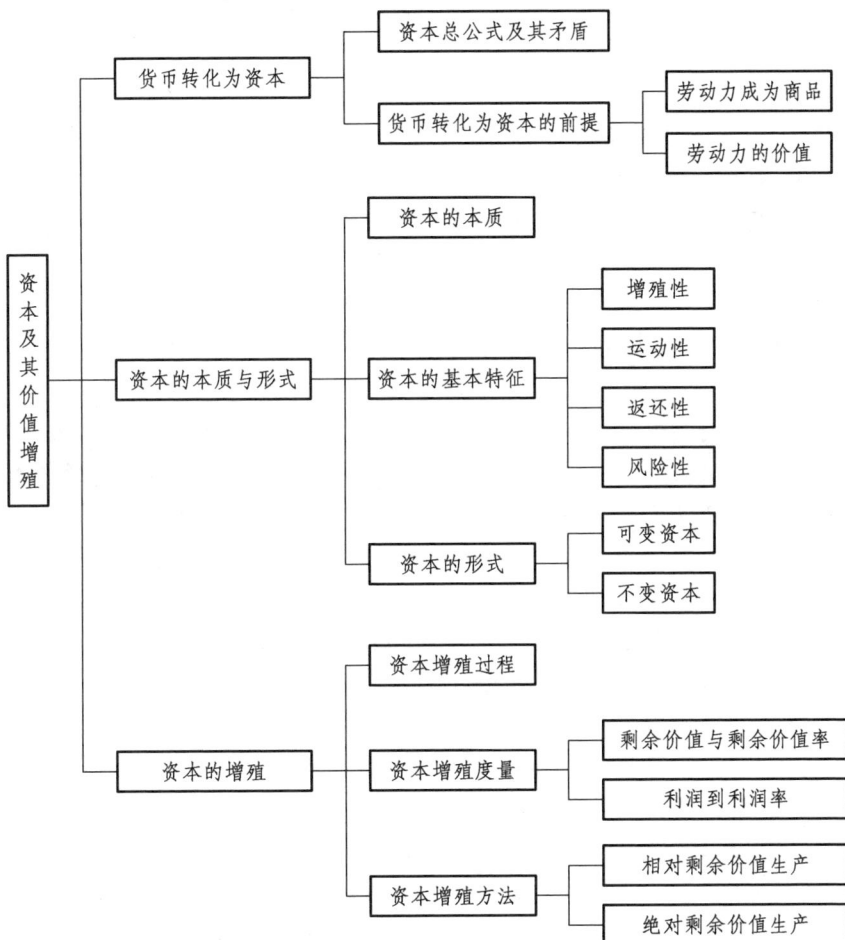

```
资本及其价值增殖
├── 货币转化为资本
│   ├── 资本总公式及其矛盾
│   └── 货币转化为资本的前提
│       ├── 劳动力成为商品
│       └── 劳动力的价值
├── 资本的本质与形式
│   ├── 资本的本质
│   ├── 资本的基本特征
│   │   ├── 增殖性
│   │   ├── 运动性
│   │   ├── 返还性
│   │   └── 风险性
│   └── 资本的形式
│       ├── 可变资本
│       └── 不变资本
└── 资本的增殖
    ├── 资本增殖过程
    ├── 资本增殖度量
    │   ├── 剩余价值与剩余价值率
    │   └── 利润到利润率
    └── 资本增殖方法
        ├── 相对剩余价值生产
        └── 绝对剩余价值生产
```

关键概念

资本　资本总公式　劳动力商品价值　劳动力商品使用价值
可变资本　不变资本　剩余价值　剩余价值率　利润
利润率　绝对剩余价值生产　相对剩余价值生产

问题与应用

1. 货币流通公式与资本流通公式的区别有哪些？

2. 为什么说劳动力成为商品时货币转化为资本的前提？

3. 剩余价值是如何生产出来的？

4. 简述划分不变资本和可变资本的依据与意义。

5. 某资本家拥有资本 180 万元，资本有机构成是 5∶1，剩余价值率是 120%，该资本家将剩余价值的 50%用于积累，请计算：

（1）该资本家用于积累的剩余价值是多少？

（2）该资本家在积累后的生产中获得的剩余价值是多少？

6. 1936 年，天津 DY 纺织有限公司，纺织工人的平均工资每天为 0.4 元，工人每天劳动 12 小时，可生产毛线 12 磅，每磅售价 2 元。生产 12 磅毛线耗费原材料价值为 19.2 元，工具设备磨损 2.4 元。

问：（1）工人一天生产出的商品包含多少价值，其中转移的旧价值是多少？工人一天内创造多少新价值，其中多少是剩余价值？

（2）剩余价值率为多少？

7. 吉林省 LY 煤矿在日伪时期的"万人坑"里，发现死难矿工牛某尸骨上有一张欠债工票，上面记载 1942 年 11 月牛某挖煤 30 天，月工资 32.34 元。据资料记载，当时公认每日产煤 1.88 吨，每吨煤市价 22.65 元，每吨煤的生产费用（包括支付工资在内）为 14.90 元。

问：（1）资本家一个月在牛某身上榨取的剩余价值有多少？

（2）剩余价值率为多少？

8. 某资本家的纺织厂原来属于中等生产条件，按社会劳动生产率月生产棉纱 10 000 千克。投资在机器设备等劳动资料上面价值 60 000 元，平均使用年限 5 年；每月消耗原材料等劳动对象价值 16 000 元；雇佣工人 50 人，每月平均工资 80 元；剩余价值率为 100%。而本月由于改进技术，企业个别劳动生产率比社会劳动生产率提高了 0.5 倍，除原材料等劳动对象价值消耗按比例增加外，其他资本价值消耗没有增加。

问：（1）每千克棉纱的社会价值是多少？

（2）资本家每月获得的超额剩余价值是多少？

（3）本月剩余价值率为多少？

（4）通过以上计算，可以得出哪些关于剩余价值生产的基本结论？

实战演习

[材料1]货币转化为资本的流通形式，是和前面阐明的所有关于商品、价值、货币和流通本身的性质的规律相矛盾的。……无论怎样颠来倒去，结果都是一样的。如果是等价交换，不产生剩余价值；如果是非等价交换，也不产生剩余价值。流通或商品交换不创造价值。

[材料2]货币转化为资本，必须根据商品交换的内在规律来加以说明，因此等价物的交换应该是起点。我们那位还只是资本家幼虫的货币占有者，必须按商品的价值购买商品，按商品的价值出卖商品，但他在过程终了时取出的价值必须大于他投入的价值。他变为蝴蝶，必须在流通领域中，又必须不在流通领域中。

问：（1）根据材料1说明马克思说的资本流通公式的矛盾指什么？为什么？

（2）根据材料2说明解决上述矛盾的条件是什么？为什么？

（3）结合你所学的原理说明如何解决矛盾。

4 资本积累

在研究了剩余价值如何从资本中产生之后，我们需要进一步探究资本如何从剩余价值中产生。剩余价值是资本家组织生产的根本目的和追逐的动力，资本家贪婪本性会促使他们不断地进行资本扩张，增加剩余价值量。同时，任何企业要生存和发展，就必须把握战机，增强竞争实力，实现战略性发展。这不仅是企业的核心问题，而且是社会经济发展的需要和重要组成部分。其核心的问题是：所需资本从哪里来，合适的路径在哪里。而把剩余价值的一部分或者全部转化为资本，投入到生产中，扩大生产规模，无疑是一个极为有效的办法。

4.1 社会再生产与资本积累

社会要实现可持续发展，就必须进行社会扩大再生产，进行资本积累。资本积累是扩大再生产的源泉，在现代市场经济条件下有其独特的动因。

4.1.1 简单再生产与扩大再生产

4.1.1.1 社会再生产

物质资料是人类社会生存和发展的基础，一个社会，任何时候都不能停止消费物质资料，因而也就不能停止生产物质资料。社会生产总是连续不断、周而复始地进行的。这种不断重复、不断更新的生产过程，就叫社会再生产。

任何社会的再生产，都包括三个方面的内容：

（1）社会再生产是物质资料的再生产。因为每一次生产过程都要消耗一定的生产资料和消费资料，而每一次生产过程结束，又会生产出一定的生产资料和消费资料，为下一次生产过程提供物质条件，使社会再生产能够顺利进行。

（2）社会再生产是劳动力的再生产。作为生产的基本要素，劳动者不但在生产过程中生产出物质资料，还不断地把自身的劳动力再生产出来。

（3）社会再生产是生产关系的再生产。因为，任何社会生产都是在一定的生产关系下进行的，离开了一定的生产关系，任何社会生产过程都无法进行。随着生产过程的不断重复和更新，原有的生产关系也会不断地得到维持和发展。例如，资本主义再生产是建立在雇佣劳动基础上的。一方面它不断地再生产出劳动者和生产资料的分离，另一方面它又不断地再生产出剥削劳动者的条件和雇佣劳动关系。所以，资本主义生产和再生产过程，使得资本家与雇佣劳动者在生产中的关系得以进一步巩固。可见，再生产过程是物质资料再生产、劳动力再生产、生产关系再生产的统一。

4.1.1.2 简单再生产与扩大再生产

社会再生产又可按其规模不同划分为两大类：简单再生产与扩大再生产。

如果资本的所有者把生产过程中资本运动带来的剩余价值全部用于个人消费，生产在原有规模上重复进行，就是简单再生产。如某资本所有者在一年里，在年初预付的资本为 10 000 元，其中，不变资本为 8000 元，可变资本为 2000 元。再假定剩余价值率为 100%，则年终生产过程结束后，其产品价值为：$8000c + 2000v + 2000m = 12\ 000$。2000 元的剩余价值全部用于资本家的个人消费。这样，下一年投入生产的资本及生产的产品价值，仍然和上一年一样，生产是在原有的规模上重复进行的，这就是资本主义简单再生产。

如果资本的所有者把生产过程中资本运动带来的剩余价值的一部分用于消费，另一部分用于追加资本，使生产在扩大规模上重复进行，就是扩大再生产。简单再生产和扩大再生产都是物质资料再生产和生产关系再生产的统一。简单再生产是扩大再生产的出发点和基础，只有在维持原有生产规模和生产能力的前提下，才有可能从这个基础出发使再生产规模进一步扩大。严格地说，没有简单再生产的维持，就不可能实现扩大再生产；原有生产规模维持的状况如何，也直接影响并决定着扩大再生产的规模。

扩大再生产则是简单再生产发展的必然趋势和结果，这是因为生产是为了满足消费。人类为了提高消费水平，必然要不断地积累生产经验，改善生产工具，提高劳动生产率，增加积累，使再生产规模扩大，生产出数量更多、质量更好的消费品。而且，社会分工和科技进步也为扩大再生产的实现提供了物质条件。

4.1.2 资本积累是扩大再生产的源泉

4.1.2.1 资本积累是扩大再生产的源泉

投资者并没有将剩余价值全部用于消费，而是将其中一部分剩余价值作为新的资本，追加投入生产过程，使生产在扩大的规模上重复进行的生产，被称作扩大再生产。这种将剩余价值当做资本用或使剩余价值资本化，就是资本积累。

例如，某货币所有者投资 1 万元，工人在一年中生产出的剩余价值为 2000 元，如果该货币所有者将剩余价值全部用于生活消费，这样，第二年的生产仍在原有的 1 万元的规模上进行。而如果该货币所有者将剩余价值的一半用于生活消费，另一半投入第二年的生产，这样，第二年将在 1.1 万元这一扩大了的规模上进行。可见，没有资本积累就无法扩大再生产，要进行扩大再生产必须将剩余价值资本化，因此资本积累是扩大再生产的源泉。同时，再生产中追加的资本来源于上一次生产中创造的剩余价值，没有剩余价值也就无法进行资本积累，因此，剩余价值是资本积累的唯一源泉（见图 4.1）。

图 4.1 扩大再生产的源泉

4.1.2.2 资本积累的实质

无论是资本主义社会还是社会主义社会，都要求不断进行资本积累和扩大再生产。二者都是通过剩余价值资本化进行扩大再生产，创造出更多的剩余价值，进一步进行资本积累，不断重复，实现剩余价值的不断增加。但在资本积累的性质和目的上，资本主义社会和社会主义社会却截然不同。

在资本主义社会，资本家用无偿占有的剩余价值去扩大生产规模，从而占有更多的剩余价值，并以此为基础进一步扩大和加强对工人的剥削和统治，以继续榨取更多的剩余价值。

社会主义条件下的资本积累，公有制企业是通过从税后利润中提取企业基金的形式来实现的，国家是通过从国民收入中确定积累基金的比例来达到的。在社会主义社会，获得更多的剩余价值是为了使人民日益增长的物质文化生活的需要不断得到满足，使社会主义国家的综合国力不断得到增强。这与资本家无偿占有剩余价值，从而加强对工人的剥削有着根本性的区别。

4.1.2.3　资本积累的动因

在商品经济条件下，资本积累具有客观必然性，这是由下面两个因素决定的。

（1）追逐价值增殖是资本积累的内在动力。资本增殖是商品经济条件下企业生产经营的直接目的，为获得越来越多的剩余价值，除了提高剩余价值率外，还必须进行资本积累，以不断扩大资本总额，扩大生产规模。

（2）市场竞争是资本积累的外在压力。竞争作为市场经济的内在规律，从外部强制支配着每一个投资者，"逆水行舟，不进则退"，迫使他们不断地进行资本积累，扩大再生产规模，以求在竞争中生存和发展。

案例研究

上海浦东发展银行并购案

2001 年，上海浦东发展银行经中国人民银行批准，完成了对浙江 RF 城市信用社等三家城市银行的收购。

RF 城市信用社是 20 世纪 80 年代初组建的具有独立法人资格的股份制民间金融机构，其中集体企业股份占 90%，私人股本占 10%。由于经济实力不强，抗风险能力弱，到 2000 年，所占市场份额已降至不足 5%。上海浦东发展银行与瑞安市 RF 城市信用社签订收购兼并协议，出资 1100 万元收购兼并温州瑞安市 RF 城市信用社和其所属 3 家储蓄所，总资产达到 104 926 552.57 元。收购后改建设立上海浦东发展银行瑞安支行，将其原所属 3 家储蓄所合并改建为上海浦东发展银行瑞安支行的虹桥、商城两家分理处。此外，上海浦东发展银行出资 2000 万元收购兼并苏州昆山市开发区城市信用社，出资 173 万元收购兼并温岭市城市信用社之江储蓄所。上述收购事项涉及金额人民币 3273 万元。

考察该银行并购后五年内的业绩变化情况（见表 4.1）。资产报酬率（ROA）在收购当年略有上升，第一年便开始下降，直到第四年才转为上升。净资产报酬率（ROE）则是收购后第一年略增，之后下降，同样也直至第四年转为上升。并购对我国银行的业绩影响存在较大的不确定性。从影响业绩的各驱动因素在并购后的变化看，不良贷款的比率呈现逐年下降的趋势，这说明并购并没有显著增加银行的不良贷款。而并购后，银行的资产利用效率出现了提升，贷款规模占总资产的比重逐年上升。

表 4.1　上海浦东发展银行并购前后的各项指标数据（单位：%）

		1999	2000	2001	2002	2003	2004	2005	2006
		前二年	前一年	当年	第一年	第二年	第三年	第四年	第五年
利润率	ROA	0.78	0.69	0.7	0.57	0.48	0.42	0.5	0.53
	ROE	14.97	12.29	15.67	16.67	15.38	15.17	16.01	19.37
资本状况	股本/总资产	2.34	1.84	1.39	1.29	1.06	0.80	0.68	0.63
	股利支付率	38.96	0.00	45.35	28.09	27.50	24.34	20.47	19.48
资本质量	不良贷款率	8.90	10.70	7.57	3.38	1.92	2.45	1.97	1.83
成本效率	成本收入率	58.87	61.38	57.17	42.38	39.32		39.53	40.86
资产组合	贷款净值/总资产	52.23	53.47	55.93	62.43	68.75	68.25	65.83	66.86

数据来源：上海浦东发展银行历年财务报告。

资料来源：孔艳彦、束景虹：《中外银行并购绩效的实证研究》，载《金融理论与实践》2010 年第 12 期。

4.1.2.4　影响资本积累的因素

资本积累的规模取决于剩余价值量以及企业积累基金与消费基金的比例。剩余价值是资本积累的唯一源泉，剩余价值量越大，资本积累量就越大。在剩余价值量既定的情况下，资本积累量就取决于积累基金和消费基金的分割比例。例如，某投资者在生产中占有的剩余价值为 2000 元，如果这 2000 元分割为积累基金与消费基金的比例为 4∶1，则积累为 1600 元；如果这个比例为 1∶1，则积累为 1000 元。积累基金所占比例越高，资本积累量就越大。

在此比例一定的情况下，资本积累量取决于剩余价值的绝对量。能够影响剩余价值量的因素，都将影响到资本积累量的大小。

（1）剩余价值率的高低。在其他条件相同的情况下，剩余价值率越高，那么同量可变资本带来的剩余价值就越多，从而资本积累量也就越大。

（2）社会劳动生产率水平的高低。当社会劳动生产率提高时，单位商品的价值量就会降低，将会从四个方面影响资本积累的规模：一是由于社会劳动生产率提高，生活资料的价值降低，从而使可变资本价值降低，使剩余价值率提高，扩大资本积累量。二是由于劳动力和生产资料价值都降低，同样数量的资本可购买更多的劳动力和生产资料，于是可以生产出更多的剩余价值，扩大资本积累量。三是随着劳动生产率提高和单位商品价值的下降，同量剩余价值便表现为更多的商品，这样可以在不减少甚至增加剩余价值中用于个人消费的数量，从而增加资本积累的数量。四是当更新原有生产资料时，可由效率更高和价格更低的生产资料代替原有的生产资料，企业因此可以获得超额剩余价值，扩大资本积累量。

（3）所用资本与所费资本之间的差额。所用资本是指在生产中所使用的全部预付资本。所费资本则是在生产中实际耗费的资本。在生产过程中，所使用的机器、设备等劳动资料不是一次全部被消费掉，而是经过多次使用、逐渐消耗掉的，相应地其价值也是一部分一部分地转移到产品中去的。这样，就必然形成所用资本和所费资本之间的差额。这个差额的大小取决于劳动资料的质量。劳动资料的质量越高，越经久耐用，所费资本越少，这个差额就越大。这部分劳动资料的所用资本只有部分被消耗，相应地这部分价值也就转移到产品中去了。在以后的生产过程中，这部分已经转移了价值的劳动资料的使用价值（如机器、厂房等）却仍然作为一个完整的生产资料在生产过程中发挥着原有的作用。但其价值已不再加到产品中去，这样，它就像阳光、空气等自然力一样，提供无代价的服务。这种无代价的服务有利于扩大生产规模，从而有利于扩大资本积累。

（4）预付资本量的大小。在剩余价值率已定的情况下，随着预付资本总量的增大，其中可变资本量也会相应地增大。这样，企业可以雇佣更多的工人，获取更多的剩余价值，资本积累的数量也会随之增加。同时，预付资本量越大，生产规模也越大，加速资本积累的一切因素，如改善劳动组织、改进机器设备以及推广科学技术的应用等就越有利，因而也就越能增进资本积累。

4.2 单个资本的扩张形式

资本积累过程是单个资本总额不断增大的过程。单个资本总额增大的途径包括相互联系的两个方面，即资本积聚和资本集中。

4.2.1 资本积聚

资本积聚是指个别资本通过剩余价值的资本化而增大其资本总额。这种方式好比滚雪球，资本是以自己为基础并且在自身的不断运动中积累、增大的。因此，资本积累是资本积聚的基础，资本积聚则是资本积累的具体体现和直接结果。但是，仅仅靠资本积聚，单个资本的增大是非常缓慢的。因此，使单个资本迅速发展的有效途径是资本集中。

4.2.2 资本集中

资本集中是指把原来分散的众多的中小资本合并为少数的大资本。它既可以采取大资本吞并中小资本的形式，也可以采取组织股份公司的形式。

竞争和信用是资本集中的两个强有力的杠杆。在竞争的情况下，大资本比小资本拥有更优越的条件，大资本可以采用先进的生产技术和科学的劳动组织，可以广泛实现合理分工和专业化生产，可以提高设备的利用率和采用效率更高的大型设备，可以利用其较强的信誉和信用地位获得用户的信任和银行等金融机构的支持，因而在竞争中易于淘汰、兼并小资本。这样，个别资本不得不通过兼并和联合的方式来不断扩大自身资本规模，以争取在竞争中处于优势地位。同时，信用关系的发展，也大大加速了资本集中的进程，特别是通过银行信用，一方面利用贷款来加强大资本的竞争能力，帮助它们在激烈的竞争中打垮或兼并中小资本；另一方面又使企业有了更多的融资渠道，企业对这些融资渠道的利用，实际上也就是对社会各类闲散资金的集中，反过来又增强了企业的信用。

案例研究

惠普与康柏合并

2001 年 9 月 3 日，全球著名电脑生产企业惠普公司与康柏公司宣布合并，成立"新惠普"，震惊了世界电脑业。惠普是计算和成像等的服务提供商，2000 年其持续运营收入总值达 488 亿美元。康柏是从事硬件、软件等的服务企业，2000 年其销售额为 400 亿美元。这两家公司的合并将导致一家年营业收入高达 870 亿美元的巨型公司出现。同时，其资产也将攀升至564 亿美元。

全球高新技术企业间的并购属于资本集中。资本集中有两种形式：一种是在竞争中大资本挤垮和吞并中小资本；另一种是联合建立股份公司，把若干个小资本合并成大资本。资本集中对生产的发展具有极其重大的意义，它为建设大规模的企业，如工厂、矿山、运河、港口、铁路等提供了可能，否则，单靠资本积累进行较大规模的建设是很困难的。并购等各种形式的"资本集中"往往具有双刃剑效应。一方面，资本集中有利于发挥规模经济的作用，提高经营者的竞争能力；另一方面，过度集中又可能导致垄断性的市场结构，损害消费者利益。

4.2.3 资本积聚和资本集中的关系

资本积聚与资本集中既相互区别又相互联系。两者的区别在于：第一，资本积聚表现为资本的增量，由于资本积聚使个别资本总额增大，从而增加了社会资本的总量；而资本集中则是社会资本存量的调整与重组。第二，资本积聚受到剩余价值量绝对增长的限制，因而增长缓慢；而资本集中主要通过兼并或联合中小资本进行，因而可以在短时间内集中大量的资本。股份公司也因此逐步成为适应社会化大生产的现代企业制度的主流形式。

两者的联系在于：一方面资本积聚的增长，必然加速资本集中的进展。因为随着资本积聚的进行，单个资本的规模相应地日益增大，大资本因实力雄厚，在竞争中处于有利地位，从而使资本集中过程更为迅速。另一方面资本集中速度的加快，反过来又会促进资本积聚的发展。因为集中起来的资本越大，便越有条件获得巨额剩余价值和超额剩余价值，从而增加积累规模，加快资本的积聚。

案例研究

HX 企业筹资方式

HX 集团成立于 1969 年，2010 年 HX 集团全年实现销售收入 637.4 亿元，是我国特大型电子信息产业集团公司。HX 集团的战略大发展主要是通过以下筹资方式来实现其资本扩张的：① 投资控股。1994 年 2 月，淄博电视机厂提出兼并要求。HX 看好其设备及生产潜力（设备和产品技术全部由日本引进），双方达成共同投资的协议。淄博方以厂房和设备入股，HX 以货币及无形资产入股，各占 49% 和 51%，成立淄博 HX 信有限责任公司。合作当年，在短短 6 个月的时间内，销售总额达 1.6 亿元，第二年达 3 亿多元，利润近千万元。② 债权转股权。1993 年，HX 想利用黑白电视机生产场地扩大彩电生产线。当时，黑白电视机的国际市场价格虽然下降，但仍需降低成本才能确保生产并盈利。这时，山东电讯四厂提出与 HX 合作，为它生产黑白电视机。双方以债权转股权的合作方案进行合作。HX 以债权及设备、仪表等有形资产和技术、管理、商标等无形资产为投入，对方投入建筑、生产设备，共同组建了临沂 HX 电子有限公司。③ 异地划拨国有资产。青州无线电变压器厂是一个地方国有企业，生产电视机用的各种变压器。它的经营状况良好，与 HX 有长期供货关系。1993 年，该厂提出加盟 HX 集团，以建立长期协作关系。HX 提出对方必须以资产加盟，即将青州厂的国有资产划拨至青岛海信，形成真正意义上的利益集团。HX 的提法得到了采纳，于是 676 万元净资产无偿从青州划拨到青岛国资局，青岛国资局又将其划入 HX 的账户，海信再以投资者的身份，将其全额投到青州厂，以国有法人股的形式建立海信全资子公司，并更名为青州 HX 电子有限公司。

HX 集团能有长足的发展，是 HX 集团实施企业并购的结果。企业并购属于资本集中的形式，资本集中是单个资本增大的两条途径之一。通过企业并购，海信在短期内集中起大量资本，强化了资本经营，促进了先进技术的采用和推广，增强了竞争实力。

4.3　资本积累的影响

在社会经济的发展过程中，资本积累的必然性对生产过程有着深刻的影响，资本积累会促进资本有机构成的提高，形成相对人口过剩。

4.3.1　资本的有机构成

生产中的资本，总是由不同部分按一定结构结合在一起的，这叫作资本构成。资本构成可以从两方面考察。从物质形态来看，资本是由一定数量的生产资料和劳动力构成的，它们之间有一定的比例关系。一般来讲，这个比例是由生产的技术水平决定的。技术水平越高，劳动力所运用的生产资料数量就越多。反之，则越少。这种反映技术水平的生产资料和劳动力之间的比例，叫作资本的技术构成。从价值形态来看，由于生产资料的价值表现为不变资本，劳动力的价值表现为可变资本，不变资本与可变资本间也存在着一定的比例关系，不变资本和可变资本之间的比例叫作资本的价值构成。

资本的技术构成和价值构成之间有着密切的联系，资本的技术构成的变化决定着资本的价值构成的变化，资本价值构成的变化能反映出资本技术构成的变化。这种由资本技术构成决定并且反映资本技术构成变化的资本价值构成，叫作资本的有机构成。资本的有机构成用公式来表示即 $c : v$。例如，某产业资本家以 1000 万元投入钢铁生产，其中用于炼钢炉、机器、厂房等生产资料方面的不变资本为 900 万元，用于雇佣劳动力方面的可变资本为 100 万元，资本有机构成就是 9 : 1。

4.3.2 资本积累导致资本有机构成提高

随着资本积累的发展和资本有机构成的提高，社会总资本中不变部分和可变部分的比例会发生变化，可变资本部分相对减少，不变资本部分则相对增加。因为对劳动的需求不是由总资本的大小决定的，而是由总资本中可变资本的大小决定的，所以在资本有机构成提高的条件下，对劳动的需求随着总资本的增长而相对减少，从而，同资本量相比相对减少。例如，有一笔资本，按百分比计算，起初 50%投在生产资料上，50%投在劳动力上，随着劳动生产率的提高，80%投在生产资料上，20%投在劳动力上。这样，对劳动的需求相对减少了。

面对资本追求超额剩余价值的内在动力和迫于竞争的外在压力，任何企业必然会不断改进技术装备，提高劳动生产率。同时，资本积累使资本不断增大，又为资本家采用先进技术、更新机器设备、加强分工协作等提供了有利的条件，从而促进了劳动生产率的提高（见图 4.2）。结果是在全部资本中，不变资本所占比重增大，可变资本所占比重相对缩小，从而导致资本有机构成不断提高。可见，资本有机构成的不断提高，是商品经济发展的必然趋势，也是资本积累的必然结果。

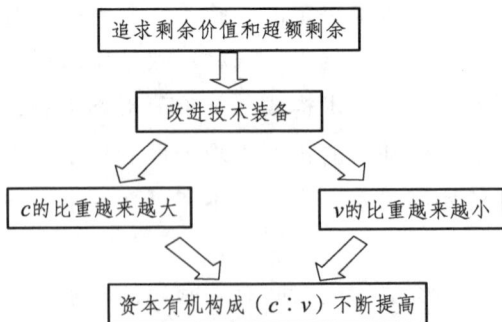

图 4.2 资本追求剩余价值和超额剩余价值与资本有机构成变化的互动示意图

经典读点

　　资本积累最初只是表现为资本的量的扩大，但是以上我们看到，它是通过资本构成不断发生质的变化，通过减少资本的可变部分来不断增加资本的不变部分而实现的。

　　特殊的资本主义的生产方式，与之相适应的劳动生产力的发展以及由此引起的资本有机构成的变化，不只是同积累的增进或社会财富的增长保持一致的步伐。它们的进展要快得多，因为简单的积累即总资本的绝对扩大，伴随有总资本的各个分子的集中，追加资本的技术变革，也伴随有原资本的技术变革。因此，随着积累的进程，资本的不变部分和可变部分的比例会发生变化；假定原来是 1:1，后来会变成 2:1、3:1、4:1、5:1、7:1 等，因而随着资本的增长，资本总价值转化为劳动力的部分不是 1/2，而是递减为 1/3、1/4、1/5、1/6、1/8 等，转化为生产资料的部分则递增为 2/3、3/4、4/5、5/6、7/8 等。因为对劳动的需求，不是由总资本的大小决定的，而是由总资本可变组成部分的大小决定的，所以它随着总资本的增长而递减，而不像以前假定的那样，随着总资本的增长而按比例增加。对劳动的需求，同总资本量相比相对减少，并且随着总资本量的增长以递增的速度减少。

　　——马克思：《资本论》第 1 卷，人民出版社，1994 年版，第 725 页。

参阅资料

伴随资本积累进程中的有机构成变化

　　劳动生产率的增长，表现为劳动的量比它所推动的生产资料的量相对减少，或者说表现为劳动过程的主观因素的量比它的客观因素的量相对减少。资本技术构成的这一变化，即生产资料的量比推动它的劳动力的量相对增长，又反映在资本的价值构成上，即资本价值的不变组成部分靠减少它的可变组成部分而增加。劳动生产率可以用产值或产量度量，而不宜用增加值度量。例如，有一笔资本，按百分比计算，起初 50% 投在生产资料上，50%投在劳动力上；后来，随着劳动生产率的发展，80%投在生产资料上，20%投在劳动力上，等等。资本的不变部分比可变部分日益相对增长的这一规律，在每一步上都由商品价格的比较分析所证实（像前面已经说明的），不管我们比较的是同一国家的不同经济时代，还是同一时代的不同国家。只代表所耗费的生产资料价值或资本不变部分的那个价格要素的相对量，同积累的增进成正比；用来支付劳动或代表资本可变部分的另一价格要素的相对量，一般同积累的增进成反比。

资料来源：http://xy.eywedu.com/zibenlun/zw/mydoc023.htm。

4.3.3 相对人口过剩

相对人口过剩是指劳动力的供给超过了资本对它的需求。这是社会生产力发展到一定阶段，伴随着资本积累过程以及资本有机构成提高而出现的一种经济现象。

4.3.3.1 相对人口过剩是资本积累的必然产物

一方面，在资本主义积累过程中，随着资本积累的增进，资本有机构成的不断提高，在总资本中不变资本部分便日益增加，而可变资本部分则相对减少。资本对劳动力的需求是由总资本中的可变资本决定的。所以，随着资本有机构成的提高，对劳动力的需求会相对地减少。这包括两种情况：一是追加资本有机构成提高，原有资本有机构成不变，使得资本对劳动力需求的相对量有所减少，但绝对量有所增加；二是追加资本与原有资本的有机构成都有提高，使得资本对劳动力的需求不仅相对地减少，而且还绝对地减少。

另一方面，在资本主义积累过程中，随着资本积累的增进，由于以下各种原因，劳动力的供给却日益增加。第一，随着技术的不断进步、机器的广泛使用，许多工作大大减轻了体力劳动的繁重程度，操作也大大简化。生产操作对劳动者的体力要求降低，导致大量妇女、儿童加入劳动大军。第二，随着资本主义经济的发展，小生产者两极分化，大批农民和手工业者破产，加入了雇佣劳动者队伍。第三，随着资本主义竞争的加剧，一部分中小资本家在竞争中破产沦为无产者，也加入到雇佣劳动者队伍中来。

在资本积累的过程中，一方面资本对劳动力的需求相对减少，另一方面又出现了劳动力对资本供给的绝对增加，其结果必然会产生相对人口过剩。这里的过剩并不是说社会财富不能养活这些人口，也不是社会生产力的发展绝对不需要他们，而是相对于资本的需要而言，这一部分人口成为剩余或多余的人。

相对人口过剩是由资本积累造成的，而资本积累本来是工人创造的剩余价值转化为资本的结果，资本有机构成的提高也是以工人创造出日益先进的技术装备为条件的。可是工人在创造资本积累和先进技术装备的同时，也使自己变成了相对过剩人口，这就是资本主义生产方式所特有的人口规律。

4.3.3.2 相对人口过剩是资本主义生产方式存在和发展的必要条件

（1）资本主义经济呈现周期性变化，对劳动力的需求也在不断变化，需要靠相对人口过剩这个蓄水池来调节。资本主义生产是周期性发展的，在危机和萧条时期，生产急剧下降，失业人数剧增；在复苏和高涨时期，生产开始恢复和发展，资本对劳动力的需求就会迅速增加。相对过剩人口的存在可以随时调节和满足不同时期资本对劳动力的需要。

（2）相对过剩人口提供了一支产业后备军，它不仅可以随时为资本增殖提供劳动力，而且可以利用失业人口对在业工人形成压力，迫使在业工人接受不平等的工资水平和劳动条件。

4.3.3.3 相对过剩人口的存在形态

在资本主义社会里，相对过剩人口有几种基本的存在形态。

（1）流动的过剩人口。流动的过剩人口是指经常随着生产的扩大和缩小或者其他种种原因，时而被吸收，时而被解雇，始终处于一种流动状态之中的人。

（2）潜在的过剩人口。潜在的过剩人口是指那些在农村中多少还有一小块土地，住在农村等待时机准备随时转入城市做工的人口。但在没转入城市前，因为他们还保留着一小块土地，过着艰苦的生活，从形式上看，又好像没有失业似的。所以，这种过剩人口称为潜在的过剩人口。

（3）停滞的过剩人口。停滞的过剩人口是指那些被大机器生产所排挤，没有固定职业，依靠从事家务劳动和打零工来糊口的人。

（4）最底层的是那些丧失劳动能力的人，以及被迫流浪和堕落的人，他们是需要救济的贫民。

此外，第二次世界大战后，在一些资本主义国家还出现了其他类型的失业人口：一是因为资本主义经济周期变化而发生失业的人口，称为周期性失业人口；二是由于新的科学技术在生产中的应用而不能适应要求的失业人口，称为结构性失业人口（见图 4.3）。

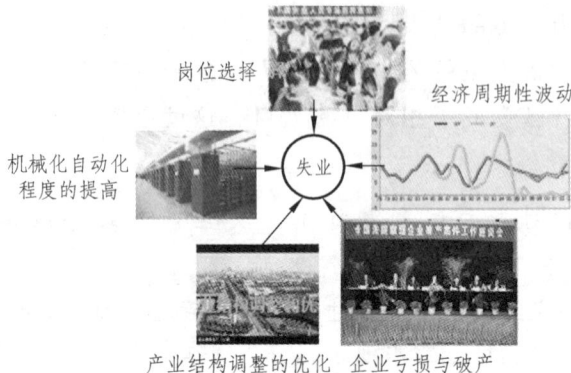

岗位选择

经济周期性波动

机械化自动化程度的提高

失业

产业结构调整的优化　企业亏损与破产

图 4.3　失业原因

4.3.3.4　社会主义市场经济中的失业人口

失业并不是资本主义经济中特有的现象。在社会主义市场经济条件下，相对人口过剩规律也会发生作用。

（1）生产社会化水平的提高，社会分工的进一步深化，会使产业结构不断调整和优化，从而导致资源重新配置。从传统过时的产业中游离出来的劳动者如果不能及时适应新兴产业发展的需要，必然会失业。

（2）现代科学技术不断应用于生产和流通过程，机械化、自动化程度提高，客观上也会导致对劳动者的需求相对地甚至绝对地下降。

（3）在市场竞争中，一些企业因经营不善会发生亏损或破产，从而会引致一些劳动者失业。

（4）现代市场经济的发展不可能是直线式的，而是处于有规则的周期性波动之中，这种经济波动必然导致对劳动力需求的波动，那么企业和劳动者之间的双向选择就不可能随时随地使每个寻找工作的人都得到工作机会。

结合我国的特殊情况，现阶段我国产生失业问题有一些现实的原因。我国人口过多，由于人口增长过快导致劳动年龄人口规模过大；城镇就业不仅有新增劳动年龄人口的压力，还有农业剩余劳动力转移的压力；开拓新的生产领域，不但受自然资源、资金、技术等限制，还会受到劳动者择业意愿的限制等。这些情况都使我国在现阶段难以避免出现失业问题。

总之，失业现象在资本主义社会和社会主义社会都存在，但在资本主义社会，相对过剩人口即失业表现为私人资本对劳动力的排挤和压迫，失业是服从于私人资本增殖的需要。而在社会主义公有制经济范围内，这种排挤和压迫的性质丧失了，但其他形式的失业并不会消失。

❖ 经典读点 ❖

> 总资本的可变部分的相对减少随着总资本的增长而加快，而且比总资本本身的增长还要快这一事实，在另一方面却相反地表现为，好像工人人口的绝对增长总是比可变资本即工人人口的就业手段增长得快。事实是，资本主义积累不断地并且同它的能力和规模成比例地生产出相对的，即超过资本增殖的平均需要的，因而是过剩的或追加的工人人口。
>
> 随着已经执行职能的社会资本量的增长及其增长程度的提高，随着生产规模和所使用的工人人数的扩大，随着他们劳动的生产力的发展，随着财富的一切源流的更加广阔和更加充足，资本对工人的更大的吸引力和更大的排斥力互相结合的规模不断扩大，资本有机构成和资本技术形式的变化速度不断加快，那些时而同时、时而交替地被卷入这些变化的生产部门的范围不断增大。因此，工人人口本身在生产出资本积累的同时，也以日益扩大的规模生产出使他们自身成为相对过剩人口的手段。这就是资本主义生产方式所特有的人口规律，事实上，每一种特殊的、历史的生产方式都有其特殊的、历史地起作用的人口规律。抽象的人口规律只存在于历史上还没有受过人干涉的动植物界。
>
> ——《马克思恩格斯文集》第 5 卷，人民出版社 2009 版，第 727-728 页。

📖 参阅资料

美银美林（Bank of America Merrill Lynch）发达市场经济研究部门主管 Ethan Harris 表示，预计美国 2011 年失业率为 9.3%，而高盛（Goldman

Sachs）首席经济学家 Jan Hatzius 预计 2011 年美国失业率为 9.0%。Harris
称，劳动力市场的逐渐改善将最终帮助清空房屋库存，这可能需要两年时
间。他表示："房产市场仍处于不温不热的状态，预计 2011 年企业将被迫
增加员工招聘，这应有助于压低失业率和初请失业金人数。但复苏之路仍
将是漫长的。"

美国 11 月份失业率意外升至 9.8%，预期为 9.6%。这意味着约有 1500
万的美国民众无法找到工作。自 2009 年 5 月起，美国失业率就始终保持在
9.0%以上（见图 4.4）。

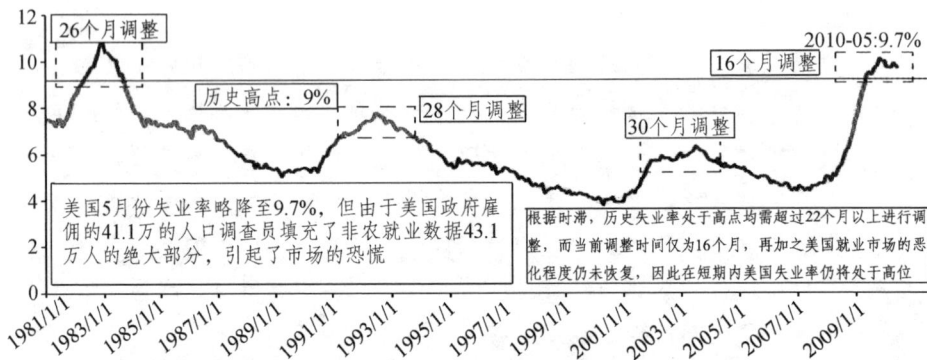

图 4.4　美国失业历史走势

资料来源：www.cnfol.com，2011-01-01。

4.4　资本积累的一般规律与历史趋势

资本积累理论是马克思劳动价值理论和剩余价值理论的进一步发展，
资本积累不仅包括资本量的增大，而且包括资本结构发生改变，是资本主
义生产关系的积累。这一变化具有深刻的历史意义。

4.4.1　资本积累的一般规律

4.4.4.1　资本主义资本积累的一般规律

马克思把资本积累对无产阶级命运的影响作了详尽考察后，发现了资

本积累的一般规律。他指出资本的积累包含两极相反的积累：一级是随着资本积累的不断增长，社会财富作为资本越来越集中到资产阶级手中；另一极则是无产阶级中失业人数不断增加，许多人陷于等待救济的贫困之中。资本积累一般规律的实质是，资本主义制度必然造成社会阶级的两极分化，揭示了资本积累和无产阶级贫困之间的内在联系，揭示了无产阶级和资产阶级之间经济利益的根本对立。

◆══经典读点══◆

> 社会的财富即执行职能的资本越大，它的增长的规模和能力越大，从而无产阶级的绝对数量和他们的劳动生产力越大，产业后备军也就越大。可供支配的劳动力同资本的膨胀力一样，是由同一些原因发展起来的。因此，产业后备军的相对量和财富的力量一同增长。但是同现役劳动军相比，这种后备军越大，常备的过剩人口也就越多，他们的贫困同他们所受的劳动折磨成反比。最后，工人阶级中贫苦阶层和产业后备军越大，官方认为需要救济的贫民也就越多。这就是资本主义积累的绝对的、一般的规律。
>
> ——《马克思恩格斯全集》第 23 卷，人民出版社 1972 年版，第 707 页。

4.4.1.2 无产阶级的贫困化

在资本主义制度下，无产阶级的贫困化是资本积累的必然结果，是资本主义制度的必然产物，表现为相对的贫困化和绝对的贫困化。这一贫困化的含义是整个无产阶级的贫困化，不仅包含物质生活状况的恶化，还包含政治地位和精神生活状况的恶化。

无产阶级的相对贫困，是指无产阶级的工资收入在国民收入中所占的比重日益下降，即在无产阶级新创造的价值中，无产阶级的工资所占的比重越来越小。当代资本主义国家，特别是发达资本主义国家无产阶级的状况，尽管得到了一定的改善，但是这并没有使他们摆脱被剥削的地位，并不能说明资本主义资本积累一般规律的失效。无产阶级的相对贫困表明，随着资本积累的扩大，社会财富和收入的分配极不平等，使无产阶级和资产阶级之间的贫富差距越来越大。据英国《卫报》1991 年 11 月 30 日载文披露，1979—1989 年，占美国 1%的高收入家庭的收入增加了近 75%，而占 20%的低收入家庭的收入则下降了 34.4%。在整个 20 世纪 90 年代，处于收入最高层的 1/5 的美国家庭的平均年收入比 20 世纪 80 年代末增长了 15%，而处于收入最底层的 1/5 的家庭的平均年收入仅增长不到 1%。至 20 世纪 90 年代末，两类家庭的年收入分别为 13.75 万美元和 1.3 万美元，差距为 10 倍。① 可见，无产阶级的相对贫困表明，社会财富和收入的分配极不平等，鸿沟越来越深。

无产阶级的绝对贫困，是指在资本主义制度下，无产阶级的生活状况有时候会出现绝对的恶化。主要表现在以下几个方面。

（1）失业和半失业人口经常存在并不断增加。当前，资本主义各国失业现象极为严重，都不同程度地受到高失业率的困扰。例如，美国失业率从 20 世纪 50 年代的 4.5%提高到 80 年代的 7.5%。进入 21 世纪的今天，美国失业率持续攀升并居高不下。尤其是自 2009 年 4 月以来，美国失业率基本位于 9%左右。不仅如此，进入 21 世纪的今天，美国的长期失业率也创下历史新高，在高达 1480 万的失业大军中，有近 42%的人失业半年以上。欧盟 12 个国家在 1979 年经济危机开始时，失业率为 5.5%，自此以后直线上升，1992 年失业率达 9.4%。进入 20 世纪 90 年代以来，欧盟国家失业率一直都在 10%~11%徘徊，总失业人口高达 1700 万之多。1998 年以后，失业率虽然呈缓慢下降趋势，但一直维持在 9%以上。

（2）工人的实际工资有时会出现下降的情况。例如，美国从第二次世界大战后到 1991 年为止，共发生过 9 次经济危机，除 1948—1949 年的第一次经济危机外，其余各次工人的实际工资都不同程度地下降了。其中 1966—1970 年下降幅度最大，达到 11%。

（3）大量的工人生活在"贫困线"以下。这不仅表现在不发达的资本主义国家里，就算当今最发达、最富有的资本主义国家，也同样存在着大

---

① 程恩富：《西方产权理论评析》，当代中国出版社 1997 年版，第 133-135 页；《1999 年美国的人权纪录》，载《经济日报》2000 年 2 月 28 日。

量生活在贫困线以下的人口。根据美国人口普查局2010年9月发表的报告，美国 2009 年贫困线的标准是单人税前现金收入 1.083 万美元，四口之家 2.205 万美元，2009 年挣扎在贫困线下的美国人攀升到 14.3%，是 1994 年以来最高的。美国新增贫困人口 4400 万，平均 7 人中就有 1 人生活在贫困线之下。还有更多的人能够生存仅仅是因为失业保险的扩大和其他帮助。其中，生活在贫困线以下的非拉美裔白人为 9.4%，黑人为 25.8%，拉美裔为 25.3%，亚裔为 12.5%。①

在当代资本主义国家，由于生产力水平的空前提高，劳动者的生活水平和工作条件都有了很大改善，这并不意味着贫困现象的消除。因为要认识现代无产阶级在资本主义经济关系中的地位和状况，就要进行一个全面的考察，要把在业工人同失业工人的状况、经济高涨时与经济萧条及危机时工人的状况、大公司与中小企业工人的状况、发达国家与发展中国家工人的状况联系起来考察，更重要的是要把资产阶级财富的增长与工人的状况相比较进行考察。只要对资本主义积累过程进行全面和科学的考察分析，就会清楚地认识到，在资本积累一般规律的作用下，资本与雇佣劳动之间的矛盾不是缓和了，而是加深了，当代无产阶级的贫困问题依然严重。

4.4.1.3 社会主义资本积累的一般规律

在社会主义社会，资本积累的一般规律不同于资本主义的两极分化。社会主义资本积累的一般规律是社会主义公有财产的增加和全体劳动者的共同富裕。社会主义社会是生产资料公有制占主体的社会，这就保证了资本积累主要是增加公有制资本。在个人收入分配领域中实行按劳分配，就意味着新创造的社会财富为国家、集体和广大劳动者所占有，从而能在一定程度上有效避免两极分化。在社会主义初级阶段，由于生产力不发达，在发展市场经济条件下，还要允许多种所有制经济共同发展，允许个人收入按生产要素进行分配，所以也会出现贫富差别。但这是全体社会成员在共同富裕道路上有先有后、有快有慢的差别。社会主义的最终目标是实现共同富裕。

---

① 张业亮：《2010 年中期选举及其对美国政治的影响》，载《美国研究》2010 年第 4 期。

参阅资料

美国贫富差距不断拉大 低收入阶层艰苦过年关

对于家住美国首都华盛顿东南区的卡罗琳·麦克雷来说，今年的圣诞节更多的是忧愁。作为带着两个孩子的单身母亲，三口之家平时生活就一直紧巴巴的。在圣诞来临之前，经济拮据的她实在想不出什么办法，能够给孩子们增添节日的欢乐。

卡罗琳还不算最不幸运的。眼下美国经济复苏艰难，她幸好没有失业，在美国海岸警卫队下属机构还有一份工作，居住在政府提供的廉价公共住房里。而对于更多的美国低收入家庭来说，就远没有卡罗琳那么幸运了。美国经济从 2001 年年底开始跌跌撞撞地走上复苏之路，但失业率却和经济增长同步上升。去年（2001 年）11 月份，美国的失业率只有 5.6%，失业总人数 800 万多一点。今年 11 月份的失业率已经上升到 6%，没有工作的人增加到 850 多万人。新增加的失业者中，绝大部分原来就是低收入者。失去工作就失去了生活的来源，导致破产的美国家庭迅速增加。在到今年 9 月 30 日为止的过去一年里，美国的破产申请接近 155 万宗，比一年前增加了 7.7%，突破了 2001 年创下的近 150 万宗的最高纪录。

12 月 21 日和 22 日是圣诞节前的最后一个周末。尽管商家使尽浑身解数，以各种方式吸引顾客，竭力鼓动人们的购物热情。但是，在主要面向低收入群体的折扣连锁店凯马特、马歇尔等商场里，场面依然冷冷清清，与平时的周末相比没有什么变化。就连世界最大的折扣连锁店沃尔玛，也无法掀起圣诞节前最后的购物热潮。相对来说，倒是中高档商场的人气还比较旺，在各种诱人的折扣和免费礼品赠送的诱惑下，有些商店前的停车场甚至"车满为患"。当然，实际销售额能比去年增长多少则是另一回事了。

这不禁使人想起美国经济近年来存在的又一个严重问题，即贫富差距的不断扩大。20 世纪 90 年代美国经济持续多年高速增长，随之而来的却是贫富差距日益扩大。有关研究显示，90 年代，美国收入最低的 20% 的家庭实际收入平均仅增长 1%，高收入家庭的实际收入平均增长了 15% 以上。近两年美国发生的经济衰退和今年缓慢的复苏，遭受打击最严重的无疑又是低收入群体。据《华盛顿邮报》报道，由于华盛顿及周围地区的贫困人口增加很快，圣诞节前专门为贫困家庭提供食品的"食品银行"的货物严重供不应求。

目前，美国经济复苏仍面临不少困难。加上美国可能对伊拉克动武带来诸多不确定因素，使越来越多的人对今后美国经济的前景产生种种疑虑。对于生活在社会最底层的美国低收入家庭来说，他们今年感受到的圣诞快乐，恐怕远远不及对经济和生活前景的担忧。

资料来源：http：//www.sina.com.cn，2002-12-25。

4.4.2 资本积累的不同历史作用

4.4.2.1 资本原始积累

众所周知，货币和劳动力是资本主义生产的前提条件。因此，资本主义生产方式的确立必须具备两个基本条件：① 出现了大批有人身自由但没有生产资料的劳动者，他们必须依靠出卖劳动力为生。② 积累起大量货币财富。资本家用货币购买生产资料和劳动力并将二者投入生产，通过劳动力这个特殊的商品生产出剩余价值，再把剩余价值的一部分或者全部作为资本积累以生产出更多的剩余价值。在这个过程中，资本积累以剩余价值为前提，剩余价值以资本主义生产为前提，而资本主义生产又以生产者握有大量的资本和劳动力为前提，这是一个不断重复的循环过程。我们要想研究循环中的资本从何而来，必须要跳出这个循环的圈子，去寻找最初进入资本主义生产领域成为资本的货币从哪里来，也就是资本主义生产关系产生的起点。我们假设在资本主义积累之前曾有一种"原始"积累，这种原始积累的形成过程也是资本主义生产关系的创设过程。

在封建社会内部，通过自然经济的瓦解和小商品生产者的分化，已经逐渐造成了货币财富的积累并且产生了部分自由而无产的劳动者，产生了资本主义生产关系的萌芽。但是，如果单靠这样来发展资本主义，那将是一个十分缓慢的过程。由于 15 世纪以来地理大发现所造成的巨大的市场需求，新兴资产阶级和新的土地所有者便使用掠夺的手段，加速了这两个条件的形成。

参阅资料

在原始积累的历史中，对正在形成的资本家阶级起到首要推动作用的因素是：大量的人突然被强制地同自己的生存资料分离，被当作不受法律保护的无产者抛向劳动市场。而对农业生产者即农民的土地的剥夺，则形成全部过程的基础。英国在 15 世纪时，农业雇佣工人开始出现，但绝大多数人口还是自由的自耕农。到 15 世纪后 30 多年和 16 世纪初，大量的自耕农被强制从土地上赶走而成为无产者。而到大约 1750 年，英国的自耕农消灭了。剥夺他们的公有地的办法有：掠夺教会地产，欺骗性地出让国有土地，盗窃公有地；用剥夺方法、残暴的恐怖手段把封建财产和氏族财产变为现代私有财产，造成了人数多得无比的无产阶级。强制剥夺农民的土地是直接通过暴力来完成的。最典型的形式是英国的"圈地运动"。英国从 14 世纪起，随着毛纺织业的发展，地主就开始强行用篱笆、壕沟圈占农民的公有地。英国资产阶级革命胜利后，政府颁布了一系列圈地法令，使这一暴行合法化，圈地运动以空前的规模加速进行。他们残暴地毁灭村庄，把农民赶走，变耕地为牧场，制造了历史上有名的"羊吃人"的凄惨景象。这个用暴力掠夺土地的运动长达 300 年之久。被掠夺了土地的广大农民，不可能马上适应新生产关系的秩序，忍受长达 15～16 小时的劳动，他们大批沦为乞丐或盗贼，到处流浪。同时，新的生产方式还不能单纯靠经济的方法把这些劳动者纳入自己的轨道。资产阶级用国家权力曾颁布了一系列惩治流浪者的"血腥法令"，强迫破产的农民忍受资本的残酷剥削。例如，伊丽莎白执政时期的 1572 年的法令规定，没有得到行乞许可以 14 岁以上的乞丐，如果没有人愿意使用他一年，就要被猛烈鞭打并在右耳上烙印；如果有人再度行乞而且年过 18 岁，又没有人愿意使用两年，就要被处死；第三次重犯就要当作叛国犯处死。

最初作为资本的货币财富的积累，同样是通过劫掠取得的。殖民掠夺、海盗劫掠活动以及奴隶贸易等都是它进行原始积累的方法。新兴的资产阶级远渡重洋，进行血腥的殖民掠夺。美洲金银产地的发现，土著民族被剿灭、被奴役和被埋葬于矿井中；印地安人的累累白骨，变成了殖民主义者的满船金银。英国东印度公司对茶叶、盐、鸦片、槟榔和其他商品的贸易的垄断权，成为财富的取之不尽的源泉。而公债是货币财富原始积累的最强有力手段之一，它使不生产的货币具有了生殖力。债权人实际上并没有付出什么，这些容易转让的公债券在他们手中所起的作用和同量现金完全一样。它使货币转化为资本，又用不着承担风险。国家发行公债券，使充当政府和人民之间中介人的金融家大发横财。而每次公债的大部分成为从天而降的资本落入了包税者、商人和工厂主的手中，他们也因此大发横财。而人民群众却更加贫穷，更加劳动过度，更加遭受残酷的压迫和剥削。

总之，要使资本主义生产方式的"永恒的自然规律"充分表现出来，要完成劳动者同劳动条件的分离过程，一方面使社会的生产资料和生活资料转化为资本，而另一方面使人民群众转化为雇佣工人。按马利·奥日埃的说法："资本来到世间，从头到脚，每个毛孔都滴着血和肮脏的东西。"

4.4.2.2 资本积累的作用

只要存在市场经济，就会有资本积累。资本积累不仅是单个资本发展的前提，也是整个社会进步的基础。之所以这样讲，主要有以下几方面的原因。

（1）资本积累是社会财富不断增长的前提和具体的表现形式。在市场经济条件下，社会财富的生产都表现为资本的生产。资本的规模越大，创造的社会财富就越多；资本积累的规模越大，社会财富的积累也就越快。此外，资本积累规模的大小本身就是社会财富多少的具体表现。

（2）资本积累为社会生产力的不断发展创造了条件。没有资本积累，就不能追加生产资料，就不能增加劳动力的使用量，也就不能实现任何形式的扩大再生产，没有扩大再生产就不可能有社会生产力的不断提高。

（3）资本积累是社会进步的物质基础。社会进步表现在两个方面：一是物质文明的进步，二是精神文明的发展。资本积累为物质文明的进步提供基础，也为精神文明的发展提供条件。因为如果没有资本积累所带来的社会财富的增加，要想促进社会进步，就只能是"空想主义"而难以实现。

4.4.2.3　资本主义积累的作用

建立在生产资料私有制基础上的资本主义制度，有力地推动着社会生产力的发展。但是，随着资本主义积累的增加，这种制度所固有的各种矛盾，特别是它的基本矛盾就日益暴露出来，并越来越成为社会生产力进一步发展的桎梏，最终不可避免地会导致自己的覆灭。

资本主义生产方式的建立，一方面把分散的、小规模的生产，发展成为社会化的、大规模的生产；另一方面则把小私有制变成了资本主义私有制。于是，便产生了生产的社会化和生产资料资本主义私人占有之间的矛盾，即资本主义基本矛盾。

当资本主义生产方式确立之后，对私有者的剥夺便采取了新的形式，即资本家剥夺资本家，这种剥夺是通过资本集中进行的。随着资本集中的进行，资本主义生产越来越社会化。

资本主义生产的高度社会化，客观上必然要求生产资料和劳动产品归社会共同占有，以便对社会生产实行统一的计划管理，并根据社会的需要对劳动产品实行统一分配。只有这样，生产关系才能适合生产力的社会化性质，社会生产力才能得到迅速的发展。但是在资本积累过程中，由于竞争加剧，生产资料和劳动产品越来越集中在少数资本家手里，这表明随着资本主义的发展，资本主义的基本矛盾更加尖锐了。

资本主义基本矛盾的日益尖锐化，充分表明资本主义生产关系越来越成为社会生产力进一步发展的障碍。同时，这一矛盾也引起了并决定着资本主义社会的一系列矛盾，诸如单个企业内部生产的有组织性和整个社会生产的无政府状态之间的矛盾，生产无限扩大的趋势和劳动人民有支付能力的需求相对缩小之间的矛盾，无产阶级和资产阶级之间的矛盾等，使资本主义社会不断爆发周期性的经济危机。因此，为了给社会生产力的发展开辟道路，必须消灭资本主义私有制，建立与生产的社会化性质相适应的社会主义公有制。

资本主义积累的发展，不仅为自己的灭亡准备了客观物质条件（即社会化大生产），而且还为变革资本主义生产关系准备了社会力量（即无产阶级）。无产阶级是资本主义制度的掘墓人。

总之，资本积累加深了资本主义的基本矛盾，这表明资本主义的生产关系愈来愈不适应社会生产力发展的要求。因此，社会主义公有制必将代替资本主义私有制,这是社会历史发展的客观规律。也可以说,资本主义制度必然灭亡,社会主义制度必然胜利,这就是资本主义积累的历史趋势。

4.4.2.4　社会主义积累的作用

社会主义资本积累的目的是使社会财富迅速增长,以不断满足人们日益增长的物质文化生活需要,并为逐步消灭剥削、消除两极分化、实现全体劳动者的共同富裕奠定基础。随着社会主义积累和扩大再生产的不断进行,社会主义国家的综合国力和劳动者的生活水平将大幅度提高,不仅可为共产主义社会创造出必需的物质技术基础,而且使社会主义生产关系进一步完善,使社会主义生产关系逐步成长为共产主义生产关系。因此,社会主义资本积累的历史趋势是建立共产主义社会。

本章知识结构

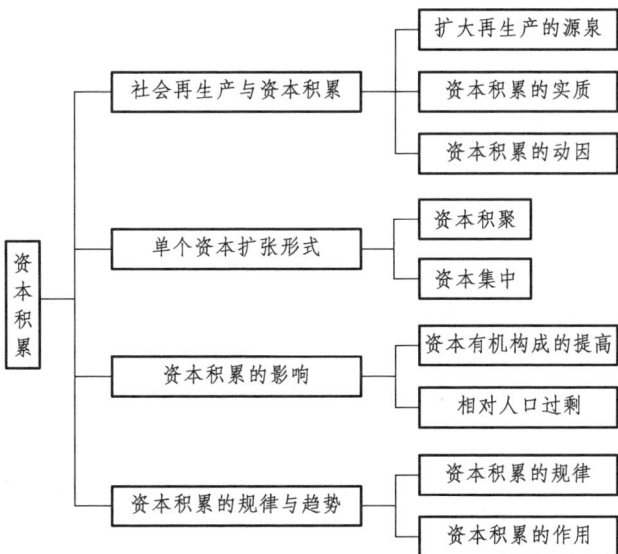

```
                                    ┌─── 扩大再生产的源泉
                    社会再生产与资本积累 ├─── 资本积累的实质
                                    └─── 资本积累的动因

                    单个资本扩张形式 ┌─── 资本积聚
资本积累                            └─── 资本集中

                    资本积累的影响 ┌─── 资本有机构成的提高
                                  └─── 相对人口过剩

                    资本积累的规律与趋势 ┌─── 资本积累的规律
                                       └─── 资本积累的作用
```

关键概念

资本积累　社会再生产　资本积聚　资本集中　资本有机构成
相对人口过剩　资本主义积累的一般规律　无产阶级的贫困化

问题与应用

1. 资本积累的原因、实质是什么？

2. 资本有机构成为什么会不断提升？资本有机构成提高的一般意义是什么？

3. 相对人口过剩人口是怎样形成的？

4. 资本主义积累的一般规律和历史趋势是什么？

5. 某企业原预付资本总额为 10 万美元，资本有机构成为 9∶1，工人平均周工资为 50 美元。本周追加资本 4 万美元，资本有机构成由原来的 9∶1 提高到现在的 19∶1，工人工资不变。

问：（1）该企业在本周就业人数是多少？有多少工人失业？

（2）通过上述计算，请写出资本有机构成的提高与相对人口过剩的关系。

6. 当今全球企业并购高潮迭起，但是并购不一定能为企业带来神话。据 KPMG 咨询公司的最新报告表明，在 1997 年至 1999 年的合并案例中有 40%没有起色，而 30%的合并适得其反，仅有 30%产生了积极影响。例如，宝马收购罗弗后的巨额亏损与无奈出售罗弗、IBM 与苹果电脑和摩托罗拉合作后终又退出、美国电话电报公司与英国电信组建康瑟特公司后惨遭淘汰等。

问：（1）企业积极进行并购的动力何在？

（2）企业并购能否促进资本积累？为什么？

（3）我们从外国企业并购中应该吸取哪些教训？

实战演习

1. [材料 1] 2006 年美国重新划定贫困线后，贫困人口占总人口的 12.3%。2008 年的贫困人口为 3980 万，占人口总数的 13.2%。2009 年有 4360 万人生活在贫困之中，占人口的 14.3%。2010 年 4 620 万名美国人生活在贫困中。2011 年，美国人口普查局新的人口普查报告显示，美国的贫困人口上升到 4910 万，向 5000 万逼近，占到美国总人口的 16%。大约每 6 名美国人中就有一人生活贫困，为 52 年来最高。

[材料 2]中国 1985 年贫困人口占总人口的 14.8%；1992 年该比例为 8.8%，贫困人口约 8000 万；1997 年贫困人口约 5000 万；2003 年贫困人口约 2900 万；2004 年贫困人口约 2610 万。2007 年贫困人口约 2 148 万。

问：（1）结合材料 1 说明相对人口过剩是资本主义生产方式存在和发展的必要条件。

（2）结合材料 2 说明在社会主义市场经济条件下，相对人口过剩规律是否会发生作用，为什么？

2. [材料 1] 1986 年是我国人口自然增长率较低的年份，为 14.08%，而国民收入增长则较快，为 11.9%。然而，当年新增国民收入的 12%、新增粮食的 40%、新建住宅面积的 33%、新增病床的 44%皆用于当年新增人口的需求。为了保障经济和各项事业的发展需求不降低，该年的积累率高达 34.1%，于是，居民的消费额比重（86%）降到 1949 年以来的最低水平，人均消费仅为 444 元，人均国民收入较上年亦仅增加 3.9%（按可比价格计算）。

[材料 2] 经过我国近 30 年的努力，累计少生 3 亿多人口。2002 年，我国每天降生 5 万个婴儿，净增 1184 万人。

[材料 3] 2002 年 9 月 1 日，新实行的国家《人口与计划生育法》没有规定每个家庭可以生一个还是两个小孩，由各省、市自行决定。

问：（1）人口增长与社会经济发展的关系是怎样的？
（2）你认为是否应该放宽计划生育政策？为什么？

第二篇
资本的流通过程

5 资本循环和资本周转

人的生命在于运动，资本也一样，资本最基本的增殖特性只有在生产和流通过程中的运动中才能实现。任何形态的资本，一旦停止运动，就不会带来价值的增殖；而其运动速度的快慢也决定了其增殖能力和生命力。例如，明朝万历年间的一两白银，作为货币深埋于地下到今天，以 2011年 12月世界白银现货价格核算，市值大概在 300 元左右；倘若当初作为资本不间断运动，其结果迥异。据资料记载，在明朝万历年间，一两白银可以购买两石普通大米，一石大米合 94.4 千克，就是说一两白银可以买 188.8千克大米。而按照现在的物价水平，如果一斤普通的大米以 1 元一千克计算，那么可知当时一两银子的购买力就相当于现在的 755 元左右。这笔钱如若以每年赚取 7%的收益（这在长期经济中是完全能够实现的，根据计算资本复利的 70 规则，每 10 年就能翻一番，400 年来，这一两白银的资本运动到现在）来计算，其现在价值大概为 755×2^{40} 元，这无疑是一个天文数字。这从一个侧面反映出资本运动的重要性和巨大魔力。

5.1 资本的循环

在商品经济条件下，每个企业都需要把资本不断地投入到经营活动中，通过购买生产要素，进行生产，然后将产品销售，最终收回投入的货币并取得其价值增殖。现实企业经济活动的这个过程，就是资本的循环过程，其目的就是要实现价值增殖。资本循环的方式和周期与资本的形态有关，但产业资本的循环形式相对较为典型，因此分析这一问题时以物质生产部门中的产业资本为例。产业资本就是投入到工业、农业、物资运输业、建筑业等物质生产部门的资本，它要在运动中谋求价值的不断增殖。

5.1.1　产业资本循环的三个阶段

资本循环是指产业资本一次经过三个阶段，变换三种职能形式，使价值得到增殖，最后又回到原来出发点的运动过程。

5.1.1.1　产业资本循环的三个阶段及其职能

产业资本的循环要经过三个阶段，并采取了三种职能形式。

第一阶段为购买阶段，在这个阶段上，资本家用货币资本在生产要素市场上购买劳动力 A 和生产资料 P_m，用公式表示为：

$$G-W\begin{cases} A \\ P_m \end{cases}$$

这里所购买的商品是劳动力和生产资料，特别是购买劳动力这一特殊商品，使这个阶段成了资本循环运动的一个特定阶段。经过购买，资本家的资本由货币资本转化为生产资本。在这一阶段上，货币资本一方面执行货币的职能，充当购买手段；另一方面执行资本的职能，为生产剩余价值准备条件。

第二阶段为生产阶段，资本家使用购买到的生产资料和劳动力进行生产，生产出包含剩余价值的商品 W'，即货币资本转化为生产资本，用公式表示为：

$$W\begin{cases} A \\ P_m \end{cases}\cdots P\cdots W'$$

这里劳动者和生产资料的结合采取了资本与雇佣劳动相结合的方式。在这一阶段，资本行使了生产资本的职能，一方面作为生产要素结合起来进行生产，生产新的商品；另一方面执行资本的职能生产剩余价值。这一阶段是资本运动的决定性阶段。

第三阶段为销售阶段，资本重新回到流通领域，出卖商品，实现价值和剩余价值，用公式表示为：

$$W'-G'$$

这里出售的不是一般商品，而是商品资本。这个销售过程是商品资本的价值以及包含在其中的剩余价值的实现过程。在这一阶段，资本行使了商品资本的职能，一方面作为一般商品经过流通过程出卖后换回货币；另一方面执行资本的职能，实现在生产过程中创造出来的剩余价值。这里的 G' 已经不是一个单纯的货币，而是已经增殖的价值。这一阶段是十分重要的阶段，进为商品能否卖出以及以什么样的价格出售，关系到能否收回预付资本和剩余价值，进而关系到资本循环能否正常进行和资本家的命运如何。

5.1.1.2 产业资本循环的三个阶段及其三种职能形式的关系

产业资本的循环是指产业资本依顺序经过购买、生产、销售三个阶段，采取货币资本、生产资本和商品资本三种职能形式，分别实现各自的职能：货币资本的职能是购买劳动力和生产资料，为生产剩余价值准备物质条件；生产资本的职能是使劳动力和生产资料以资本主义方式相结合，生产出商品和剩余价值；商品资本的职能是销售商品，通过出售商品收回投资（即预付资本）并实现剩余价值。最终实现了价值的增殖，又回到原来的出发点。产业资本循环的全过程公式为：

$$G-W\!\!\begin{array}{c}P_m\\A\end{array}\cdots P\cdots W'-G'$$

可见，资本循环是生产过程和流通过程的统一，资本循环的三个阶段是紧密联系、互相依存的（见图 5.1）。

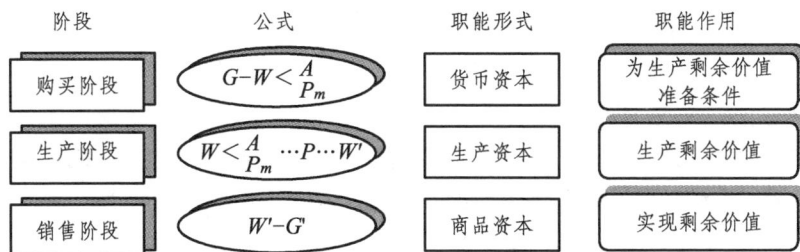

阶段	公式	职能形式	职能作用
购买阶段	$G-W\begin{array}{c}A\\P_m\end{array}$	货币资本	为生产剩余价值准备条件
生产阶段	$W\begin{array}{c}A\\P_m\end{array}\cdots P\cdots W'$	生产资本	生产剩余价值
销售阶段	$W'-G'$	商品资本	实现剩余价值

图 5.1 产业资本循环的三个阶段和其三种职能形式

5.1.1.3 三种循环形式的统一

产业资本经过循环，实现了价值增殖。资本家的目的是使资本不断地带来剩余价值或利润，这就决定资本必须不断地处于循环运动中，即产业资本的三种职能形式都要不断地经过三个阶段，回到原来的出发点。从产业资本连续不断的循环运动可以看出，产业资本的三种职能形式即货币资本、生产资本、商品资本都在各自进行三个阶段的循环运动。因此，产业资本循环存在着货币资本循环、生产资本循环和商品资本循环三种循环形式。可用公式表示：

$$\overbrace{G—W\underbrace{…P…W'—G'·G—W…P…W'}_{\text{商品资本循环}}—G'}^{\text{生产资本循环}}$$

生产资本循环

货币资本循环　　商品资本循环

（1）货币资本的循环：$G—W（A 和 P_m）…P…W'—G'·G$。

（2）生产资本的循环：$…p…W'—G'·G—W（A 和 P_m）…P$。

（3）商品资本的循环：$W'—G'·G—W（A 和 P_m）…P…W'$。

由此可见，产业资本的现实循环，不仅是流通过程和生产过程的统一，而且是它的所有三个循环的统一（见图5.2）。

　　产业资本的连续进行的现实循环，不仅是流通过程和生产过程的统一，而且是它的所有三个循环的统一。

——马克思

图 5.2　产业资本三种循环形式的统一

产业资本的三种循环形式分别从不同的侧面反映了资本运动的不同特征。只有把三种循环形式统一起来考察，才能全面深刻地认识资本循环的本质和规律。在循环运动中，资本通过不同形式的不断变换，最后实现价值的增殖。价值增殖是资本运动的核心和本质。

经典读点

　　资本表现为一个价值，它会经过一系列互相联系的、互为条件的转化，经过一系列的形态变化，而这些形态变化也就形成总过程的一系列阶段。在这些阶段中，两个属于流通领域，一个属于生产领域。在每个这样的阶段中，资本价值都处在和不同的特殊职能相适

> 应的不同形态上。在这个运动中，预付的价值不仅保存了，而且增长了，它的量增加了。最后，在终结阶段，它回到总过程开始时它原有的形式。因此，这个总过程是循环过程。
> ——《马克思恩格斯集》第 6 卷，人民出版社 2009 年版，第 60 页。

5.1.2　产业资本不断循环的条件

产业资本正常循环的条件有：一是产业资本循环在空间上的并存性；二是产业资本循环在时间上的继起性。二者是有机统一的。

5.1.2.1　空间上的并存性

产业资本空间上的并存性是指全部产业资本不能同时处在一种职能资本形式上，而必须按一定比例分割为货币资本、生产资本、商品资本三个部分。只有这样，当货币资本转化为生产资本的同时，又有生产资本转化为商品资本，同时商品资本再转化为货币资本，使生产连续不断地进行。比如某产业资本 3000 元，如果把 1000 元投放在货币资本形式上，把另外的两个 1000 元分别投入在生产资本和商品资本形式上。这样，当 1000 元的货币资本转化为生产资本时，同时就会有 1000 元的商品资本转化货币资本；当 1000 元的商品资本转化为货币资本时，同时就会有 1000 元的生产资本转化为商品资本。这样，资本循环得以正常进行。

5.1.2.2　时间上的继起性

产业资本时间上的继起性是指产业资本的三种职能形式都必须顺利地进行各自的循环，不断完成职能形式的转换。不论哪一种职能形式的资本，在各自循环的哪一个阶段上停顿下来，都会使产业资本循环发生中断。

5.1.2.3　产业资本循环条件的有机统一

产业资本循环的两个条件，是相互联系和互为条件的。在产业资本运动的过程中，资本循环的并存性和继起性是互为前提且互相依存的。一方面，空间上的并存性是时间上相继转化的前提，没有并存性，就没有继起性；另一方面，并存性又是由相继转化引起的（是相继转化的结果），没有时间上的继起性，也就没有空间上的并存性。这表明，产业资本的正常循环，不仅要使产业资本同时处于三种职能形式上，并且要同时进行三种形式的循环。

由此可见，资本要不断地增殖，就必须不断地循环，不断地运动，这是资本的内在要求和本性。资本一旦停止了运动，就不能增殖，也就不成其为资本了。因此，资本是无休止地运动着的，而不能将其理解为静止物。

案例研究

JR 集团的兴衰

JR 集团发展初期曾经一度辉煌，1991 年 4 月，珠海 JR 新技术公司开发的 M-6401 汉卡上市。到 1992 年 12 月底，JR 集团主推的 M-6401 汉卡年销售量达 2.8 万套，销售产值共 1.6 亿元，实现纯利 3 500 万元，年发展速度达 500%。1993 年推出中文手写电脑、中文笔记本电脑、JR 传真卡、JR 中文电子收款机、JR 钻石财务软件、JR 防病毒卡、JR 加密卡等产品。同年，JR 实现销售额 300 亿元，利税 4600 万元，成为中国极具实力的计算机企业。但从 1994 年开始，JR 集团开始迈向多元化经营之路——计算机、生物工程和房地产，以寻求新的产业支柱。在保健品开发刚刚打开局面但尚未巩固的情况下，JR 集团斥巨资投资陌生的房地产领域，而且拟建的 JR 科技大厦设计反复变化，楼层从最初的 18 层一直涨到 70 层，投资也从 2 亿元涨到 12 亿元。对于当时仅有 1 亿资产规模的 JR 集团来说，单凭 JR 集团的实力，根本无法承受这项浩大的工程。对此，史玉柱的想法是：1/3 靠卖楼花，1/3 靠贷款，1/3 靠自有资金。但令人惊奇的是，从 1994 年 2 月大厦破土动工到 1996 年 7 月，JR 集团未申请过一分钱的银行贷款，全凭自有资金和卖楼花的钱支撑。当巨人大厦缺少资金时，只能被迫挪用生物工程的流动资金，这又导致维持生物工程正常运作的基本费用和广告费用不足，生物保健品领域的资本循环中断。按原合同，大厦施工 3 年盖到 20 层，1996 年底兑现，但由于施工不顺利而没有完工。大厦动工时为了筹措资金，JR 集团在香港卖楼花拿到了 6000 万港币，内地卖了 4000 万元，其中在内地签订的楼花买卖协议规定，三年大楼一期工程（盖 20 层）

完工后履约，如未能如期完工，应退还定金并给予经济补偿。而当 1996 年底大楼一期工程未能完成时，建大厦初期卖给国内的 4000 万楼花就成了导致 JR 集团财务危机的导火索。当巨人陷入危机的时候，一度只差 2000 万元资本周转就能渡过难关，可当时未到的货款竟高达 3 个亿。JR 集团终因财务状况不良而陷入了破产的危机之中。

JR 集团的资本运营情况使我们更加深刻地理解马克思资本循环理论及其现实意义。资本是在运动中带来增殖的价值。产业资本的生命在于产业资本循环的连续性。要实现连续循环，又必须具备两个条件。但 JR 集团投资缺乏整体安排，没有把资本按一定比例分配在货币资本、生产资本和商品资本三种不同的职能形式上，而是投到了电脑、保健品、房地产三个行业上，缺少可供周转使用的货币资本，最终导致资本循环不畅，因财务状况不良而陷入了破产的危机之中。

参阅资料

当今企业资金链断裂的几大原因

资金是企业经营的血液，资金链断裂意味着企业的现金资源为零，经营已经难以为继，可以理解为"猝死"状态。企业资金链断裂主要有以下几方面的原因：

一、存货、应收账款大量增加占用营运资金

这容易造成企业资金链紧张甚至断裂，这种效应往往会波及上游原料供应商的资金链，上游企业的应收账款将很难收回。

二、大量逾期担保

一旦受信人无法履行其债务责任，担保人就会被迫承担支付责任。企业形成的担保链就如同一个多米诺骨牌，一个正常经营的企业也会因为承担过多的担保责任导致其资金链断裂。

三、盲目扩张与多元化

不少企业在经济景气度较高时盲目扩张，向陌生的产业领域扩张，这些增量的投资以及新产业的投资回报往往与预期现金流相距甚远，这就给企业资金链带来严重的风险。

四、资产价格泡沫破裂

如企业持有大量的泡沫性资产，则当资产价格泡沫破裂时资产负债表的资产价值将严重缩水，企业财务状况迅速恶化。资产变现能力与水平的下降使企业到期债务不能清偿的风险也会显著增加。

五、融资结构不合理

短贷长投是民营企业的通病，严重的短贷长投会给企业的资金链带来沉重的压力。短贷长投一旦与盲目投资或多元化结合在一起，则会引起财务风险倍增效应，一旦外部环境发生突变，银根收缩，极易引起企业资金链断裂。

六、高财务杠杆与大量民间借贷

高财务杠杆意味着存在大量尚未偿付的债务，它自然是企业资金链断裂的直接原因。在财务危机时期，企业借入大量民间借贷无异于饮鸩止渴。

七、严峻外部经济环境的冲击

金融危机、欧债危机等严峻的外部宏观经济环境往往会对企业的资金面产生相当负面的影响，包括使企业的收入急剧减少、银根紧缩、供应商催要货款等。

八、公司治理因素

如果公司治理制度不完善，公司的实际控制人可能对公司实施掏空行为，使公司的资源消耗殆尽；公司治理不完善还使得决策过程缺乏制衡，企业决策错误的概率就会增加，从而导致企业失败。

资料来源：中国会计网，http://www.canet.com.cn/caiguan/zbgl/201507/463014.htm。

5.2 资本的周转

资本是在运动中不断增殖的，资本必须不断地、周而复始地循环，才能不断地带来剩余价值（利润）。资本这种连续不断的、周而复始的循环运动就叫作资本周转。或者说，把资本循环作为一个连续不断的周期性的运动过程来考察，就是资本周转。

5.2.1　资本周转与资本循环

5.2.1.1　资本周转与资本循环的联系

资本循环与资本周转有着密切的联系，二者都是产业资本的运动，都包含着资本运动的三个阶段和三种职能形式。资本循环是资本周转的基础，资本周转是资本循环的深化和补充。

5.2.1.2　资本周转与资本循环的区别

资本周转与资本循环之间有一定的区别，各有侧重点。一是研究的视角不同，资本循环主要是从使用价值的角度描述资本运动，资本周转则主要是从价值的角度描述资本运动。二是研究的目的不同，资本循环重点考察资本运动的连续性，主要是分析资本在运动中必须经过哪些阶段、要采取哪些职能形式，揭示资本连续运动必须具备的基本条件；资本周转则重点考察资本运动的速度，分析影响资本价值运动速度的主要因素是什么，资本运动速度的快慢对于资本价值增殖有什么影响，关键问题是周转的速度和效益问题。

5.2.2　资本的周转时间和周转次数

资本周转是指预付资本的周转，其中心问题是资本的周转速度。所谓周转速度是指资本周转一次所消耗的时间，或者在一定时间里资本周转的次数。因此，资本周转速度的快慢，可以用周转时间和周转次数两种方法来表示。

5.2.2.1　资本的周转时间

资本的周转时间，就是资本总价值周转一次的时间，是指预付总资本以一定的形式为起点，经过循环运动，到它带着利润以同样的形式返回出发点所耗费的时间，即从一个循环周期到下一个循环周期的间隔时间，也就是产业资本的一个循环周期的时间。资本周转要经过生产领域和流通领域，资本处于生产领域的时间就是资本的生产时间，处于流通领域的时间就是资本的流通时间（见图 5.3）。

图 5.3 资本的周转时间

生产时间是指资本停留在生产领域内的时间。生产时间主要包括生产资料的储备时间、劳动时间、自然力对劳动对象独立发挥作用的时间（见表 5.1）。由于非劳动时间不创造价值和剩余价值，为加快资本周转，资本家总是力图减少非劳动时间，以缩短生产时间与劳动时间的差距。

表 5.1 生产时间的构成

非劳动时间			劳动时间
储备时间	停工时间	自然力作用时间	劳动过程时间
			生产资料和劳动力相结合的时间
		生产资料发挥作用的时间	
	生产资料留在生产过程的时间		
生产资料留在生产领域的时间（生产时间）			

流通时间是指资本停留在流通领域的时间。流通时间包括生产要素的采购时间和商品的销售时间，流通时间的长短主要取决于市场供求状况的好坏、产销距离的远近、交通运输条件等因素。

总之，资本的周转速度和周转时间成反比。在一定时期里，生产时间和流通时间越短，资本周转时间就越短，说明资本周转速度越快，反之，则说明资本周转速度越慢（见表 5.2）。

表 5.2 资本周转一次所经历的时间

流通时间	生产时间				流通时间
购买时间	储备时间	劳动时间	自然力作用时间	停工时间	售卖时间
$G—W$	⋯P⋯				$W'—G'$

◆经典读点◆

　　单个资本家投在任何一个生产部门的总资本价值，在完成它的运动的循环后，就重新处在它的原来的形式上，并且能够重复同一过程。这个价值要作为资本价值永久保持和增殖，就必须重复这个过程。单个循环在资本的生活中只形成一个不断重复的段落，也就是一个周期。在 $G⋯G'$ 这个周期的末尾，资本重新处在货币资本的形式上，这个货币资本重新通过包括资本再生产过程或价值增殖过程在内的形式转化序列。在 $P⋯P$ 这个周期的末尾，资本重新处在生产要素的形式上，这些生产要素形成资本新的循环的前提。资本的循环，不是当作孤立的行为，而是当作周期性的过程时，叫作资本的周转。这种周转的持续时间，由资本的生产时间和资本的流通时间之和决定。这个时间之和形成资本的周转时间。因此，资本的周转时间，包含着总资本价值从一个循环周期到下一个循环周期的间隔时间，包含着资本生活过程的周期性，或者说，包含着同一资本价值的增殖过程或生产过程更新、重复的时间。

　　——《马克思恩格斯集》第 6 卷，人民出版社 2009 年版，第 174 页。

参阅资料

电子商务市场在中国迅猛发展

　　一般能在网站上获得供求信息，从而达成交易的行为活动被称之为电子商务，它将传统的商务流程电子化、数字化，一方面以电子流代替了实物流，可以大量减少人力、物力，降低成本；另一方面突破了时间和空间的限制，使得交易活动可以在任何时间、任何地点进行，从而大大提高了效率。同时，电子商务重新定义了传统的流通模式，减少了中间环节，使得生产者和消费者的直接交易成为可能，从而在一定程度上改变了整个社会经济运行的方式。电子商务在当前经济生活中具有重要的作用，得到了迅猛的发展。

根据艾瑞咨询最新统计数据，2010 年中国电子商务市场整体交易规模达到 4.8 万亿元，同比增长 33.5%。预计未来 3~5 年内，中国电子商务市场仍将维持持续稳定的增长态势，同比增速稳中有升，2013 年有望突破 10 万亿元（见图 5.4）。

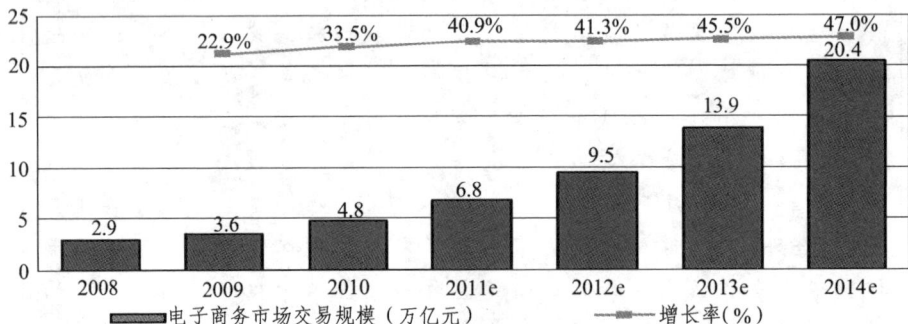

图 5.4　2008—2014 年中国电子商务市场交易规模[①]

电子商务市场规模的快速增长主要有以下两大方面的原因：

（1）宏观经济为电子商务发展提供了有利契机。2008—2009 年的金融危机，给中国的中小企业及人们的日常生活造成了很大的影响，在此情形下，企业更愿意利用电子商务来开拓销售渠道，个人也倾向于通过网络购买性价比更高的产品。因此，金融危机给电子商务提供了发展机遇。另外，从 2009 年下半年开始，经济环境逐渐回暖，企业、个人信心都在增强，电子商务的发展势头更加良好。

（2）电子商务发展环境逐渐趋好。近两年来，一方面政府对于电子商务越来越重视，出台一系列鼓励和扶持的政策，加快发展各地企业的电子商务化；另一方面企业对于电子商务的认知和利用程度也在加深，网络成为企业营销及销售的新渠道之一。此外，个人消费者网络购买的习惯和理

---

① 资料来源：根据企业公开财报、行业访谈及艾瑞统计预测模型估算，2010 年数据为预估值，具体数据已在《2010—2011 年中国电子商务行业发展报告》中修订。

念正在形成，电子商务相关的配套设施也在完善当中。电子商务整体的发展环境十分利好。

根据艾瑞统计数据，2010 年电子商务市场细分行业构成中，针对企业级用户的 2B 类电子商务交易额占比 88.3%，针对个人消费者的 2C 类电子商务交易额占比 11.7%。其中，中小企业 B2B 电子商务交易规模占比最高，达 52.8%，比 2009 年上升 1.2 个百分点；网络购物交易规模占比也由 2009 年的 7.3%上升至 2010 年的 10.4%（见图 5.5）。艾瑞认为，中小企业占中国企业总量的 99%，也是我国电子商务的应用主体，而电子商务可以帮助中小企业降低成本、扩大销售渠道，因此，中小企业的 B2B 仍然是未来电子商务交易规模的最主要组成部分。此外，网络购物及机票酒店等个人用户网络消费的增长态势显著，未来将为电子商务市场贡献更多的交易额。

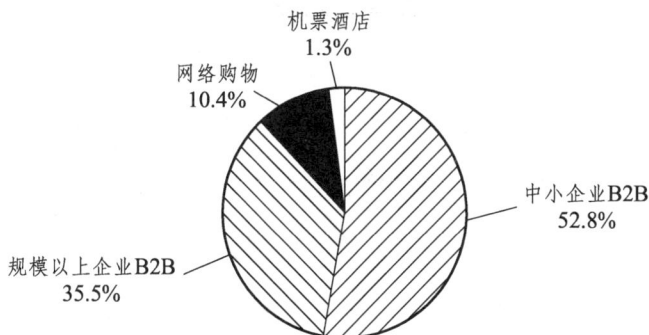

图 5.5　2010 年中国电子商务市场交易规模细分行业构成[①]

艾瑞分析认为，中国电子商务行业在未来的 3~5 年内仍将维持一个持续快速的增长态势，并逐渐走向稳健和成熟。从市场参与主体来看，主体的多样化将会继续显现，特别是传统企业的电子商务化将是未来电商市场的主力，电子商务作为一种新的销售渠道和营销渠道，其应用在未来将日益普及。

资料来源：http：//cul.sohu.com/20110303/n279639566.shtml。

5.2.2.2　资本周转时间与周转次数

所谓周转次数，是指总资本价值在一定时期内（通常以 1 年为计量单位）周转的次数。其计算公式是：

[①] 资料来源：根据企业公开财报、行业访谈及艾瑞统计预测模型估算，仅供参考。

$$n = \frac{U}{u}$$

式中：n 为年内资本的周转次数，U 为一年的时间，u 为资周转一次的时间。

资本周转速度和周转次数成正比。在一年时间内，资本周转次数越多，表明周转速度越快，反之越慢。例如，某资本周转一次的时间为 2 个月，该资本一年的周转次数为 6 次；如果周转一次的时间为 4 个月，则一年周转次数为 3 次。

案例研究

海尔是"怎样让石头漂起来"的

在一次关于"业务流程再造"的高级经理人培训会议上，海尔集团 CEO 张瑞敏目光炯炯地看着讲台下的中层干部们，提出了一个像脑筋急转弯的问题。"石头怎样才能在水上漂起来？""速度！"张瑞敏解释道："《孙子兵法》云：'激水之疾，至于漂石者，势也'。速度决定了石头能否漂起来。网络时代，速度同样决定了企业能否越上新的高峰！"

海尔"业务流程再造"主要是从采购和销售这一资本循环的两个重要环节入手。海尔的采购和配送，过去是各个事业部各自采购，现在成立物流本部，实行集团统一采购（见图 5.6）。这一改革效果显著。其一是降低了集团的对外采购成本，仅 1999 年当年降低的采购成本就达 5 亿元，2001 年在 1999 年的基础上又降低了 10 亿元。其二是择优采购，带来了零部件产品质量的整体提高。其三是库存减少，其中零部件仓库的存放面积减少了 32 万平方米。在海尔开发区的物流中心，原材料只有不到 7 天的库存，成品在 24 小时内就发往全国的 42 个配送中心，呆滞物资降低了 90%，原材料库存资金周转天数从 30 天以上降低到不到 10 天。海尔的销售过去是在市场上布阵，各自为战，造成资源浪费。现在实行商流整合，全国的销售人员减少了 30%，全国的营销网络增加到 2000 多家。这一改革使营销成本降低，与用户实现零距离，对客户需求快速反应。海尔接到客户订单，在 10 天内即可完成从采购、制造到配送的全过程，而一般企业完成这个过程需要 36 天。

通过改革，海尔与商家之间实现了现款现货，资金周转速度快了，不良资产少了。目前，海尔的国内应收账款几乎为零，集团流动资产的周转速度 1999 年为 118 天，2001 年为 79 天。海尔的 1 年资金吞吐量高达千亿元，日均相互结算为 3 亿元。

图 5.6　海尔国际化的物流中心

海尔"业务流程再造"加快了企业资本循环与周转速度，从而大幅度提高了企业的效益。

首先，企业资本周转的中心问题是速度问题，企业资本周转越快，增殖的价值也就越多，加快企业资本周转的速度，其实质在于提高资本的使用效率。

其次，在现代社会中，竞争最激烈的环节是资本循环所经历的购买和销售这两个阶段。其中，商品的销售阶段是最重要的阶段，它关系到商品是否能转化为货币资本，马克思认为，资本能否通过销售阶段是"惊险的跳跃"，它关系到企业的命运。当然，商品的销售速度的快慢也在不同程度上影响一个企业的存在与发展，因为它不仅关系到一个资本循环的终结，也关系到下一次资本循环的开始。因此，现代企业都十分重视资本循环所必经的这两个阶段。

最后，在现代社会，企业的生产通常要经过购、产、销等过程（这可以看做一种流程），企业改革的目标就是要缩短资本的停留时间，以加快资本循环。海尔"业务流程再造"就是这类的改革。它改变过去企业金字塔式的组织结构，建立起以订单信息流为中心带动物流、资金流、市场链的业务流程，它最终是加快了企业的总循环和周转速度，提高了企业的经济效益。

资料来源：摘编自程恩富：《现代政治经济学案例》，上海财经大学出版社 2003 年版。

5.2.3　生产资本的构成与资本的周转

资本周转的速度除了受资本的周转时间，即生产时间和流通时间的影响外，还与生产资本的构成和资本周转方式息息相关。生产资本的各个组成部分，根据它们在价值流通和周转方式上的不同，可以划分为固定资本和流动资本（见表 5.3）。

表 5.3　生产资本的构成

资本	按资本循环中的职能划分	按剩余价值生产中的作用划分	生产资本中的各组成部分		按价值周转方式划分
	生产资本	不变资本	劳动资料	固定资本	生产过程
			劳动对象	流动资本	
		可变资本	劳动力		
	商品资本	流通资本	流通过程		
	货币资本				

5.2.3.1　固定资本

固定资本是以厂房、机器、工具等劳动资料形式存在的那部分生产资本（图 5.7）。这部分生产资本具有两个特点。从物质形态看，它们一次全部投入生产过程，可在多次生产过程中发挥作用，始终保持其独立的实物形态。从价值形态看，其价值是按照在生产过程中的物质磨损程度，一部分一部分地转移到新产品中去，并随着商品的销售一部分一部分地从流通中周转回来的。例如，一台机器价值为 10 万元，能够使用 10 年，它的价值每年就有

1 万元转移到新的产品中，并随着产品的出售就有 1 万元的价值回到资本所有者手中。这台机器上的 10 万元价值要经过 10 年时间才能够全部周转回来。正是根据劳动资料在价值周转方式上的这种特点，把体现为劳动资料的这部分生产资本叫固定资本。

图 5.7　固定资本

5.2.3.2　固定资本的磨损与折旧

（1）固定资本的磨损。根据引起磨损的原因不同，固定资本磨损可分为有形磨损和无形磨损。固定资本的有形磨损又称为物质磨损或物质损耗，是指固定资本的物质要素由于使用或自然力的作用而造成的损耗。固定资本的无形磨损又称精神磨损或精神损耗，是指固定资本在其有效使用年限内，由于生产技术进步而引起的价值上的贬值。无形磨损又分为两种：一种是由于生产方法改进和劳动资料生产部门劳动生产率提高而引起的固定资本价值的贬值；另一种是由于出现新技术和新发明而引起的原有固定资本的贬值。

（2）固定资本损耗的价值补偿。固定资本按照其磨损程度逐渐转移到产品中去的价值，必须随着商品的销售不断地从商品销售收入中以货币形式积累起来，进行价值补偿，这种做法叫作固定资本折旧。固定资本无形磨损所造成的固定资本价值的损失，并不能完全转移到新产品中去。因此，资本家总是尽可能地提高固定资本的利用率，减少固定资本的闲置，同时采取加速折旧的办法，力求使固定资本的无形磨损减少到最低。

由于固定资本各部分的使用年限各不相同，因而提取固定资本各部分的折旧费时要分别按各自的使用寿命进行计算。折旧费的公式是：

折旧费 = 固定资本原始价值/固定资本使用年限

每年提取的固定资本折旧费与固定资本原始价值的比率叫作折旧率。其公式是：

折旧率 = 每年提取的折旧费/固定资本原始价值 × 100%

固定资本的这种流通和周转，有它自己的特殊形式：价值与物质相分离。固定资本的价值运动并不同它的物质运动相一致。从开始周转的时候起，价值便分割为二：一部分留在自身的物质形态上，一部分转移到新产品中去。前者随着磨损程度而逐次减少；后者经过生产和流通，以折旧形式逐次提取折旧费，以货币形式收回。直至前者减为零，全部转化为货币形式，再经过流通领域购买新的同类物资，来替换已经磨损报废的固定设备，完成它的一次周转，重新进入下一次周转。

拓展学习

固定资产常见的五种折旧方法

固定资产折旧方法指将应提折旧总额在固定资产各使用期间进行分配时所采用的具体计算方法，常见的主要有下面五种（见表 5.4）。

表 5.4　固定资产折旧方法表

折旧方法	具体计算
平均年限折旧法一	月折旧率 =（1 − 残值率）÷ 预计使用月份 月折旧额 = 月折旧率 × 原值 =（原值 − 残值）÷ 预计使用月份 原值 = 残值 ÷ 残值率 可以看出，平均年限折旧法一只与三个参数相关：原值、残值（或残值率）、预计使用月份。折旧的多少与累计折旧、已计提月份（已计提月份小于预计月份时）无关
平均年限折旧法二	月折旧额 =（原值 − 残值 − 累计折旧）÷（预计使用月份 − 已提月份） 月折旧率 = 月折旧额 ÷（原值 − 残值） ＝［1 − 累计折旧 ÷（原值 − 残值）］÷（预计使用月份 − 已提月份） 在平均年限折旧法二中，折旧金额与原值、累计折旧、残值、预计使用月份、已提月份五个参数相关。 如果累计折旧与已计提月份均为 0，则两种折旧方法中的月折旧额是一样的，但是月折旧率不同
年数总和法	年数总和法是将固定资产的原值减去残值后的净额乘以一个逐年递减的分数计算每年的折旧。计算公式如下： 年折旧率 =（折旧年限 − 已使用年数）÷[折旧年限 ×（折旧年限 + 1）÷ 2] 月折旧率 = 年折旧率 ÷ 12 月折旧额 =（固定资产原值 − 预计净残值）× 月折旧率

续表

折旧方法	具体计算
双倍余额 递减法	双倍余额递减法是在不考虑固定资产残值的情况下,按双倍直线折旧率和固定资产净值来计算折旧的方法。计算公式如下: 年折旧率＝2÷折旧年限 月折旧率＝年折旧率÷12 月折旧额＝固定资产账面净值×月折旧率 采用此法,应当在其固定资产折旧年限到期前两年内,将固定资产净值扣除预计净残值后的净额平均摊销
工作 量法	工作量法是根据实际工作量计提折旧额的一种方法。计算公式如下: 每一工作量折旧额＝(固定资产原值－预计净值)÷规定的总工作量 某项固定资产月折旧额＝该项固定资产当月工作量×每一工作量折旧额

参阅资料

摩尔定律（More's Law）

众所周知的摩尔定律（More's Law）被用来形容半导体科技的快速变革,其基本内容是:平均每过 18 个月,半导体芯片的容量就会增长一倍,成本却减少一半。

"1999 世界电信论坛会议"副主席、加拿大北电网络公司（Nortel）总裁约翰·罗斯（John Roth）最近在日内瓦世界电信论坛会议上提出"新摩尔定律"——光纤定律（Optical Law）,即"Internet 的带宽每 9 个月会增加一倍的容量,但成本也同时降低一半,比半导体芯片在 18 个月中的变革幅度还大一倍"。

约翰·罗斯用"新摩尔定律"来形容网络科技和信息产业的发展速度,它揭示了人类进入 21 世纪信息时代"知识爆炸"的主要原因和终身学习的必要性。据联合国教科文组织（UNESCO）最新统计:人类近 30 年来所积累的科学知识占有史以来积累的科学知识总量的 90%,在此之前的千年中所积累的科学知识只占 10%。英国技术预测专家詹姆斯·马丁的测算结果也表明同样的趋势:人类的知识在 19 世纪是每 50 年增加一倍,20 世纪初是每 10 年增加一倍,20 世纪 70 年代是每 5 年增加一倍,而近 10 年则是每 3 年翻一番;到 2003 年,知识的总量将比 20 世纪末增长一倍;到 2020

年，知识的总量是现在的 3～4 倍。到 2050 年，目前的知识只占届时的知识总量的 1%。

不管是摩尔定律还是"新摩尔定律"，都揭示了这样一个规律：科学技术的快速发展使固定资本的无形磨损逐渐呈上升趋势。

资料来源：http://www.ccw.com.cn。

5.2.3.3 流动资本

流动资本是指以原料、燃料、辅助材料等劳动对象形式存在的那部分生产资本。这一生产资本也有两个特点。从物质形态看，全部参加生产过程，并在一次生产过程中全部被消耗，转化为新产品；从价值形态看，其价值一次性全部转移到新产品中去，并随着商品的销售，以货币形式一次从流通中全部周转回到资本家手中。根据这部分资本的价值流通方式和周转方式的特点，将其称为流动资本（见图 5.8）。

图 5.8 流动资本

用于购买劳动力的那部分生产资本，其价值不是由工人的劳动转移到新产品中去的，而是由工人新创造的，但其价值流通和周转方式同以原料等劳动对象形式存在的生产资本一样，也是一次全部加入到新产品中去，并随着商品的销售全部以货币形式周转回到资本家手中，故也称为流动资本。

5.2.3.4 固定资本与流动资本的区别

固定资本与流动资本主要有以下几方面的区别。

（1）价值流通和周转方式不同。固定资本的价值是根据物质上的磨损程度一部分一部分地转移到新产品中去，并随着商品销售逐渐地从流通中周转回来的；而流动资本是随着实物形态一次全部被消耗、一次全部转移（或加入）其价值，并随着商品的销售一次全部从流通中周转回来的。

（2）物质更新方式不同。固定资本的物质要素可在多次生产过程中使用，发挥其作用，在整个发挥作用的时期内不需要更新；而流动资本只是在一次生产过程中发挥作用并全部被消耗，因而必须随着生产过程的替换不断更新。

（3）周转时间不同。由于固定资本使用时间长，每次只是将其转移到商品中的那部分价值随商品进入流通；而流动资本是实物一次被消耗，其价值一次转移（或加入）到商品中并随商品全部进入流通的，所以，固定资本周转时间长，流动资本周转时间短，固定资本周转一次往往包含流动资本的多次周转。

5.2.4　预付资本的总周转速度

预付资本总周转是指预付资本中固定资本和流动资本的平均周转。也就是说，生产资本中固定资本周转慢，流动资本周转快，那么要考察资本的总周转速度，既不能只看固定资本，也不能只看流动资本，而必须把固定资本和流动资本的周转速度平均起来计算，一般是以预付资本价值在一年内的周转次数来表示。其计算公式为：

$$预付资本的总周转速度=\frac{一年固定资本周转总值+一年流动资本周转总值}{预付资本总值}$$

如果某企业预付固定资本共 1050 万元，其中厂房价值 300 万元，折旧年限为 30 年（每年折旧或周转价值 10 万元）；机器设备价值 700 万元，折旧年限为 10 年（每年折旧 70 万元）；小工具等价值 50 万元，折旧年限为 5 年（每年折旧 10 万元）。另有预付流动资本 200 万元，平均每 3 个月周转一次（一年周转 4 次，年周转价值 800 万元）。则该企业预付资本总周转速度的计算如下：

$$预付资本的总周转=\frac{(300/30+700/10+50/5)+200\times12/3}{1050+200}$$

从上面可以看出，影响预付资本总周转速度的因素，除周转时间外，主要还有以下两方面的因素：

其一，固定资本和流动资本的周转速度。在固定资本和流动资本在预付资本中的比重既定时，总周转速度取决于固定资本和流动资本各自的周转速度。固定资本和流动资本本身周转快，预付资本总周转速度就越快；反之就越慢。从公式看，固定资本和流动资本一年内周转速度越快，分子就越大，计算出来的总周转次数就越多。

其二，固定资本和流动资本在生产资本中所占的比重。在固定资本和流动资本各自的周转速度既定时，预付资本总周转速度取决于固定资本和流动资本的比例。因为固定资本周转慢，流动资本周转快，所以，流动资本所占比重越大，总周转速度就越快；反之，固定资本所占比重越大，则预付资本总周转速度就会越慢。当然，固定资本和流动资本的比例，不是可以随意改变的，而是由产品性质和技术条件决定的。保持合理的比例，资本总周转才能快起来；比例不合理，不是固定资本闲置，就是流动资本积压和浪费，这都会延缓资本总周转速度。

由此可见，预付资本的总周转速度，不仅与固定资本和流动资本各自所占的比重有关，而且也和固定资本、流动资本各自的周转速度有关。在实践中，由于流动资本的周转速度不仅和产品或行业特点相联系，而且和不同经营者的经营能力有较大的关联性，因而提高流动资本的周转速度，以便带动资本的总周转速度，是企业经营管理中引以重视的问题。流动资本的周转速度也是资本活力和企业竞争力的重要表现。

因此，为了加快资本周转，就必须减少固定资本比重，提高流动资本比重，就必须尽量缩短生产时间和流通时间。可通过提高社会劳动生产率以缩短生产时间，通过改进运输工具等方法以缩短流通时间。

案例研究

网上销售——商业资本周转新方式

据美国国际管理咨询公司最近对全球 28 个国家的 160 家大公司所作的调查，随着全球网上销售日趋兴旺，传统的采购运作方式受到了冲击。根据这家公司的调查报告，接受调查的公司表示，由于互联网提供了新的采购方式，它们的采购人员和供应商的数量将在今后两年内平均减少四分之一。

江苏省充分利用网络销售农产品，网上农产品虚拟大市场初见雏形。该省已有 1161 个农产品上网销售，网上销售额达 7.7 亿元，出现一批营销规模较大的农民网上经纪人。

中国网上购物市场交易额获得长足的发展，2001 年中国网络购物市场交易额仅为 6.0 亿元，到 2005 年高达 193.1 亿元。

降低商业流通费用，是增加商业利润的重要途径。电子商务的兴起，大大降低了商业流通费用，降低了商业预付资本，加速了商业资本周转。电子商务作为新的物流方式突破了传统商业的时间、地点等因素的限制，节约了许多传统商业所必须投入的资本，例如店面、店员等，同时又可以实现一般商业企业难以实现的零库存经营。另外，由于网络的受众面广泛，销售渠道宽，企业可以节省诸如广告等费用，加速了商业资本周转。在一定时期内，个别商业企业加速资本周转的速度虽然不能降低商品的整体价格，却提高了企业的利润率。如果多数商业企业能够通过电子商务的新物流方式降低成本，那么，就会使商品的销售价格下降。

案例来源：《网络营销：虚拟世界的叫卖声》，载《中国经营报》2004年 7 月 12 日。

5.2.5 加速资本周转速度的意义

企业在生产经营过程中必须合理运用资本，并采取有效措施加速资本的周转，以达到提高资本使用效率和实现利润最大化的目的。

5.2.5.1 加速资本周转能够提高资本的使用效率和企业的经济效益

资本周转速度越快，资本停留在生产领域和流通领域的时间越短，同一资本的利用率越高，同一劳动者在同一时间创造的新价值也越多，提供的剩余价值也越多，从而可以提高年利润率，增加企业的经济效益。

年剩余价值量是剩余价值率与可变资本量及其周转次数的乘积，其公式为：

$$M = m' \cdot V \cdot n$$

年剩余价值率是剩余价值量和预付可变资本的比率，其公式为：

$$M' = \frac{M}{V} = \frac{m' \cdot V \cdot n}{V} = m' \cdot n$$

拓展学习

物流产业，"第三利润源泉"

据中国社会科学院的一项课题研究显示，近年来我国国有工业企业流动资本总量和增长幅度在上升，而资本周转速度却在下降。1999 年工业流动资本占用比 1992 年增加了 207%，而资本周转速度只相当于 1992 年的 72.7%，下降了 27.3%。企业资本周转速度下降的另一种表现是库存的上升。截至 1996 年年底，全国各类企业库存总值超过 3 万亿元，其中滞销积压产品约 600 多亿元。专家分析认为，造成资本周转缓慢、库存过多的主要原因，除了产业结构不合理之外，还与商品流通领域状况不佳、发展滞后有直接关系。大力发展现代物流产业，将会从根本上解决上述问题。有资料表明，在相当多商品的生产销售中，用于加工和制造的时间仅为 10%左右，而用于物流过程所占用的时间几乎为 90%。

1999 年我国国有工业企业流动资本占用为 3 万多亿元，资本周转速度为 1.2 次；国有商业流动资本年平均周转 2.3 次。而现代物流体系相当发达的一些跨国连锁企业如沃尔玛、家乐福等公司，流动资本年周转速度都达到 20~30 次。可以看出，他们的 1 元钱相当于我们的 20 元、30 元。近年来我国著名企业海尔集团通过建立现代物流系统，使其资本周转速度提高到一年 15 次。如果我国国有工业企业资本周转速度达到海尔集团的水平，那么，3 万亿元流动资本一年周转 15 次，就相当于 45 万亿元的资本量；如果达到沃尔玛等企业的水平，一年内周转 30 次，将相当于 90 万亿元的资本量。沉淀的资金和快速流动起来的资本价值形成了巨大的反差，这对于资金尚不充裕的我国具有极大的潜在经济意义。

所以，现代物流产业的发展，无疑将加快资本周转，为企业获得更高的价值回报。物流，又被称作继物质资源和人力资源之后的"第三利润源泉"。

资料来源：http：//news.fm365.com/caijing/caijingc/20010228/；http：

//www.cyberdis. com/index-001-01-01.html; http://news.post.com.cn/ 3-d/d297. htm。

5.2.5.2 加速企业资本周转有利于节省流动资本，节省预付资本总额

合理利用资本，加快资本周转，是减少占有资本量的重要途径。资本所追求的，是体现着时间因素的年剩余价值率和年利润率的提高，所以，资本家总是千方百计地缩短生产时间和流通时间，加快资本周转速度，节省预付资本，以便攫取更多的剩余价值。假定企业利润目标和生产规模既定，其他条件不变，资本周转速度越快，所需预付资本总量越少，从而可以达到节约资本的目的。如果把节省下来的资本投入生产，就可以扩大企业的生产规模。

案例研究

加快资本周转速度，可节省资本的投入量

甲、乙两个机械厂，生产规模相同，每个月都需要 10 万元的流动资本才能运转。甲企业的资本周转快，1 个月周转 1 次，月初投入、月底收回，如此下去，一年只要 10 万元的预付资本就可以应付流动资本的需要。而乙企业资本周转慢，一年才周转 1 次，年初第一个月投入 10 万元，到年底才能收回，因此，它在这一年里每个月都需要 10 万元的流动资本，否则，从第二个月就会出现生产中断。这样一年下来，预付流动资本总计需要 120 万元。可见，甲企业由于资本周转速度快而所需要的预付流动资本只是乙企业的 1/12，大大节省了预付资本量（见表 5.5）。

表 5.5　资本周转速度与预付资本量

企业	年剩余价值量	月需流动资本	资本周转速度	年需预付流动资本
机械厂 1	相同	10 万元	12 次/年	10 万元
机械厂 2	相同	10 万元	1 次/年	120 万元

由此可见，在生产规模一定的条件下，资本周转快，所需要的预付资本特别是预付流动资本就越少；反之则越多。

5.2.5.3 加速企业资本周转能够缩短资本回收期，有利于整个社会资本周转速度的提高

企业资本周转速度加快，在其他条件不变的情况下，资本回收期变短，并减少了资本的时间价值（资本未来值与现值的差额），因而降低了企业投资的风险。此外，企业资本周转速度加快，还会使整个社会的资本周转速度相应加快，这有利于整个社会商品供给与需求之间的平衡，并使经济发展速度与经济效益协调发展，实现国民经济的良性循环。

拓展学习

马克思资本循环和周转理论对社会主义企业生产经营的指导意义

资本循环与周转的理论，对社会主义企业生产经营有重要指导意义。

其一，可以指导我们认识社会主义企业资金运动的规律性。资本循环理论的中心问题是资本运动的连续性。为了资本循环连续进行，单个产业资本必须按照再生产客观要求的一定比例，将产业资本分为货币资本、生产资本、商品资本三种职能形式，保持它们在空间上的并存性和时间上的继起性。这一理论撇开它的资本主义经济关系，对社会主义企业的资金循环也是适用的，只有认识和运用这一原理，保持社会主义企业资金循环运动的连续性，搞好企业的生产经营，才能提高企业经济效益。

其二，可以指导我们认识加速社会主义企业资金周转的意义。资本周转理论的中心问题是加快资本周转的速度。资本周转速度的加快，能节约预付资本量、增加年剩余价值量和提高年剩余价值率，意义重大。这一理论撇开它的资本主义经济关系，对社会主义企业的资金周转也是适用的。它对指导社会主义企业加快资金周转，提高资金利用率，增加企业赢利，提高经济效益，具有重要的意义。

本章知识结构

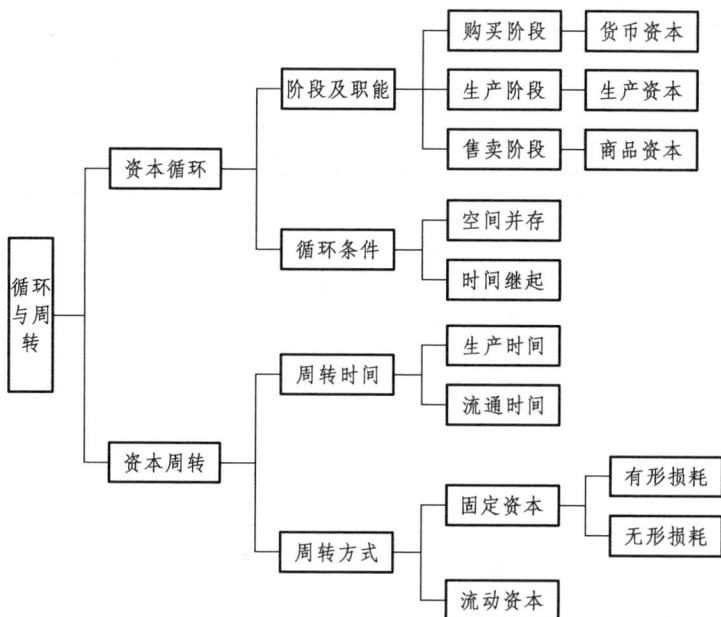

```
                                                      ┌──────────┬──────────┐
                                          ┌──────────┤ 购买阶段 │ 货币资本 │
                                  ┌───────┤ 阶段及职能├──────────┼──────────┤
                                  │       │          │ 生产阶段 │ 生产资本 │
                          ┌───────┤ 资本循环          ├──────────┼──────────┤
                          │       │       │          │ 售卖阶段 │ 商品资本 │
                          │       │       └──────────┴──────────┴──────────┘
                          │       │       ┌──────────┐
                          │       └───────┤ 循环条件 ├──── 空间并存
                 ┌────────┤                          └──── 时间继起
          循环    │        │
          与      │        │               ┌──────────┐
          周      ┤        │       ┌───────┤ 周转时间 ├──── 生产时间
          转      │        │       │        └──────────┘└── 流通时间
                 └────────┤ 资本周转
                                  │                              ┌──── 有形损耗
                                  └───────┤ 周转方式 ├── 固定资本 ┤
                                                       │          └──── 无形损耗
                                                       └── 流动资本
```

关键概念

资本循环　资本周转　固定资本　流动资本　折旧　资本总周转速度

问题与应用

1. 简述产业资本循环的三个阶段和职能。
2. 产业资本不断循环的条件是什么？
3. 简述资本的周转时间的构成。
4. 试分析资本循环正常进行的条件和影响资本周转的因素。
5. 论述加快资本周转速度的意义。
6. 某资本家拥有资本 180 万元，资本有机构成是 5∶1，剩余价值率是 120%，该资本家将剩余价值的 50% 用于积累，请计算：
（1）该资本家用于积累的剩余价值是多少？

（2）资本家在积累后的生产中获得的剩余价值是多少？

7. 一个企业投资 25 万元购置机器，其使用期为 5 年，50 万元购置厂房，其使用期为 20 年；5 万元购置工具，其使用期为 5 年，10 万元用于购买原材料，10 万元用于支付工资。已知其流动资本一年可周转 5 次，不考虑固定资本精神磨损，求这个企业的预付资本一年中的总周转次数。

8. 表 5.6 是某企业的生产资本各要素和资本周转/年次数的数据表。

表 5.6　某企业生产资本各要素和资本周转/年次数

生产资本各要素	价值/元	资本周转/年次数	年周转价值总额/元
固定资本	800 000	1/10	
其中：厂房	200 000	1/20	
机器设备	500 000	1/10	
工具	100 000	1/5	
流动资本	200 000	6	

问：（1）根据已有数据填充这一表格。

（2）该企业预付总资本总量是多少？

（3）该企业预付总资本一年周转总量是多少？

（4）预付总资本一年周转次数是多少？

9. 某企业有机器设备 90 000 元，平均使用年限 15 年；厂房建筑物 30 000 元，平均使用年限 15 年；其他工具 60 000 元，平均使用年限 6 年。该企业生产周期为 3 个月。一个生产周期中，消耗原材料 30 000 元，燃料 15 000 元，辅助材料 10 000 元。该企业雇佣工人 200 人，每人每月平均工资 500 元，一个生产周期支付一次。

问：（1）年预付资本周转速度为多少次？

（2）如何加快资本的周转速度？

10. 某企业年产 18 万件商品。投资固定资本价值 200 万元，平均使用年限为 10 年；投入流动资本 50 万元，周转时间为 2 个月；雇佣工人 400 人，月平均工资 1 000 元；每件商品社会价值 100 元。

问：（1）剩余价值率为多少？

（2）年预付资本周转速度为多少次？

（3）年剩余价值率为多少？

（4）影响资本周转速度的因素有哪些？

11. 某企业是一个专业从事机械手表生产与销售的企业。1987年左右，市场发生了变化，电子表畅销，机械表销售下降，该企业的产品积压严重。当时市价为120元一只的机械表，企业决定以25元一只处理掉，然后利用收回资金生产销售电子表。经过两三个月的努力，积压产品全部售出，收回资金2500万元。企业用这些资金引进香港表盘、机芯，根据市场需求，生产多花色的产品去争取市场，到1989年，公司盈利900多万元。

问：（1）处理滞销产品对企业顺利实现资本循环有什么作用？

（2）企业维持正常经营的关键是什么？

（3）加速资本循环与周转对企业的发展有什么意义？

实战演习

1. 一些看似微不足道的小生意，往往蕴含着商业世界最大的真理。台湾HJ电脑施董事长在少年时代，曾经帮着母亲卖鸭蛋和文具。3只鸭蛋有10%的利润，但是容易变质，没有及时卖出就会坏掉，造成经济上的损失；文具的利润高，做10元的生意至少可以赚4元，利润超过40%，而且文具摆着不会坏。看起来卖文具比卖鸭蛋赚钱。但事实上，施董事长后来讲述经验说，卖鸭蛋远比卖文具赚得多。

卖鸭蛋比卖文具赚得多，这里蕴含着什么样的真理？

2. 贵州新兴企业YHS电池向老品牌QF电池发起了全面挑战，一路攻城略地。QF避其锋芒，从侧面对YHS展开了一场欲擒故纵的阴谋。首先大幅削减产量，大面积退出竞争；然后召集各地市县经销商开会，会上双方演戏，故意争吵不休、反目成仇。两大步骤造成QF大势已去的假象。

YHS获此消息当即决定：一是增加贷款购进新的生产线，迅速扩大产量占领市场；二是游说与QF"反目"的经销商加盟YHS。这两点正中QF的圈套。此时QF利用YHS"淡季生产旺季销"和"充分发挥各级蓄水池作用"的策略，让各地经销商将计就计地赊了大量的YHS产品囤到各自的仓库里，有多少赊多少。赊的理由合情合理，新产品做市场都是这样。

完成这些步骤之后，QF突然加大生产力度，同时指示囤积了大量YHS电池的老客户大量购进。等到销售旺季一到，市场上反倒是黔丰电池如洪水般汹涌而至。而雨花石却被众多经销商恶意地握在手里不销售。无论 YHS 怎样努力，怀着不可告人的目的经销商总是找种种借口不卖货，先是将货死死握在手里，旺季快完之时退回 YHS。YHS 怎么也没想到竞争对手竟然会在无形之中操纵自己的库存。YHS 被牢牢地"钉"死在经销商的库存里，一次周转都不能实现，一颗耀眼的企业新星就此陨落。(《商战就是战场，周转也是夺命枪》)

　　请从政治经济学周转视角分析贵州新兴企业 YHS 电池在这次商战惨败的原因。

6 社会总资本再生产和流通

是什么因素导致了曾经的超级大国苏联的解体？毫无疑问，其经济结构长期失衡、社会再生产难以为继是重要原因之一。当时，苏联经济结构和比例长期失调，而且未能及时得到纠正，并随着其争夺世界霸权战略的实施，进一步加重了苏联国民经济困难，造成苏联国民经济严重畸形发展，如 1953 年的苏联工业总产值中生产资料占 69.2%，消费品只占 30.8%；这二者的比重到 1973 年甚至达到了 74.0% 和 26.0%。这无疑极大地影响到人民群众生活的改善和提高，失去了凝聚民心的物质基础，降低了社会主义的凝聚力和吸引力。伴随着经济畸形日益严重化，人民生活水平急剧下降，不断加剧了经济政治动荡，一个超级大国最终彻底崩溃了。可见，进行社会资本积累和再生产，必须实行兼顾、协调、平衡的原则，注重两大部类的同时积累和协调发展，重视生产资料和生活资料两个方面的生产，反对任何片面孤立的做法。

6.1 社会总资本再生产的核心问题

社会总资本再生产要求，生产必须按比例、协调发展。这要求物质上相互适应，价值量上相互协调，实现两个方面的有机统一。首要问题是产品的使用价值即物质形态的构成问题，只有社会总产品的各个部分在物质形态上互相符合需要，才能进一步谈得上价值量上的协调。

6.1.1 社会总资本及其运动

在市场经济条件下存在着成千上万个企业，每一个企业都有独立发挥作用的资本，这些资本各自通过自身的循环和周转实现自己的价值增殖。

这种独立地进行循环和周转的资本，就是单个资本。社会上存在的众多单个资本，分别属于不同的、独立的投资者所有，它们是互相分离、互相独立的，但市场经济条件下的生产是社会化大生产，分工很发达，企业之间又是互相联系、互相依存的。这种互相联系、互相依存的单个资本的总和，就是社会总资本。社会上单个资本的互相交错、互为条件的运动，形成社会总资本的运动。

6.1.1.1　社会总资本的运动与单个资本运动的共同特点

社会总资本的运动与单个资本运动有许多共同点：

（1）从运动的内容看，两者都包含着生产剩余价值或资本增殖的生产消费。

（2）从运动的形式看，两者都依次采取货币资本、生产资本、商品资本三种职能形式，并各自完成自己的循环。

（3）从运动的过程看，两者都要经过购买、生产、销售三个阶段，都是生产过程和流通过程的统一。

（4）从运动的目的看，两者都是为了价值增殖。

6.1.1.2　社会总资本的运动与单个资本运动的不同特征

社会总资本及其运动虽然是单个资本及其运动的有机总和，但社会总资本运动也包含着许多单个资本运动所没有的内容和特点。

（1）社会总资本运动不仅包括生产消费，还包括个人消费；而在单个资本运动中，我们主要考察的是资本如何带来剩余价值以及剩余价值如何再转化为资本，所以只考察了生产消费，至于投资者怎样用剩余价值去购买消费品和工人、怎样用工资去购买消费品供个人消费的问题，都是在单个资本运动的外部进行的，属于一般商品流通，不包括在单个资本价值增殖的运动过程中。因此，单个资本运动只包括生产消费，不包括工人和投资者的个人消费。

（2）社会总资本运动不仅包括资本流通，还包括一般商品流通和剩余价值的流通；而单个资本运动只包括资本流通。

（3）社会总资本运动不仅考察价值补偿，还考察实物补偿；而单个资本运动只考察价值补偿，不考察实物补偿。

社会总资本的运动是一个错综复杂的过程，考察这个过程必须从社会总产品出发。

经典读点

　　社会总资本的运动，由社会资本的各个独立部分的运动的总和，即各个单个资本的周转的总和构成。正如单个商品的形态变化是商品世界的形态变化序列——商品流通——的一个环节一样，单个资本的形态变化，它的周转，是社会资本循环中的一个环节。

　　这个总过程，既包含生产消费（直接的生产过程）和作为其媒介的形式转化（从物质方面考察，就是交换），也包含个人消费和作为其媒介的形式转化或交换。一方面，它包含可变资本向劳动力的转化，从而包含劳动力的并入资本主义生产过程。

　　——《马克思恩格斯集》第6卷，人民出版社2009年版，第390页。

6.1.2　社会总资本再生产的核心问题

6.1.2.1　社会总产品及其补偿

社会总产品是指社会在一定时期内（通常为一年）所生产的全部物质资料的总和。

社会总资本运行要顺利进行，其核心问题就是生产出来的产品能卖得掉，生产所需要的生产资料和劳动力所需要的生活资料能够买得到。而这些问题的解决，就是社会总产品的实现问题。可见，社会总产品的实现包括价值补偿和实物补偿两个方面。

价值补偿是指社会总产品在价值形态上的各部分，如何通过商品的全部出售以货币形式收回，用以补偿生产中消耗的不变资本价值和可变资本价值，并获得剩余价值。实物补偿是指社会总产品价值补偿实现后，如何由货币形式转化为商品形式，也就是企业如何重新获得生产资料、工人和消费资料。

在考察单个资本的再生产时，集中考察的是个别企业的资本价值增殖运动，因此，只考察价值补偿，没有考察企业之间发生的实物补偿问题。如企业生产什么商品，生产的商品卖到哪里去，生产商品消耗的生产资料从哪里购买，投资者用剩余价值以及工人用工资又从哪里购买消费资料等。

这些实物补偿问题当时是假定能够在市场上顺利解决的。但是，社会总资本是各个单个资本的总和，再生产过程中所需要的生产资料和消费资料，只能由社会总商品中得到补偿。所以，在这里，除了要考察社会总产品的价值补偿外，更重要的是要研究生产社会总产品时所消耗的生产资料和消费资料能否从社会总产品中找到相应的物质资料来补偿。

6.1.2.2 社会总产品的实现问题是社会总资本再生产的核心问题

（1）社会总产品的价值补偿是社会资本运动正常进行的基础。只有预付的不变资本和可变资本价值都得到补偿，同时获得剩余价值或资本增殖，才能重新购买再生产所需要的生产资料和劳动力，社会再生产才能重新进行。如果社会总产品不能或不能全部销售出去，生产这些产品所消耗的资本价值就不能或不能全部得到补偿，已经生产出来的剩余价值或资本增殖就不能或不能全部实现，这样社会再生产就无法正常进行。

（2）社会总产品的实物补偿是保证社会资本运动正常进行的关键。社会总资本再生产运动要正常进行，最起码的条件就是要保证上一个生产过程中所消耗的生产资料和消费资料能够得到补偿和替换，否则，社会再生产过程就会中断或萎缩。只有使社会总产品既得到价值补偿又得到物质替换，整个社会再生产才能顺利进行。因此社会总产品的补偿即实现问题，就是社会总资本再生产的核心问题（见图 6.1）。

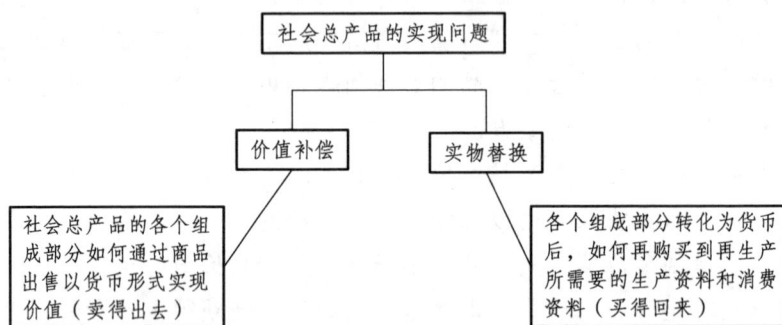

图 6.1　社会总产品的实现

研究社会总资本的再生产和流通，核心问题就是要说明生产社会总产品时所消耗的生产资料和消费资料能否从社会总产品中得到补偿，这种补偿是如何进行的以及在什么条件下才能顺利实现这种补偿，其中，社会总产品的实现条件更是这个核心问题的核心。

6.1.3 研究社会总资本再生产的理论前提

社会总产品的实现要从价值补偿和实物补偿两方面来考察，就要求对社会总产品从价值形态和实物形态的构成进行分析。

6.1.3.1 社会总产品的价值构成

社会总产品在价值上又称为社会总产值，它包括包含在产品中的生产资料转移的价值（C）、凝结在产品中的由工人必要劳动创造的价值（V）和凝结在产品中的由工人剩余劳动创造的价值（m）。因此，社会总产品的价值由不变资本（c）、可变资本（v）和剩余价值（m）三部分组成。

6.1.3.2 社会总产品的物质构成与社会生产两大部类

在实物形态上，马克思根据社会总产品的最终用途将其分为两大类：一类是生产资料，用于补偿生产中已经消耗的生产资料和用于扩大再生产的追加的生产资料；另一类是生活资料，用于工人和投资者的个人生活需要。如图 6.2、图 6.3 所示。

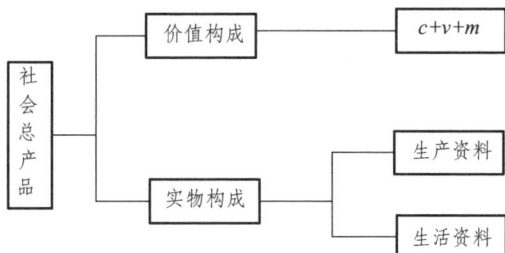

图 6.2 社会总产品的构成

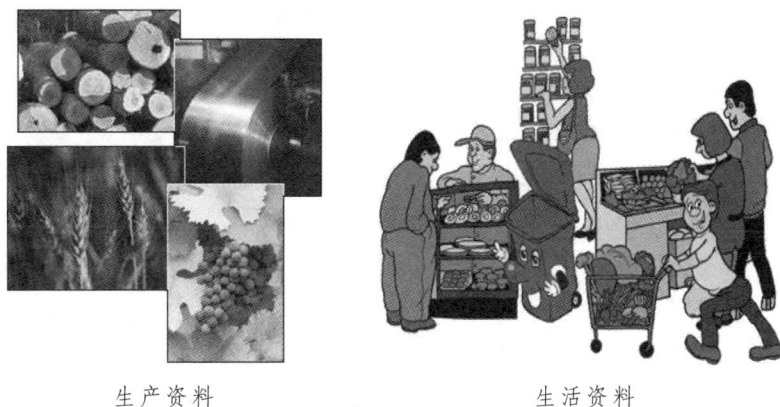

生产资料　　　　　　　　　　生活资料

图 6.3 生产资料和生活资料

由此，社会生产也分为生产生产资料的第Ⅰ部类和生产消费资料的第Ⅰ部类。每个部类中包括若干生产部门，每个部门中又包括若干企业。

马克思把国民经济中的各个物质生产部门划分为生产生产资料的第Ⅰ部类和生产消费资料的第Ⅱ部类，并在此基础上建立了产业结构和社会再生产理论，揭示了各个物质生产部门在社会再生产过程中因价值形式的实现和实物形式的补偿而必须建立的内在联系，从而揭示出社会再生产过程能够顺利进行的必要条件。

社会总产品的实物构成和价值构成，以及社会生产两大部类相互关系的原理，是马克思再生产理论的基本原理，是考察社会资本再生产的两个基本理论前提。正因为从实物形式上把社会总产品划分为两大类从而把社会生产划分为两大部类，才指明了社会总产品的实现途径在于必须通过两大部类内部及两大部类之间的交换。正因为从价值形式上把社会总产品划分为三大部分，才表明三个部分的价值都要实现，并应阐明其实现的途径。这两种划分形式还指明了实物补偿和价值补偿的相互依赖关系。马克思科学地解决了社会总产品按价值和实物实现的一系列问题，从而为科学地揭示社会总资本再生产和流通规律奠定了坚实的理论基础。

参阅资料

新中国产业结构的历史演变

马克思的两大部类理论通常也被称为狭义的产业结构理论。与马克思的产业结构理论相对应的，是西方的产业类型划分理论，即三次产业的划分理论。三次产业的划分是按照人类生产活动的发展顺序和社会分工的发展过程来划分的，它反映了社会生产的历史阶段和产业结构的演变规律。按照三次产业的划分，第一产业主要指农业，包括直接以自然物为劳动对象的农、林、牧、渔等行业；第二产业主要指工业，包括制造业、建筑业等在内的对初级产品进行加工的行业；第三产业，主要指运输、通信、商贸、旅游、金融保险、医疗卫生、公用事业、文化娱乐、科教、新闻出版等行业。

两种不同的产业类型划分理论，从不同的侧面反映了产业结构的内容，它们各有利弊，不能相互取代。一般来说，衡量一个国家产业结构是否合理的主要标准包括：第一，看各产业之间和产业内部是否平衡发展，也就是看各个部门之间在生产上是否相互衔接、紧密配合，以实现国民经济的协调发展。第二，看产业结构是否有利于资源配置的优化，也就是看社会资源是否在各个部门之间得到合理的分配和使用，以取得较高的经济效益。第三，看科学技术是否得到充分地推广和应用，产业结构是否实现了高级化。

中华人民共和国成立之后，产业结构大致经历了四个主要的历史演变时期：一是 1949—1957 年，经过三年国民经济的恢复及第一个五年计划的实施完成了我国工业化进程中的第一次产业结构调整；二是 1958—1980 年，此间经过三年"大跃进"和"文化大革命"，产业结构一度失衡，经调整后，到 20 世纪 80 年代初完成了我国工业化进程中的第二次产业结构调整；三是 1981—1990 年，总结了中华人民共和国成立 32 年来经济建设的经验教训，逐步调整产业结构，完成了产业结构从"重重、轻轻"向轻型化方向转化，高新技术工业发展迅猛；四是 1991 年至今，建立了社会主义市场经济体制，在产业政策作用机制的调节下，完成了产业结构的大调整。

在我国的经济发展中，产业结构主要实现了两个转折：第一个转折是由第一产业占优势比重变为第二产业占优势比重，这是在 20 世纪 60 年代末、70 年代初完成的。第二个转折是由第一产业的比重高于第三产业，逐步转变为第三产业的比重高于第一产业，这是在 20 世纪 80 年代后期实现的。这两个转折的实现，使我国的产业结构由 20 世纪 50 年代的"一、二、三"产业排序，演变为 20 世纪 80 年代后期以后的"二、三、一"产业排序。这一变化说明，我国的产业结构已由以农业为主导产业转变为以工业为主导产业，经济的发展已经进入了工业化时代；而第三产业的比重超过第一产业则意味着产业结构趋向合理化、高级化。但与合理的产业结构评价标准相比，我国的产业结构还存在许多问题。

资料来源：程恩富:《现代政治经济学案例》,上海财经大学出版社 2003年版。

6.2 社会总资本的简单再生产

社会总资本的简单再生产是指社会剩余产品全部用于个人消费，没有任何积累，从而使生产在原有规模上重复进行。社会再生产的特征是扩大再生产，但分析它要从社会资本的简单再生产开始，这是因为：第一，简单再生产是扩大再生产的基础，是它的重要组成部分和一个现实的因素。扩大再生产只有在原有的生产规模能够保持的基础上才能进行，而且简单再生产所生产的剩余价值，为扩大再生产所需要的资本积累提供了前提条件。第二，考察社会总资本再生产的实现问题，在理论分析上的主要困难是分析简单再生产的实现条件。这个困难解决了，再分析扩大再生产的实现问题也就容易了。

6.2.1 社会总资本简单再生产的理论假设

社会总资本的再生产实现过程是一个十分复杂的问题，为了便于揭示实现社会总资本再生产运动的规律性，需要做出如下假定：
（1）所考察的社会只存在投资者和工人这两个集团；
（2）不变资本价值的周转时间是 1 年；
（3）市场供求平衡，全部商品都按价值出卖；
（4）全部社会产品都在一国范围内得到补偿和实现，没有对外经济关系；
（5）剩余价值率为 100%。
在这些假设条件下，我们就可以分析社会总资本的实现过程了。

6.2.2 社会总资本简单再生产的实现过程

依据社会总产品的价值和实物构成以及两大部类划分的理论，从上述假设条件出发，再假设两大部类全年生产的社会总产品的价值为 9000，其中第 I 部类的产品价值为 6000，第 II 部类的产品价值为 3000。

第 I 部类的产品价值中，包括不变资本价值 4000，可变资本价值 1000，由于剩余价值率为 100%，剩余价值为 1000。第 II 部类产品价值为 3000，包括不变资本价值 2000，可变资本价值 500，剩余价值 500。全年的社会总产品及其构成图式如下：

$$\text{I} \qquad 4000c + 1000v + 1000m = 6000$$
$$\text{II} \qquad 2000c + 500v + 500m = 3000$$

为了使第二年的简单再生产能够继续进行，两大部类的产品包括它的各个组成部分都必须实现，即在物质和价值上都得到补偿。这是通过以下三个方面的交换来实现的。

① 第 I 部类内部的交换。按照上述图式，第一部类的 $4000c$ 代表消耗掉的不变资本的价值，为了维持简单再生产的正常进行，$4000c$ 必须用新的生产资料来补偿。由于社会生产中只有第 I 部类是生产资料，所以其价值的补偿和物质补偿必须通过第 I 部类内部各生产部门之间的交换加以解决。因为，第 I 部类由许多部门构成，如炼铁、采煤、机器制造等。因此，要补偿消耗掉的生产资料，除小部分产品可以留在原生产部门直接补偿消耗的生产资料外（如煤的一部分用于煤炭部门本身的燃料），大部分产品都要通过第 I 部类内部各个部门之间的交换，使第 I 部类产品中代表 $4000c$ 的部分，转化为新的生产要素，从而实现价值补偿和实物补偿。

② 第 II 部类内部的交换。第 II 部类的 $500v + 500m$，代表本部类工人和投资者用于个人消费的消费资料的价值，为了维持工人和投资者的消费需要，它必须用消费资料来补偿。这种补偿是在第 II 部类内部实现的，因为第 II 部类本身就是生产消费资料的。第 II 部类工人劳动力的再生产和投资者的个人消费，就是通过工人向本部类的投资者购买消费品，以及本部类投资者之间的互相买卖来实现的。

③ 两大部类之间的交换。第 I 部类的 $1000v + 1000m$ 代表工人和投资者用于个人消费部分的价值，需要购买消费资料，但是它们却以生产资料的实物形式存在，而第 II 部类的 $2000c$ 代表所消费掉的生产资料的价值，需要用生产资料来补偿，但是它们却以消费资料的形式存在。它们的补偿，都不可能在本部类内部得到实现。正好第 I 部类的 $1000v + 1000m$ 所代表的生产资料的价值与第 II 部类的 $2000c$ 所代表的消费资料的价值相等，因此，通过两大部类的交换，第 I 部类的工人和投资者就获得了价值 2000

的消费资料,第Ⅱ部类的投资者也获得了再生产所需要的价值 2000 的生产资料，从而使两大部类的产品都得到实现。

上述三大交换过程可以用图 6.4 表示：

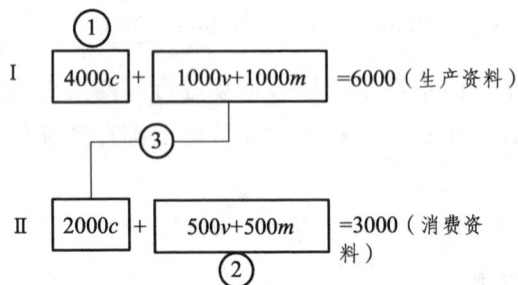

图 6.4 简单再生产两大部类产品的实现

这样，通过以上三个方面的交换，两大部类的产品在价值形态上得到补偿，在物质形式上得到了替换，全年社会总产品都得到了实现，下一年的简单再生产便能顺利进行了。

6.2.3 社会总资本简单再生产的实现条件

通过对社会总资本简单再生产实现过程的分析可知，其顺利进行必须满足第Ⅰ部类的可变资本加上剩余价值的和等于第Ⅱ部类的不变资本的价值。用公式表示为：

$$Ⅰ(v+m) = Ⅱc \qquad\qquad (1)$$

这就是社会总资本简单再生产所必须保持的两大部类之间的基本的比例关系，它反映了两大部类之间互为市场、互为条件、相互制约的联系，表明两大部类的生产资料和消费资料的生产只有保持在一定的比例条件下，社会总资本简单再生产才能顺利进行。

从 $Ⅰ(v+m) = Ⅱc$ 这个基本的实现条件还可以引申出另外两个实现条件。一个条件是：

$$Ⅰ(c+v+m) = Ⅰc + Ⅱc \qquad\qquad (2)$$

即：第Ⅰ部类生产的全部生产资料必须满足全社会对生产资料的需求。条件（2）表示第Ⅰ部类全部产品的价值等于两大部类不变资本价值的总和。它反映了第Ⅰ部类生产资料的生产与两大部类对生产资料需求之间的比例关系。也就是说，第Ⅰ部类生产的生产资料价值必须与两大部类对生产资料的需要相等，才能保障社会总资本简单再生产的顺利进行。另一个条件是：

$$Ⅱ(c + v + m) = Ⅰ(v + m) + Ⅱ(v + m) \qquad （3）$$

即：第Ⅱ部类生产的全部生活资料必须同时满足全社会对生活资料的需求。条件（3）表示第Ⅱ部类全部产品的价值等于两大部类可变资本价值和剩余价值的总和。该公式反映了第Ⅱ部类消费资料的生产同两大部类的投资者和工人对消费需求之间的比例关系。如果不能保持这一比例关系，社会总资本的简单再生产无法进行。

在简单再生产的实现条件中，第一个条件Ⅰ$(v + m)$ = Ⅱc 是简单再生产的实现条件，另外两个条件则是引申的实现条件。它体现了简单再生产过程中，两大部类之间及其内部应遵循的基本比例关系，只有这样，社会生产才能协调发展。

═╬═经典读点═╬═

在简单再生产中，第Ⅰ部类的商品资本中的 *v+m* 价值额（也就是第Ⅰ部类的总商品产品中与此相应的比例部分），必须等于不变资本Ⅱ*c*，也就是第Ⅱ部类的总商品产品中分出来的与此相应的部分；或者说，Ⅰ$(v + m)$=Ⅱ*c*。也就是达成"均衡"的条件。

——《马克思恩格斯集》第6卷，人民出版社2009年版，第446页。

6.3　社会总资本的扩大再生产

社会总资本的扩大再生产是指社会只把剩余产品中的一部分用于消费，剩余的部分则用于资本积累，使生产在扩大的规模上持续进行。其运行有自己的特征，也需要有自己独特的条件。

6.3.1　社会总资本再生产的前提条件

要进行扩大再生产就必须有资本积累，将一部分剩余价值作为追加资本投入生产。这些追加的资本又分为两部分：一部分作为不变资本用于追加生产资料，另一部分作为可变资本用于追加劳动力。由此决定了社会总资本的扩大再生产必须具备两个前提条件。

第一，$I(v+m) > IIc$。从扩大再生产所需要的生产资料来看，生产资料是第 I 部类生产的，因此，第 I 部类一年中所生产的全部生产资料，在满足了两大部类简单再生产所需的生产资料以外，还必须有剩余，即：$I(c+v+m) > Ic+IIc$，把公式两端的 Ic 都减去，得到 $I(v+m) > IIc$。只有这样，社会总资本的扩大再生产才可能进行。

第二，$II(c+m-m/x) > I(v+m/x)$。从扩大再生产所需要的消费资料来看，第 II 部类一年中所生产的全部消费资料，除了满足两大部类简单再生产过程中的工人和投资者所需要的消费资料以外，也必须有剩余。如果用 m/x 表示剩余价值中投资者用于个人消费的部分，那么（$m-m/x$）就表示剩余价值中投资者用于积累的部分，可把此关系表示为：$II(c+v+m) > I(v+m/x)+II(v+m/x)$。再把公式两端各减去 $II(v+m/x)$，得到 $II(c+m-m/x) > I(v+m/x)$。

这两个前提条件，对于外延的扩大再生产来说是必不可少的，但是对于内涵的扩大再生产而言，由于并没有追加新的劳动力，也就不需要追加消费资料，这样，在工人的工资水平或实际生活水平没有提高的情况下，社会总资本扩大再生产就不必满足第二个前提条件。

6.3.2　模型构建及实现过程分析

以上分析表明，只有具备了一定的前提条件，进行扩大再生产才有可能性。但要使这种可能变为现实，还必须使社会再生产两大部类保持适当的比例关系，让追加的生产资料和消费资料都得到实现。

我们假定社会总产品的构成图式为：

$$I \quad (4000c+1000v+1000m) = 6000$$
$$II \quad (1500c+750v+750m) = 3000$$

它满足社会总资本扩大再生产的两个前提条件 $I(v+m) > IIc$ 和 $II(c+$

$m - m/x) > \text{I}(v + m/x)$。再假定第 I 部类的投资者将其剩余价值的 50%用于积累，追加资本的资本有机构成与原来的资本有机构成一致，仍为 4∶1。因此第 I 部类全部产品的价值重新组合为：

$$\text{I} \qquad (4000c + 400\Delta c) + (1000v + 100\Delta v) + 500\ m/x\ = 6000$$

4400*c* 在物质形态上是生产资料，通过本部门内部的交换来实现。剩下的1100*v*和500*m/x*在价值形式上代表第 I 部类工人和投资者用于个人消费的部分，而在实物形态上是生产资料，因此它必须和第 II 部类进行交换才能实现。由于第 II 部类的可变资本 *v* 和剩余价值 *m* 在其内部实现，这样它只能与第 II 部类的不变资本 *c* 进行交换。按照价值等价交换，第 II 部类就需要在原有的 1500*c* 之外追加 100*c* 的不变资本，同时要保持第二部类有机构成不变，还需追加 50*v* 的可变资本，这些都必须从第 II 部类投资者的剩余价值中拿出。于是第 II 部类产品的价值重组为：

$$\text{II} \qquad (1500c + 100\Delta c) + (750v + 50\Delta v) + 600\ m/x = 3000$$

同简单再生产一样，扩大再生产条件下，社会总产品也是通过三方面的交换关系来实现的：

首先，I（4000*c* + 400Δ*c*）通过第一部类内部的交换关系来实现。

其次，II（750*v* + 50Δ*v* + 600 *m/x*）通过第二部类内部的交换关系也得以实现。

最后，I（1000 + 100Δ*v* + 500 *m/x*）和 II（1500*c* + 100Δ*c*）相交换，各自从物质形态上得到补偿。

通过第 I 部类内部的交换、第 II 部类内部的交换和两大部类之间的交换，社会总产品全部得到实现。下一年的社会总资本扩大再生产得以进行。

这一实现过程可以用图 6.5 表示。

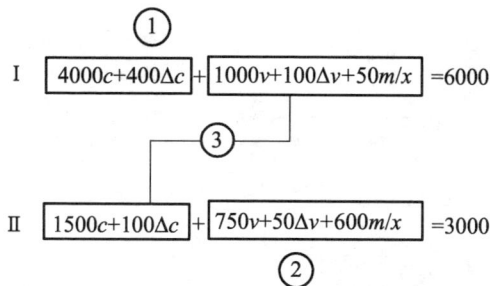

图 6.5　扩大再生产两大部类产品的实现

通过这三种交换关系，社会总产品在价值和物质形态上得到了补偿。

若剩余价值率保持不变，则到第二年年末，两大部类生产的全部产品价值构成为：

$$\text{I} \qquad （4400c + 1100v + 1100m） = 6600$$
$$\text{II} \qquad （1600c + 800v + 800m） = 3200$$

社会总资本再生产的规模就由上一年的 9000 扩大到 9800，实现了社会总资本的扩大再生产。

6.3.3　社会总资本扩大再生产的实现条件

从社会总资本扩大再生产的实现过程可以看出，社会总资本扩大再生产的基本实现条件为：第 I 部类原有可变资本的价值，加上追加的可变资本价值，再加上本部类投资者用于个人消费的剩余价值，三者之和等于第 II 部类原有的不变资本价值与追加的不变资本价值之和。此条件可用公式表示为：

$$\text{I}(v + \Delta v + m/x) = \text{II}(c + \Delta c) \qquad （1）$$

它反映了社会总资本扩大再生产要顺利实现，两大部类之间必须保持的基本比例关系。

根据这个实现条件可以引申出另外两个实现条件。一个条件是：第 I 部类全部产品的价值等于两大部类原有的不变资本的价值与追加不变资本的价值之和。用公式表示为：

$$\text{I}(c + v + m) = \text{I}(c + \Delta c) + \text{II}(c + \Delta c) \qquad （2）$$

即在扩大再生产条件下，第 I 部类生产的全部生产资料必须满足全社会对生产资料的需求（见图 6.6）。

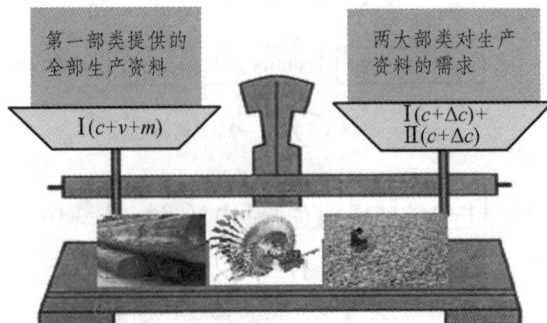

图 6.6　第 I 部类生产的全部生产资料必须满足全社会对生产资料的需求

另一个条件是：第Ⅱ部类全部产品的价值等于两大部类用来补偿已经消费掉的可变资本价值、追加可变资本价值以及投资者用于个人消费的剩余价值之和。用公式表示为：

$$Ⅱ(c+v+m) = Ⅰ(v+\Delta v+m/x) + Ⅱ(v+\Delta v+m/x) \qquad （3）$$

即在扩大再生产条件下，第Ⅱ部类生产的全部生活资料必须同时满足全社会对生活资料的需求（见图6.7）。

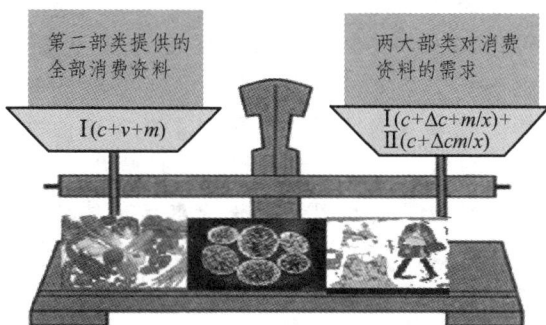

图6.7　第Ⅱ部类生产的全部生活资料必须同时满足全社会对生活资料的需求

社会资本扩大再生产的实现条件，反映了两大部类之间互为条件、相互制约、互相依赖的关系。同时表明，扩大再生产要顺利实现，生产与消费必须互相适应，各部门的发展必须遵照一定的比例关系。它和简单再生产一样，根本问题仍然是按比例、协调发展的问题。这一规律揭示：两大部类的积累是相辅相成的，任何一方都不能长期孤立地扩大和发展。

━━═◆经典读点◆═━━

在以资本的增加为基础的生产中，$Ⅰ(v+m)$必须等于$Ⅱc$加上再并入资本的那部分剩余产品，加上第Ⅱ部类扩大生产所必需的不变资本的追加部分；而第Ⅱ部类扩大生产的最低限度，就是第Ⅰ部类本身进行实际积累，即实际扩大生产所不可缺少的最低限度。

——《马克思恩格斯集》第6卷，人民出版社2009年版，第583页。

案例研究

我国第三次重复建设及其六大表现

我国重复建设经历三个阶段：第一阶段始于 20 世纪 80 年代，各地竞相上马以彩电、冰箱为代表的家电制造业。10 年间，全国涌现彩电生产企业上百家，彩电业总投资达 280 亿元，工业领域重复建设的第一次浪潮出现。第二阶段贯穿于 20 世纪 90 年代，汽车、钢铁成为投资热点。1999 年，全国汽车生产企业已有 122 家，年生产能力已达 240 万辆以上，但实际上有 1/3 的产能闲置。钢铁项目也是 90 年代重复建设的热点。第三阶段从 2000 年开始到现在，以电子信息、新材料、生物医药工程为代表的"高新"项目成了各地竞相争夺的焦点和招商引资的重点，结果导致高科技领域的低水平重复建设和低层次恶性竞争加剧。此外，轿车生产线和钢铁产业重复建设亦出现回潮现象。这些重复建设主要表现为：一是软件业重复建设严重，二是集成电路项目非常热。全国已建有 20 多条集成电路生产线，仅东部某市在建的集成电路生产线就有 13 条，但能够赢利的只有 2 家。三是网络重复建设严重。我国电信网络已经过剩，但我国六大电信运营商仍在加快建设自己的网络体系。与此同时，我国公网和专网之间重复建设严重。由于缺乏统筹规划，一些主要通信走廊出现多条专用通信线路和公用通信线路并存的状况。四是钢铁行业结构不合理再度加剧。一方面冷轧薄板、镀锌钢板、硅钢片等品种不能满足国内需求，仍需大量进口；另一方面以生产螺纹钢、线材等一般长线品种为主的企业仍在扩能生产，使结构不合理问题再度加剧。五是汽车重复建设严重。23 个省、区、市建有整车生产线，地区产业机构趋同化严重。六是电解铝重复建设问题依然存在。在建和近期拟建的电解铝生产能力高达 260 万吨，还有 4 个 100 万吨项目在规划之中。

马克思的社会资本再生产理论告诉我们，社会总资本再生产的核心问题是社会总产品的实现问题，即社会总产品在价值上得到补偿，在实物上得到替换。重复建设则意味着部分产品生产能力过剩，不能通过市场交换实现价值补偿和实物替换，影响社会总产品的实现。例如：重复建设占用大量的土地、资金、水、电等资源，造成巨大浪费，造成企业和项目小型化、分散化，降低企业竞争力；国家财政收入流失；重复建设增加金融风险，加大经济动荡的可能性，影响了整个社会再生产的顺利进行。

拓展学习

社会产品的实现与社会总供求平衡

社会总产品的实现问题是社会再生产的核心问题。社会总产品的实现是通过市场交换进行的，这样就包括两个层次的问题：① 社会总供给与社会总需求的总量平衡问题；② 供求总量内部构成比例平衡问题，即结构平衡问题。马克思不仅研究了社会总供给与总需求平衡的条件，而且指出了实现总量平衡的重要意义。同时，马克思还注意到从结构上分析社会总产品的平衡。社会总产品在实现过程中的三大交换关系，即两大部类之间的交换、第Ⅰ部类内部各部门之间的交换、第Ⅱ部类内部各部门之间的交换，都包含着社会总供给结构与社会总需求结构均衡的思想。马克思还明确指出，总供求的平衡是社会总产品实现的理想状态。但在现实的市场运行中，总供求平衡是偶然的，不平衡才是经常的，供求的平衡总是寓于不平衡之中，是作为市场供求波动的平均值而得到体现的。

资料来源：张家禄：《〈资本论〉与社会主义市场经济》，经济管理出版社 1998 年版。

6.3.4　生产资料的生产优先增长规律

从扩大再生产实现的前提条件和实现条件来看，两大部类的积累不是各自孤立的，而是相辅相成的辩证统一关系。

上述考察的社会总资本扩大再生产是外延的扩大再生产。它是依靠增加生产要素，追加不变资本和可变资本，使原有生产规模得到扩大的再生产。这种扩大再生产的特点是把技术进步所引起的资本有机构成提高的因素排除在外，没有探讨谁增长快慢的问题。但实际上社会资本的扩大再生产往往是以内涵的扩大再生产为特征的，尤其是资本主义再生产。它是一种依靠挖掘内部潜力，在提高资本使用效率和提高劳动生产率的基础上使原有生产规模得到扩大的再生产。这种扩大再生产考虑了技术进步和资本有机构成得到提高的因素，因而会发生第Ⅰ部类比第Ⅱ部类增长得更快的现象。因为，资本有机构成提高，不变资本比可变资本增长得快，在积累起来的剩余价值中，转化为不变资本的部分便越来越大，转化为可变资本的部分必然相对地减少，这样，不变资本的增长必然快于可变资本的增长，社会对生产资料的需求也就必然快于劳动者对消费资料的需求，从而使第Ⅰ部类的增长速度快于第Ⅱ部类的增长速度，也就是生产资料生产的增长比消费资料生产的增长更为迅速。同时，要使生产资料生产优先增长得到保证，第Ⅰ部类中为本部类制造生产资料的各个部门的生产的增长，必然快于为第Ⅱ部类制造生产资料的各个部门的生产的增长。因此，在技术进步、资本有机构成不断提高条件下的扩大再生产，增长最快的是制造生产资料的生产资料的生产，其次是制造消费资料的生产资料的生产，最慢的是消费资料的生产。这就是生产资料生产优先增长的规律，这是马克思主义社会总资本再生产理论的重要组成部分。

应该注意的是，生产资料优先增长是经济发展中的一种内在的客观趋势。但是，这种趋势并不排斥个别时期，消费资料生产的增长速度可以快于生产资料生产的增长速度。更不意味着生产资料生产可以脱离消费资料生产的发展而孤立发展。因为，一方面，第Ⅰ部类扩大再生产所追加的对消费资料的需要，要靠第Ⅱ部类生产的增长来满足；另一方面，第Ⅰ部类生产的增长，归根到底是为了满足第Ⅱ部类对生产资料的需要。所以，生产资料生产的发展，总是要受到消费资料生产的制约，必须和消费资料生产保持必要的比例关系。生产资料生产优先增长并不意味着生产资料生产可以脱离消费资料生产的制约，可以片面、孤立地发展，而是必须和消费资料生产保持必要的比例关系。

拓展学习

马克思再生产理论的现实意义

马克思的社会再生产理论，虽然以资本主义社会为对象，揭示了资本主义再生产的条件与规律，但其中所阐述的基本原理本质上反映了生产社会化条件下社会再生产活动的一般规律，对于我国社会主义市场经济发展和我国经济社会发展具有重要的指导意义。

一、社会再生产理论与宏观调控改善

社会总产品按实物构成分为两大部类和按价值构成分为三个部分，是马克思社会再生产的基本理论的前提。在市场经济环境下，社会再生产的顺利进行必然同时受到社会产品使用价值物质形式的制约和社会产品价值组成部分相互之间比例的制约。马克思的社会再生产理论包含了总量均衡分析和结构均衡分析。国民经济是各个经济部门相互联系、相互制约、相互促进的有机整体，市场经济中社会再生产的顺利进行必须要求供给与需求、积累与消费、产业结构之间等经济结构中多方面有比例、相协调发展。

马克思社会再生产理论在理论上将社会生产划分为生产资料和消费资料两大部类。在我国国民经济发展中，一般是按一、二、三次产业来划分和组织生产的。根据三次产业的划分及其功能，三次产业的比例关系基本上反映了社会生产两大部类之间的比例关系。长期以来，我国产业结构不合理严重制约国民经济的可持续发展。国民经济平稳高效运行需要不断调整与优化产业结构。

国民经济中积累与消费的比例问题是一个极其重要的经济结构问题。过去长期的投资过大、消费乏力严重制约了我国经济结构的优化与可持续发展，造成经济的较大较多的起伏。积极扩大内需，特别注重提高居民的消费水平，不仅是对过去较长时期以来投资与消费失衡的矫正与调整，更体现了生产发展、经济增长的本质与目的。而实现这一目标，需要不断调整与完善投资政策、消费政策和收入分配政策。

二、社会再生产理论与经济增长方式转型

马克思认为扩大再生产有两种不同的实现形式，即外延型扩大再生产和内涵型扩大再生产两种形式。在资本主义初期，由于生产技术和生产力比较落后，扩大再生产主要通过投资扩张生产要素数量规模的形式，以外延型扩大再生产为主；在资本主义后期，科学技术和生产力水平发展，扩大再生产主要通过提高生产要素的规模效益，以内涵型扩大再生产为主。马克思的论述表明，社会再生产中的外延型扩大再生产与内涵型扩大再生产两者具有并存性，两者中谁为主体主要取决于科学技术与生产力发展状况。

实现经济增长方式转型，是国民经济可持续发展的保证与应有之义。由于生产力和科学技术水平长期落后，外延型扩大再生产是我国国民经济增长中的长期的主体形式。但是，随着生产力水平的不断提高以及科学技术的进步，我国以外延型扩大再生产为主体的经济增长形式长期未能得到转型，导致我国国民经济运行整体效益较低，资源、环境压力巨大。

由于经济增长路径的依赖和经济增长速度的要求，转变经济增长方式是我国经济社会发展中的长期任务。根据马克思社会资本再生产理论和我国经济社会发展的实际，加快转变经济增长方式的主要内容和途径，是促进经济增长由主要依靠投资、出口拉动向依靠消费、投资、出口协调拉动转变，由主要依靠第二产业带动向依靠第一、第二、第三产业协同带动转变，由主要依靠增加物质资源消耗向主要依靠科技进步、管理创新和提高劳动者素质转变。

三、社会再生产理论与金融体系改革

马克思指出，社会再生产的核心问题是社会总产品的实现问题，即如何实现社会总产品的价值补偿与实物补偿问题。社会再生产是价值补偿和物质补偿的统一。由于社会总资本再生产是资本流通和一般商品流通的统一，社会总产品的实物补偿和价值补偿都是通过交换和流通过程实现的，因此，货币不仅在流通中发挥交换媒介的作用，而且作为货币资本是社会再生产的起点。

在传统计划经济条件下，社会再生产表现为产品的再生产。这种再生产需要以实体形式存在的各种生产要素的组合集中为起点。而在市场经济形态下，再生产的起点不是生产要素以实体形式的直接集中，而首先以资本积累特别是货币资本的形式存在。这是因为，市场经济条件下的生产和流通不是直接的物物交换，市场经济环境中的社会总产品实现需要以货币为媒介的交换行为才能完成。马克思对资本主义生产条件下货币作用的分析，进而对货币资本重要性的阐述，实际上揭示了市场经济形态下货币资本积累是社会再生产的起点这个一般规律。

货币资本积累是市场经济形态下社会再生产的起点这一规律对于我国社会主义市场经济实践具有重要指导意义。改革开放以来，我国国民经济运行中长期存在着一种矛盾，一方面各地、各部门发展普遍受制于资金缺乏，另一方面国民储蓄、外汇储备不断增加。这种现象既反映了货币资本积累是市场经济形态下社会再生产起点这一规律的普适性，也反映了我国国民经济运行中的体制性、机制性缺陷。由于货币资本以货币为存在形式，而货币形式不一定是货币资本，大量集中与快速增长的货币，由于金融市场的不完善，金融资源配置效率缺乏，加剧了国民经济运行的波动。只有进一步深化改革，加快推进金融体系的改革与完善，才能实现国民经济又好又快发展。

资料来源：http：//61.187.64.22/news_view.asp?newsid＝480，2011-11-28。

6.4　资本主义经济危机

马克思再生产理论揭示了社会化生产按比例发展的客观必然性。比例或结构是社会化生产和经济发展的基础。无论是简单再生产还是扩大再生产，社会生产的两大部类以及各个部门之间，都必须保持一定的比例关系，社会资本的再生产才能顺利进行，社会生产和经济才会持续、快速、健康地发展，效率才能不断提高。这是我们进行经济建设必须遵循的客观规律。但是，在资本主义制度下，由于资本主义的基本矛盾以及其他一系列对抗性矛盾，经常使这种比例关系遭到破坏，社会总产品的实现发生严重困难，导致资本主义经济危机的爆发。

资本主义经济危机实质上是周期性生产相对过剩的危机。经济危机产生的根源是资本主义社会的基本矛盾，即生产的社会化和生产资料的资本主义私人占有之间的矛盾。资本主义生产方式的基本矛盾表现为以下两个方面：首先，单个企业生产的有组织性和整个社会生产无政府状态之间的矛盾。其次，资本主义生产无限扩大的趋势与劳动人民有支付能力的需求相对缩小的矛盾。当这些矛盾尖锐激化时，必然造成普遍的买卖脱节，即生产的供给和需求之间脱节，致使大量商品卖不出去，社会再生产的实现条件遭到严重破坏，导致生产相对过剩和经济危机的爆发。

案例研究

"多了"还是"少了"

这是曾经广为流传的一段关于描述 1929—1933 年资本主义大危机的著名对话：

冬天，冻得瑟瑟发抖的煤矿工人的小儿子问妈妈说："现在天气这样冷，你为什么不生火炉？"

妈妈答道："因为我们没有煤，你爸爸现在失业了，我们没有钱买煤。"

"妈妈，爸爸为什么失业？"

"因为煤生产得太多了。"

在1929—1933年资本主义世界性大危机期间，整个资本主义世界的工业产量下降了44%，社会生产大约后退到1908—1909年的水平，还毁坏了大量的社会财富。美国毁坏了92座炼钢炉，英国毁坏了72座，德国毁坏了28座，法国毁坏了10座；1933年美国有1040万亩棉花在棉田中被铲倒毁掉，有640万头猪被抛进密西西比河；英国的大批鲜橘子、巴西的2200万袋咖啡被倒进了大海。危机还使劳动者大批失业。据1932年9月《幸福》杂志估计，美国有3400万成年男女和儿童，即约占全国总人口的28%无法维持生计，200万人到处流浪，平均每三个可以工作的人中，就有一个人失业（见表6.1）。

类似的一幕幕场景也发生在1973年经济危机时期。英国仅仅伦敦一个城市，就有10万套新房空置而卖不出去，日本的汽车库存达到100万辆以上，电视机库存超过需求量的1倍以上。1974年7月，美国加利福尼亚州的阿特西亚牛奶公司，把38 000多加仑的新鲜牛奶倒进了大海。而与此形成鲜明对照的是，大量的工人失业，在业工人的实际工资急剧下降，购买能力不断丧失，生活贫困。

表6.1 1929—1933年主要资本主义国家经济危机情况统计

国家	工业生产下降	世界贸易总额	物价下跌情况	工厂倒闭家数	失业工人人数	工资下降	整个工业倒退时期
英国	46.20%	70%	32.60%	14 万	1300 万	35%	1905—1906
美国	23.80%	40%	33.60%	3.2 万	300 万	15%	1897
法国	39.90%	67%	45.10%	5.7 万	150 万	—	1911
德国	40.60%	76%	33.40%	6 万	600 万	67%	1896

上面案例从不同的角度描述了资本主义经济危机的表现特征，即生

产过剩的危机。这些案例中所表现出来的各种现象和混乱，都是由生产过剩直接和间接引起的。但是，这种生产过剩又不是绝对的生产过剩而是相对的生产过剩，是相对于消费者的购买力或支付能力的需求来讲的过剩。

首先，马克思主义经济学在分析西方社会 20 世纪 30 年代的大危机后，认为资本主义生产过剩的经济危机根源在于资本主义经济制度本身，在于生产的社会性和生产资料资本主义占有形式之间的这一基本矛盾。以机器大工业为技术基础的社会化大生产提供了生产无限扩大的可能性，追求利润最大化的动机和激烈的竞争又为生产无限扩大提供了必要性。企业为了获得更多的利润，拼命地压低工人工资。在采用新技术的同时，企业又大量裁减工人，造成工人大量失业。同时，还利用大生产排挤小生产，造成大批小生产者破产。这样，就造成了整个社会的大多数人的购买力相对下降，导致企业大量商品积压，不可避免地爆发生产过剩的危机。

其次，在危机阶段，尽管大量商品积压、过剩，而且物价也一降再降，但是，由于大量企业倒闭，生产大幅度下降，许多工人失业，广大消费者没有支付能力，也无法获得这些消费品。20 世纪 30 年代资本主义世界经济危机期间，一组物价涨落和工业生产下降的情况表可以证明这一事实。而企业毁掉一部分商品的目的是缓和生产与消费的矛盾，重新启动经济，保证消费者的有效购买力，这就出现了案例中描述的错位的现象：一端缺少商品，另一端却人为地毁掉了商品。

最后，资本主义以周期性的生产过剩为主要特征的经济危机是资本主义种种矛盾激化的集中爆发，它会经历危机、萧条、复苏和高涨四个阶段。但是，在社会主义市场经济条件下，也会出现局部的生产与消费的比例失调，出现个别企业倒闭、部分工人失业、一些商品过剩，但一些消费者又没有能力购买的现象，如我国最近几年出现的"倒奶事件"，这是价值规律决定的供求关系自发作用的结果，与生产过剩的经济危机不同，后者是发生在全社会范围内的经济现象。

本章知识结构

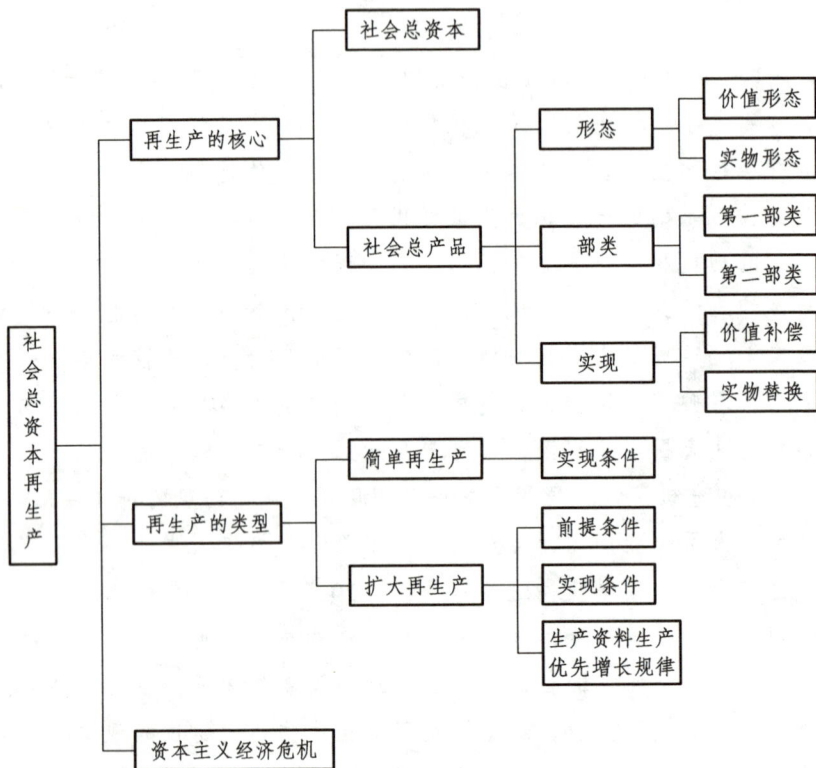

```
                                        ┌─ 社会总资本
                      ┌─ 再生产的核心 ─┤                        ┌─ 形态 ─┬─ 价值形态
                      │                 │                        │        └─ 实物形态
                      │                 │                        │
                      │                 └─ 社会总产品 ──────────┼─ 部类 ─┬─ 第一部类
社会总资本再生产 ─────┤                                          │        └─ 第二部类
                      │                                          │
                      │                                          └─ 实现 ─┬─ 价值补偿
                      │                                                   └─ 实物替换
                      │
                      │                 ┌─ 简单再生产 ─── 实现条件
                      ├─ 再生产的类型 ─┤
                      │                 │                ┌─ 前提条件
                      │                 └─ 扩大再生产 ──┼─ 实现条件
                      │                                  └─ 生产资料生产优先增长规律
                      │
                      └─ 资本主义经济危机
```

关键概念

单个资本　社会资本　两大部类　社会总产品　社会扩大再生产
生产资料优先增长规律　资本主义经济危机

问题与应用

1. 简述社会总产品的价值形态。

2. 简述两大部类和三次产业划分法的区别。

3. 为什么说社会再生产的核心问题是市场实现问题？

4. 如何理解当代经济发展过程中生产资料的优先增长。

5. 社会生产大部类在一年中生产的社会总产品构成如下：

$$\text{I}（4000c + 1000v + 800m）=5800$$

$$\text{II}（1800c + 900v + 900m）=3600$$

请计算：

（1）两大部类的资本有机构成分别是多少？

（2）两大部类的剩余价值率分别是多少？

6. 假定在扩大再生产的第一年，社会总产品的构成是：

$$\text{I}（4000c + 1000v + 1000m）=6000$$

$$\text{II}（1500c + 750v + 750m）=3000$$

假定资本有机构成不变，第 I 部类资本家用剩余价值中的 500 作为个人消费，其余部分用于扩大再生产。计算：

（1）两大部类的资本有机构成分别是多少？

（2）部门间交换的价值额是多少？

7. 假设社会两大部类预付资本的情况如下：I $24\ 000c + 3000v$；II $6000c + 1500v$。两大部类中固定资本都占 50%，使用年限均为 5 年，当年更新 1/5，剩余价值率为 100%。计算：

（1）当年社会总产品价值是多少？

（2）为实现扩大再生产，两大部类积累率为 60%，第 I 部类追加资本的有机构成提高到 11：1，则第 II 部类追加资本的有机构成比例应是多少？

（3）第二年社会资本扩大再生产的结果和两大部类生产的发展速度各为多少？

实战演习

1. 1999 年以来，我国新建、在建和筹建的玻璃生产线达 39 条，新增生产能力相当于 2000 年度玻璃总生产能力的 33%，重复建设过猛，供需失衡导致价格下降，经济效益整体下滑，近 1/3 的国有及国有控股玻璃生产企业亏损。据介绍，此轮玻璃行业投资的兴起，利益驱动是根本原因。由于 1997 年全行业亏损已近 10 亿元，所以，1998 年采取压缩生产、淘汰落后、抵制低价倾销等措施，使玻璃总量得到了有效控制，价格回升，企业经济效益明显好转。但是，在不少企业有了一定的投资实力后，禁不住利润的诱惑，再加上竞争的需要，都想通过上新线来扩大生产能力，把自己做大。这样很快就出现了重复建设过猛，导致市场严重供大于求，价格下跌。整个行业又面临亏损边缘，不少刚刚扭亏的企业又重陷亏损困境。

问：（1）在市场经济条件下，重复建设会不会自动消失？为什么？

（2）结合资料用所学政治经济学原理说明重复建设对企业自身及社会经济发展的危害。

（3）如何有效防止重复建设的出现？

2. 为协调产业结构，促进我国产业的健康发展，我国发改委于 2005 年推出了《产业结构调整指导目录（2005 年本）》。随后，为适应产业结构新的发展需要，发改委又于 2011 年对原指导目录进行了修订，形成了《产业结构调整指导目录（2011 年本）》。指导目录的出台，更好地引导了我国产业结构的发展、推动了产业结构的优化升级。

问：（1）用所学政治经济学原理解释为何产业结构在一国经济发展中非常重要？

（2）一国政府在对产业结构进行引导时须注意哪些问题？

第三篇

资本主义的分配

7 资本主义工资与利润平均化

马克思透过资本主义工资的现象，科学地揭示出工资的本质，即工资是劳动力的价值或价格的转化形式，为正确认识资本家与雇佣劳动者之间的剥削与被剥削关系奠定了理论基础。而资本主义分配的实质和核心是剩余价值的分配过程，剩余价值的分配首先是在产业资本家集团内部展开的。这一分配的结果，不仅形成了商品的社会价值，更重要的是，还推动了利润的平均化，形成了平均利润。

7.1 资本主义工资

7.1.1 劳动力价值转化为工资

在资本主义制度下，劳动力成为商品，资本家雇佣工人劳动并支付给工人工资。从表面上看，工人的工资表现为劳动的价格，即对一定量劳动支付的一定量货币。似乎劳动是一种可以买卖的商品，工人的工资是劳动的价值。但事实上，劳动是价值的实体和内在尺度，它本身没有价值。劳动也不可能作为商品进行买卖，工人出卖的是他的劳动力。工人的工资是劳动力的价值或者价格的转化形式。

首先，商品的价值是耗费在商品生产上的社会劳动的物化形式。也就是说，商品是用它自身所包含的劳动量来计量它的价值的。如果说劳动是商品，那么它的价值也是用它的劳动时间来衡量的，这本身就是同义反复，没有任何意义。其次，劳动要作为商品在市场上出卖，必须在出卖以前就已存在。但是，工人并不能使他的劳动在被出卖前独立存在。劳动是被雇佣之后才产生的，当工人的劳动实际上开始了的时候，它就不再属于工人了，因而也就不再能被工人出卖了。另外，如果劳动成为商品，货币同劳动的直接交换，要么会推翻在资本主义生产的基础上建立起来的价值规律，要么会推翻以雇佣劳动为基础的剩余价值规律。因为如果劳动是商品，劳动的价格就要等于他的产品的价格，商品的交换遵循价值规律原则，则不能产生剩余价值，导致剩余价值规律不成立；而如果劳动的价格不等于它的产品价格，就直接违背了等价交换原则。

劳动力的价值产品不是由劳动力本身的价值来决定的，而是由劳动力执行职能的时间长短来决定的。在资本主义制度下，资本家使劳动力执行职能的时间总是超过再生产劳动力本身的价值所需要的时间，所以劳动的价值必定总是小于劳动的价值产品，因为资本家总是使劳动力执行职能的时间超过再生产劳动力本身的价值所需要的时间。

资本家希望用尽量少的货币换取尽量多的劳动。劳动力的价格和劳动力执行职能时所创造的价值之间的差额成为资本家的利润来源。工资的形式消灭了工作日分为必要劳动和剩余劳动、分为有酬劳动和无酬劳动的一切痕迹。工资使全部劳动都表现为有酬劳动。在雇佣劳动下，货币关系掩盖了雇佣工人的无偿劳动。

7.1.2　资本主义工资的基本形式

工资的表现形式各种各样，其中占统治地位的有两种基本形式：计时工资和计件工资。

直接表现劳动力的日价值、周价值等的转化形式，就是计时工资的形式。工人靠日劳动、周劳动等得到的货币额，形成他的名义的工资额。

计时工资的计量单位即 1 个劳动小时的价格，是劳动力的日价值与普通工作日的小时数之商。计时工资的形式为资本家压迫剥削工人提供了更多的便利。他可以在支付"正常工资"的借口下，把工作日延长到超过正常的限度，而不给工人任何相应的补偿。甚至只要劳动价格或劳动小时的价格不变，而工作日超出它的普通长度，即使在日工资或周工资增加的情形下，劳动价格可以在名义上保持不变，甚至降低到它的正常水平以下。因此，资本家把达到一定点（比如满 10 小时）的工作日当作是正常的。超过这个界限的劳动时间形成额外时间，并且以小时为计量单位付以额外报酬，尽管额外报酬往往低得可怜。从"在劳动价格已定时，日工资或周工资决定于所提供的劳动量"这一规律中首先可以得出这样的结论：劳动价格越低，工人为了保证得到哪怕是可怜的平均工资而付出的劳动量必然越大，或者说，工作日必然越长。劳动价格的低廉在这里起了刺激劳动时间延长的作用。但是，劳动时间的延长反过来又会引起劳动价格的下降，从而引起日工资或周工资的下降。

根据《资本论》计时工资所言，劳动价格由"劳动力的日价值/一定小时数的工作日"来决定这个事实表明：如果没有任何补偿，单是工作日的延长就会降低劳动价格。"但是那些使资本家能够长期延长工作日的情况，最初使他能够，最后则迫使他也在名义上降低劳动价格。以致于虽然劳动时数增加了，但是总价格即日工资或周工资反而下降了。"①

计件工资是计时工资的转化形式。在这里，工人耗费的劳动以他们生产的产品的件数来计量，用日工资除以日劳动产品的数量来确定产品的计件单价。在实行计时工资的情况下，劳动由劳动的直接的持续时间来计量；在实行计件工资的情况下，则由在一定时间内劳动所凝结成的产品的数量来计量。这容易给人一种假象，似乎等量的劳动获得等量的报酬，工人出卖的不是劳动力而是物化了的劳动。实质上，计件工资并没有改变资本和雇佣者劳动之间的一般关系，只是使得剥削关系更隐秘了而已。

首先，劳动的质量是由产品本身来控制的，产品必须具有平均的质量，计件价格才能得到完全的支付。从这方面说，计件工资是克扣工资和进行资本主义欺诈的最丰富的源泉。其次，计件工资给资本家提供了一个十分确定的计算劳动强度的尺度。只有体现为一个预先规定的并由经验确定的商品量中的劳动时间，才被看作是社会必要劳动时间，并当作这种劳动时间来支付报酬。因此，计件工资的形式形成资本主义社会对工人层层剥削和压迫的制度的基础。最后，实行了计件工资，工人的个人利益就会使他尽可能紧张地发挥自己的劳动力，而这为资本家提高工人劳动强度和延长工人的工作时间提供了便利。

7.1.3　资本主义工资的变动趋势

7.1.3.1　名义工资与实际工资

劳动力的交换价值和由这个价值转变成的生活资料的量之间的区别，

---

① 马克思：《资本论》第一卷，人民出版社 1975 年版，第 600 页。

表现为名义工资和实际工资之间的区别。名义工资，即货币工资，它是工人把劳动力出卖给资本家时所得到的货币额。实际工资则是工人用出卖劳动力得到的货币所能购买的生活资料数量。实际工资是反映工人实际生活水平的一个重要标志；名义工资和实际工资是从量上考察资本主义工资变化规律的两个重要概念。

名义工资和实际工资之间有着密切的联系，在其他条件不变的情况下，名义工资愈高，则工人所能换取的生活资料就愈多；反之，就愈少。但在资本主义社会，名义工资的变动和实际工资的变动，经常是不一致的。

从资本主义工资的变动来说，会出现如下情况：第一，名义工资普遍呈上涨趋势。资本主义经济发展过程中，通货膨胀成为普遍现象，物价上涨的因素，会推动名义工资不断地提高；第二，如果名义工资不变，实际工资就会因物价上涨而大大降低，在这种条件下，即使货币工资有一定的提高，但只要这种提高赶不上物价上涨的幅度，实际工资仍然会下降。所以，名义工资会掩盖资本家对工人的剥削。

7.1.3.2 工资的国民差异

资本主义工资是劳动力价值或价格的转化形式，它体现了资本家剥削雇佣工人的关系。影响劳动力价值的因素有：自然、历史、文化、劳动力的年龄结构、社会劳动生产率水平、社会必要劳动时间、劳动强度以及名义工资、实际工资和相对劳动力价格的国民差异、各国劳动强度的差异等。受其影响因素的不同，各个国家之间工资水平存在一定的差异，这一差异往往只能反映出不同的国家在经济、文化等方面发展的差异，而不能反映出劳动者的社会地位状况。

根据价值规律的要求，商品的价值量是由社会必要劳动时间所决定的。从国内来说，在生产商品时，如果所消耗的劳动时间多于社会必要劳动时间，其劳动就不能形成价值。在一国之内，只有超过国民平均水平以上的劳动强度，才会同工作日的延长一样创造更大的价值。在世界市场上，各国的劳动强度也是不相同，因此，劳动强度较高的国民劳动，比劳动强度较低的国民劳动，会在相同的劳动时间内创造更多的价值，因而会体现为更多的货币，也就是工资比较高。

各国劳动生产率是不同的，在生产商品时，个别劳动生产率高于社会劳动生产率，对于国内竞争来说就可以占尽先机。在世界市场上道理是一样的，劳动生产率高的国家，在商品生产上所花费的必要劳动量低于国际平均的社会必要劳动量，即低于国际价值，它在世界市场上出售商品时，为了争夺世界市场，可以降低商品价格，在国际竞争中处于有利地位。

名义工资、实际工资和相对的劳动力价格的国民是不同的。一个国家的资本主义生产愈发达，它的国民劳动和劳动生产率，就愈是按同一程度高于国际的平均水平。因此，不同国家在相同的劳动时间内生产的同种商品的数量就不同，从而就有不同的国际价值量，表现为不同的价格，即表现为不同的货币额。

7.2　剩余价值转化为利润

7.2.1　成本价格的形成

商品的成本价格是现实经济生活中一个客观存在的经济范畴，它是商品经济社会中商品销售价格的最低界限，也是企业生产经营活动盈亏的界限。

按资本主义方式生产的商品的价值由三个部分组成，用公式来表示是 $W = c + v + m$（不变资本+可变资本+剩余价值）。在生产过程中不变资本的旧价值被转移到新产品中，不会发生价值变化，而可变资本能够创造出大于自身价值的价值，所以剩余价值是由可变资本带来的。但是，资本家不会考虑自己对工人进行了多少程度的剥削，他只会计算自己的投入部分能够带来多少的价值增值即 $W - (c + v) = m$，而（$c + v$）部分正是资本家在生产中消耗掉生产资料价格和劳动力价格的总和。对于资本家来说，这个价格就是商品的成本价格。如果用 K 代表成本价格，商品价值组成部分就可以转变为 $W = K + m$，剩余价值产生的原因是资本家在生产中耗费掉的所有成本。

成本价格的出现，成为资本家经营企业盈亏的标志，又是商品出售价格的最低界限。如果资本家按照商品价值出售，就可以得到全部的剩余价值；如果资本家以低于商品价值，高于成本价格出售商品，也能得到部分剩余价值。但是如果低于商品成本价格出售，资本家就会亏本。所以，资本家在竞争中，会高于成本价格、低于商品价值出售商品，把剩余价值的一部分转让出去以顺利实现商品的价值。一旦商品的销售价格接近成本价格时，资本家会想办法通过采用先进技术和提高管理水平的办法来降低成本价格，从而既能出售商品又能获得剩余价值。

成本价格的出现，使 $c+v$ 作为一个整体以 K 的形式表现出来，不变资本与可变资本的区别消失了，原本是可变资本带来的剩余价值，现在却变成了成本价格以上的增加额，表现为全部预付资本的产物，成本价格掩盖了剩余价值的真正来源。

7.2.2 剩余价值转化为利润

利润是企业产品的销售收入扣除成本后的余额。利润是商品经济社会存在着的一个客观经济范畴。当剩余价值被看作全部预付资本的产物时，剩余价值就取得了利润的形态，即剩余价值的源泉本来是可变资本，但当不变资本和可变资本被笼统地归结为成本价格这一范畴时，剩余价值就被看作商品价值在成本以上的增加额，并进一步表现为全部预付资本的产物。当人们把剩余价值在观念上当作全部预付资本的产物时，剩余价值就转化为利润。

利润和剩余价值本来是一个东西，剩余价值是利润的本质，利润是剩余价值的现象形态或转化形式。有所不同的是，剩余价值是相对可变资本而言的，利润是相对于全部预付资本而言的。但剩余价值转化为利润后，进一步歪曲了剩余价值的来源，似乎利润是由资本自身产生的，而不是由雇佣工人创造的，因而掩盖了资本主义剥削关系。

剩余价值转化为利润，剩余价值率也就随之转化为利润率。利润率是剩余价值与全部预付资本的比率，用公式表示为：

$$P' = \frac{m}{c+v} \times 100\%$$

利润率表示的是预付总资本的增殖程度，它客观地反映了资本的增值程度，是商品经济社会考核企业生产经营状况好坏和评价企业经济效益高低的一个重要的综合性指标。

利润率和剩余价值率是相互关联的两个范畴，剩余价值率是利润率的本质，利润率是剩余价值率的转化形式。二者之间的主要区别是：第一，所表示的关系不同。剩余价值率表示可变资本的增殖程度，在资本主义社会表明了资本家对工人的剥削程度；利润率则表示预付总资本的增殖程度。第二，量上有差别。利润率总是小于剩余价值率。

在商品经济社会，企业生产的直接目的是追求利润的最大化。根据利润率的公式可知，如果资本量固定不变，利润的多少就主要取决于利润率的高低。影响利润率的因素也将影响利润量的多少。

7.2.3 影响利润率高低的主要因素

利润率是资本增殖程度的标志，是资本主义生产的出发点。资本家经营企业和生产商品的目的就是以尽可能少的预付资本取得尽可能多的利润，以最大限度地提高利润率。利润率的高低取决于以下主要因素：

一是剩余价值率的高低。在预付资本和资本有机构成既定的情况下，利润率的高低由剩余价值量来决定，而剩余价值量的多少取决于剩余价值率的高低。剩余价值率越高，利润率也就越高。利润率与剩余价值率的这种正比关系，决定了资本家要提高利润率，必须首先提高剩余价值率。因此，凡是提高剩余价值率的一切方法，都是提高利润率的方法。

二是资本有机构成的高低。在剩余价值率和劳动力价值既定的情况下，就一个生产部门来说，资本有机构成越低，在总资本中不变资本的比重越小，可变资本的比重就越大，所使用的劳动力就越多，创造的剩余价值也越多，从而利润率也就越高；反之，利润率就越低。因此，利润率与资本有机构成呈反方向变化。

三是资本周转速度的快慢。在其他条件不变的情况下，资本周转速度加快，可以提高年剩余价值率，从而也可以提高年利润率。年利润率是指一年内剩余价值总量同年预付总资本的比率。资本周转速度越快，一年内资本周转次数就越多，同量资本带来的剩余价值也就越多，从而年利润率也就越高。所以，资本的年利润率与资本的周转速度成正比关系变化。

四是不变资本的节省。在剩余价值量和剩余价值率不变的情况下，节省不变资本，预付资本总量会相对减少，即生产同样的剩余价值只需要较少的预付资本，利润率就会提高。节省不变资本的方法主要是充分利用社会化大生产的优势，集中使用生产资料和劳动力形成的规模经济，不断利用新技术等。

7.3　平均利润与生产价格

每个企业在生产过程中产生并经过流通过程实现的剩余价值，并不是被其资产所有者独自占有。在现实经济中，剩余价值在全社会资产者之间有一个复杂的分割过程，其核心是剩余价值转化为利润，利润转化为平均利润，即利润平均化。利润转化为平均利润的过程，同时也是商品价值转化为生产价格的过程。

7.3.1　利润转化为平均利润

利润是商品经济社会存在着的一个客观经济范畴。当剩余价值被看作全部预付资本的产物时，就称之为利润。当剩余价值被看作全部预付资本的产物时，就称之为利润。由于不同生产部门的资本有机构成和资本周转速度不同，在剩余价值率大致相同的情况下，各部门利润率的水平就有高有低。但现实经济生活中，不论资本投到哪个部门，等量资本大体上都要取得等量的利润。这是由部门之间为了获得更高的利润率而展开激烈竞争的结果。

7.3.1.1　平均利润的形成是竞争的结果

平均利润的形成主要是部门之间竞争的结果。这种竞争是围绕争夺有利的投资场所和较高的利润率而进行的竞争。竞争的手段是进行资本转移，即把资本从利润率低的部门撤出，转移到利润率高的部门；或原有企业实行转产，生产利润率高的产品；或把新的资本投向利润率高的部门。竞争的目的是争得更有利的投资场所，采取的手段是资本在各部门间的自由转移，其结果使利润率趋于平均化。平均利润形成的具体过程是：利润率低的部门的资本家把资本抽出，自由转移到利润率高的部门。这样，原来利润率低的部门，因投入的资本减少，生产缩减，产品供不应求，价格上涨，从而使利润率提高；而原来利润率高的部门，因大量资本涌入，生产随之扩大，产品供过于求，价格降低，继而使利润率下降。这样，通过这种部门之间的竞争，其结果是各个生产部门本来高低不同的利润率趋于平均化（如图 7.1 所示）。

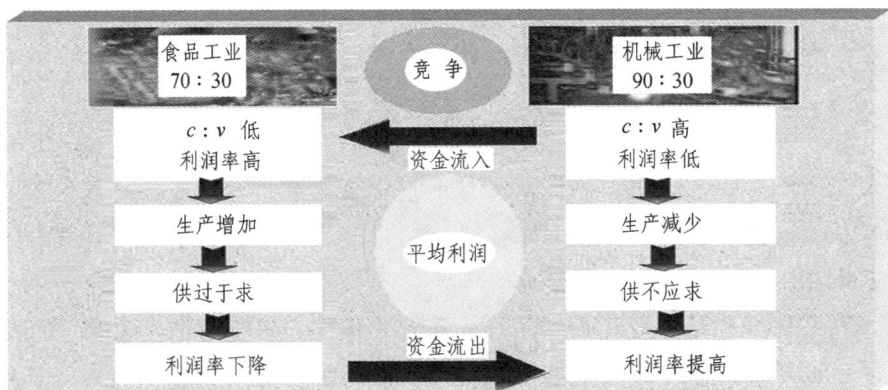

图 7.1　平均利润的形成

平均利润率是社会各个生产部门不同利润率的平均数，即剩余价值总量与社会总资本的比率。用公式表示为：

$$平均利润率 = \frac{社会剩余价值总额}{社会总资本} \times 100\%$$

在利润率平均化的条件下，各部门的投资者便可以根据平均利润率获得与其投资量大小相适应的利润，即平均利润。其公式为：

$$平均利润 = 预付资本 \times 平均利润率$$

各个部门的不同利润率转化为平均利润率,从而利润转化为平均利润,只是表明一种趋势，而不能认为是利润的绝对平均化。马克思认为，在整个资本生产中，一般规律作为一种占统治地位的趋势，始终只是以一种错综复杂和近似的方式，作为从不断波动中得出的但永远不能确定的平均情况来发生作用。

参阅资料

资本向高利润率流动，导致利润的平均化

资本在不同部门之间的流动导致了利润的平均化，从长期来看，任何行业维持高利润率都是违背市场机制的。只要有竞争，超额利润就必然面临消失的命运。在十年前，家电业就已进入微利行业，平均利润只有 6%。25 英寸、21 英寸彩电已经是"亏本赚吆喝"，不仅无利可图，而且企业还要倒贴成本。能给企业带来利润的是 29 英寸、34 英寸大彩电及新推出的数字电视机。但在二十年前，中国彩电生产企业平均利润十分可观，曾经达到 50% 以上。这使中国彩电行业迅速完成了原始资本积累，向规模和质量要效益。

平均利润率规律是商品经济的一条重要规律，但平均利润率能否发挥作用、作用的大小则取决于资本自由流动的程度。家电行业是我国实施市场经济改革过程中较早市场化的行业，由于当时我国处在短缺经济环境，存在较大的供需缺口，因此彩电等行业的平均利润率高达 50% 甚至更高。资本不断向高利润率部门流入(包括民间资本与国外资本)，使许多行业由个别企业的一枝独秀发展到百花齐放，利润率也在不断下降。我国很多行业已经放开，市场机制的引入使竞争性行业的利润率不断下降，最终导致彩电行业的平均利润率下降，甚至使行业内的某些企业产生亏损。

7.3.1.2 平均利润体现不同的社会生产关系

利润转化为平均利润后，等量资本获得等量利润。这时，投在各个部门的资本，尽管有机构成不同，使用的活劳动量不同，生产的剩余价值量也不同，但都能按照相同的利润率获取利润。因此，造成了利润量完全取决于资本量，利润完全是资本的产物的假象，完全歪曲了利润的本质和来源。马克思的平均利润学说认为，在资本主义社会，平均利润是剩余价值的转化形式。平均利润只是各部门资本家通过部门间的竞争，对雇佣工人创造的剩余价值重新分配的结果，体现着各部门资本家共同剥削雇佣工人的生产关系。

在社会主义公有制经济体系内，平均利润表明了各经济部门自由配置社会资源和重新分配利益的关系，但属于公有投资者和劳动者整体利益和局部利益的对立统一关系。

案例研究

平均利润的实现过程

假定社会上有食品、纺织、机械三个生产部门，其各自利润率等信息如表 7.1 所示。

表 7.1　各部门利润率表

生产部门	资本构成	剩余价值率	剩余价值	商品价值	利润率	利润
食品	$70c+30v$	100%	30	130	30%	30
纺织	$80c+20v$	100%	20	120	20%	20
机械	$80c+10v$	100%	10	110	10%	10

从表 7.1 可以看出，三个剩余价值率相同的生产部门因为资本有机构成不同，同样投入 100 万元资本，其利润率是不同的。但它们都投入了等量资本，等量资本必然要求获得等量利润，否则资本将在部门间进行转移。这样，食品工业的利润率比机械工业高，机械工业的资本就向食品工业转移。结果，食品工业的厂家增多，各类食品因供过于求，价格逐渐下跌，食品工业的利润率随之下降；而机械工业部门的状况与食品工业部门恰恰相反。当机械工业部门的利润率上涨到超过食品工业部门时，资本又会从食品工业部门转移到机械工业部门。这种资本的转移和价格的涨落，将持续到三个生产部门之间的利润率大体相等，即三个部门都获得 20%的平均利润时，资本在各生产部门之间的流动才会稳定下来。正是由于部门之间的竞争和资本的自由转移，才使平均利润率得以形成，利润才转化为平均利润。

平均利润率形成以后，各部门得到的利润量和该部门所生产的剩余价值量并不一定相等。所以，利润率的平均化过程，实际上是各生产部门的剩余价值重新分配的过程，是最终实现等量资本获得等量利润的过程。

7.3.2 生产价格

7.3.2.1 生产价格的形成

随着利润转化为平均利润，价值就转化为生产价格。商品的价值等于成本价格加剩余价值，当剩余价值转化为利润、利润转化为平均利润，商品价值也就转化为生产价格了。生产价格的形成，必须以平均利润的存在为前提。生产价格等于成本价格加平均利润。

无论是价值还是生产价格，它们所包含的成本价格都是由实际耗费的资本价值构成的，没有任何区别。但是商品价值包含的是各部门实际生产出来的剩余价值，而生产价格包含的则是由平均利润率所决定的平均利润。在平均利润率形成以前，商品是按照它的价值出售的，各个部门存在不同的利润率。在平均利润率形成以后，商品就按照它的生产价格出售了，各个部门有统一的平均利润率。所以，生产价格是商品价值的转化形式，是剩余价值按照等量资本要求等量利润的原则在各个部门均衡分配的结果。

7.3.2.2 生产价格与价值规律

生产价格形成后，按生产价格出卖商品，商品价格开始围绕生产价格上下波动，但这并不是对价值规律的否定，只不过是价值规律作用的表现形式。

（1）从个别部门看，平均利润量可能与本部门工人创造的剩余价值量存在差异；但从全社会来看，社会各部门资本所获得的全部平均利润的总和等于社会各部门全部工人所创造的剩余价值的总额。

（2）从个别部门看，价值与生产价格在量上有差异；但从全社会来看，生产价格总额等于价值总量（见表 7.2）。

表 7.2 平均利润总量等于剩余价值总额、商品价值总量等于生产价格总额

生产部门	预付资本 100 万元		剩余价值率	剩余价值	平均利润	价值	生产价格
	不变资本 c	可变资本 v					
食品工业	70	30	100%	30	20	130	120
纺织工业	80	20	100%	20	20	120	120
机械工业	90	10	100%	10	20	110	120
总额	300			60	60	360	360

（3）生产价格的变动，最终取决于生产商品的社会必要劳动时间的变化。生产商品的社会必要劳动时间减少，商品价值量就降低，从而生产价格也会下降。

综上所述，生产价格不过是价值的转化形式，它的形成和变化是由价值决定的。市场价格以生产价格为中心波动，不过是价值规律在市场经济条件下所产生的作用形式的变化。

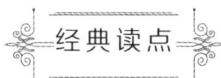

━━◈ 经典读点 ◈━━

如果把社会当作一切生产部门的总体来看，社会本身所生产的商品的生产价格的总和等于它们的价值的总和。

这个论点好像与下述事实相矛盾：在资本主义生产中，生产资本的要素通常要在市场上购买，因此，它们的价格包含一个已经实现的利润，这样，一个产业部门的生产价格，连同其中包含的利润一起，会加入另一个产业部门的成本价格，就是说，一个产业部门的利润会加入另一个产业部门的成本价格。但是，如果我们把全国商品的成本价格的总和放在一方，把全国的利润或剩余价值的总和放在另一方，那么很清楚，我们就会得到正确的计算。

——《马克思恩格斯集》第 7 卷，人民出版社 2009 年出版，第 179 页。

7.3.2.3 平均利润和生产价格理论的重要意义

马克思主义的平均利润和生产价格学说,解决了价值规律同等量资本获得等量利润在形式上的矛盾,解决了从价值、剩余价值这些本质范畴上升到更具体、更接近经济外部表现的范畴时所遇到的难题,使劳动价值论和剩余价值论得到了更进一步的论证。同时,进一步发展了劳动价值论,揭示了资产阶级和无产阶级对立的根源。

本章知识结构

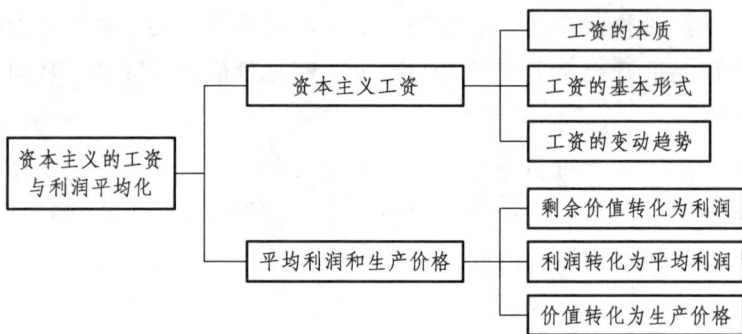

关键概念

工资 名义工资 实际工资 利润 利润率 平均利润 生产价格

问题与应用

1. 资本主义工资的本质是什么?

2. 剩余价值如何转化为利润?

3. 商品的价值是如何转化为生产价格的?

4. 何谓成本价格?它对资本主义企业有何实际意义?

5. 为什么说生产价格理论并没有否定价值规律?

6. 某资本家新办一个企业,用 20 万美元建造厂房,又用 20 万美元购买机器、设备,每年厂房、机器设备损耗 10 万美元,资本家购买一年内全部消耗完毕的原材料 20 万美元,雇佣工人一年工资 10 万美元,年产品的总价值为 60 万美元。

问：（1）成本价格是多少？

（2）利润率是多少？

（3）请写出成本价格的概念及其对企业的意义。

实战演习

2013—2014 年世界各国人均月薪工资收入排行榜

联合国国际劳工组织（ILO）发表了全球 72 个国家月薪排行榜，中国内地只名列 57 位，人均月薪 656 美元。中国香港和澳门地区分别排在 30 位和 52 位。而排在第一位的国家是卢森堡，平均月薪 4089 美元。

如果世界是一个大工厂，每个人都凭自己的劳动价值领取工资，那么你现在的收入大概能在其中排第几?联合国国际劳工组织（ILO）近日首次公布以"购买力平价法"计算得出的全球列入统计的 72 个国家薪资购买力，根据这份榜单，人均收入购买力最高的国家是卢森堡，超级大国美国退居至第 4 位，而中国内地排名为第 57 位。

值得注意的是，这一榜单只统计了各国的工薪阶层收入，农民、个体户和自由职业者的收入均不列入统计。比的不是净收入，是全球购买力。据英国广播公司（BBC）近日报道，全世界劳动者的总收入每年接近 70 万亿美元，而全世界如今差不多有 70 亿人，按照这个算法，世界的人均年薪应该是 1 万美元——但实际上，并不是每个人都有一份工作，且 70 亿人口中有相当比例是儿童，这个算法显然不够准确。

ILO 经济学家做了如下计算：首先，收集列入统计的每个国家各个领域平均工资，再与该国的劳动者人数相乘，得出各国的总收入数额后，将所有列入统计的国家的总收入相加，除以全球劳动者人数，以此计算出世界人均月收入应为 1480 美元，也就是一年接近 1.8 万美元。严格来说，这里使用的美元并不是通俗意义上的"美元"，而是被称为"购买力平价法货币"（Purchasing Power Parity dollars），但它们在价值（购买力）上是相当的，也就是说，各国的人均收入被转化为以美元购买力为基准价值的数值；这里所说的人均月收入，其实是这一收入在美国的购买力。

对一些人来说，1480 美元的月收入不算小数目，但三分之一的世界人口每天生活费不足 2 美元。事实上，ILO 的这组数据并不尽善尽美，首先，它无法统计全球的所有国家的收入状况，像尼日利亚这样的国家都不在统计范围内；其次，列入统计的仅是工资收入，也就是说，如果你是名个体户或自由职业者，则没有被纳入统计范围内。

在发达国家，九成劳动者都是工薪阶层，但在发展中国家，这一比率要低得多。南亚仅有四分之一劳动者是领工资的，其他不少是个体户或农民。

贝尔瑟认为，ILO 的工资数据仍有相当大的意义，"毕竟工资是个人生活质量的一个重要参照"。

"它会告诉你，世界上其他人月底能拿到多少收入，他们的经济状况跟你比起来怎么样，他们有能力购买什么，可以多久出去旅游一次，可能承受什么价位的住房，这些跟人均 GDP 比起来，其实是更有含金量的信息。"

贝尔瑟指出，全球工资水平其实仍相当低，"事实上世界总体经济发展水平仍是比较低的，尽管一些地方十分繁荣"。

2013—2014 年部分国家和地区人均月薪工资收入排行榜

1. 卢森堡 4089 美元	15. 澳大利亚 2610 美元
2. 挪威 3678 美元	16. 塞浦路斯 2605 美元
3. 奥地利 3437 美元	17. 日本 2522 美元
4. 美国 3263 美元	18. 意大利 2445 美元
5. 英国 3065 美元	19. 冰岛 2431 美元
6. 比利时 3035 美元	20. 西班牙 2352 美元
7. 瑞典 3023 美元	30. 中国香港 1545 美元
8. 爱尔兰 2997 美元	52. 中国澳门 758 美元
9. 芬兰 2925 美元	57. 中国 656 美元
10. 韩国 2903 美元	68. 吉尔吉斯斯坦 336 美元
11. 法国 2886 美元	69. 印度 295 美元
12. 加拿大 2724 美元	70. 菲律宾 279 美元
13. 德国 2720 美元	71. 巴基斯坦 256 美元
14. 新加坡 2616 美元	72. 塔吉克斯坦 227 美元

问：（1）我们应该如何结合资本主义工资的本质来认识其今天的工资？

（2）如何来解释各国之间工资国民差异的原因？

（3）一些资本主义国家工资高于中国内地的工资，这之间有多大的可比性？

8 商业利润、借贷资本与地租

在资本主义社会里，仅仅是产业资本家还无法支撑整个社会的运转，也不能形成一种社会制度，而必须是所有的资本家结成同盟。资本主义发展过程中，形成了三种资本：产业资本、商业资本和借贷资本。资本家也分为三个集团：产业资本家、商业资本家和借贷资本家。除此之外，资本主义社会还存在着大土地所有者，这几个剥削集团是以剩余价值作为生存的基础的。通过竞争，剩余价值分为产业资本家取得产业利润，商业资本家取得商业利润，借贷资本家取得利息，大土地所有者取得地租。资本家作为一个阶级，与广大的工人阶级及其他群众进行对抗，进而获取并瓜分剩余价值，共同剥削整个无产阶级。换句话说，站在工人阶级对立面的，并不仅仅是某个具体的资产所有者，而是整个资本家同盟。这是无产阶级与资产阶级根本对立以及经济矛盾的根源。恩格斯指出："被剥削被压迫的阶级（无产阶级），如果不同时使整个社会一劳永逸地摆脱任何剥削、压迫以及阶级划分和阶级斗争，就不能使自己从进行剥削和统治的那个阶级（资产阶级）的控制下解放出来。"①

8.1 商业资本和商业利润

在实际经济活动中，参与资本运动的不只是产业资本，还有商业资本，因此商业资本家也就必然参与剩余价值的分割，获取商业利润。

8.1.1 商业资本

商业资本作为一种独立的资本形式在流通领域存在并独立发挥作用，是商品经济发展到一定阶段的产物。

---

① 《马克思恩格斯选集》第 1 卷，人民出版社 1972 年版，第 237 页。

8.1.1.1　商业资本的形成

产业资本运动要顺次通过三个阶段，采取三种形式，执行三种不同的职能。随着生产的发展和市场的扩大，资本流通时间不断延长，产业资本家觉到自产自销不但十分麻烦、分散精力，而且还要在流通领域垫支大量资本，支出大量商业费用，同时又会缩小生产规模，延缓资本周转速度，降低利润率。这就要求把商品销售职能交给商业资本家去完成，这样，产业资本家的商品资本的职能，便独立化为商业资本职能。

因此，商业资本是指从产业资本中分离出来专门从事商品买卖的，以获取商业利润为目的的资本。

8.1.1.2　商业资本的作用

商业资本从产业资本中分离出来以后，它所执行的职能仍然是商品资本的职能，实现商品的价值和剩余价值，对产业资本具有重要的作用：

（1）有利于产业企业集中力量从事生产活动，增加利润总额。

（2）从社会总资本的角度来看，有利于节省用于流通过程的资本，增加用于生产过程的资本。

（3）商业资本的活动，可以加速产业资本周转。产业部门将商品生产出来后，只需卖给商业部门就可收回货币成本，加快了产业资本的周转。

（4）商业资本的活动，可以加速商品流转，缩短流通时间。专门从事商品买卖活动的商业企业，熟悉市场行情和流通渠道，了解消费者的需求和各种复杂的销售条件。

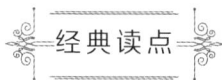

———经典读点———

商人资本既不创造价值，也不创造剩余价值，就是说，它不直接创造它们。但既然它有助于流通时间的缩短，它就能间接地有助于产业资本家所生产的剩余价值的增加。既然它有助于市场的扩大，并对资本之间的分工起中介作用，因而使资本能够按更大的规模来经营，它的职能就会提高产业资本的生产效率和促进产业资本的积累。既然它会缩短流通时间，它就会提高剩余价值和预付资本的比率，也就是提高利润率。既然它会把资本的一个较小部分作为货币资本束缚在流通领域中，它就会扩大直接用于生产的那部分资本。

——《马克思恩格斯集》第 7 卷，人民出版社 2009 年出版，第 312 页。

8.1.2　商业利润

8.1.2.1　商业利润的来源与本质

在流通领域内参与单纯商品买卖活动的商业资本和产业资本一样，其目的也是取得利润。商业资本是流通领域的资本，它只实现商品价值和剩余价值，不创造价值和剩余价值。那么，商业利润从哪里来呢？

商业资本运动的公式是 $G—W—G'$，即商业资本所有者用预付资本购买产业资本所有者的商品，进行销售并实现价值增殖，获得商业利润。由于商业资本是投资于流通领域的资本，所以从现象形态看商业利润似乎是来自商品售卖价格与购买价格的差额，是从流通中产生的。但本质上商业利润是产业资本所有者让渡给商业资本所有者的、由生产领域工人创造的剩余价值的一部分。

产业部门是怎样让渡的呢？具体过程就是：产业部门按照低于生产价格的价格把商品让渡给商业部门，然后商业部门再按照生产价格把商品卖给消费者。这种售价与买入价之差，就构成商业利润。

在资本主义社会，商业利润被商业资本家占有，反映的是商业资本家和产业资本家之间共同瓜分、占有剩余价值的关系，同时也反映产业资本家和商业资本家共同剥削工人的关系。在社会主义公有制经济中，商业资本除了为产业部门的生产和资本增殖服务外，更主要的是为了更好地实现社会主义社会的生产目的—— 不断满足人民群众日益增长的物质文化生活需要服务。因此，商业利润则归社会公共所有，反映的是生产与流通、生产与消费之间的分工协作关系，反映了物质生产部门与非物质生产部门在分工条件下相互交易、相互促进、互相合作的关系。

8.1.2.2　商业利润量

商业资本所有者不仅要取得利润，而且必须获得和产业资本所有者一样的平均利润。如果商业资本的利润率低于产业资本的利润率，就会发生商业资本向产业资本的转移；反之，则会发生产业资本向商业资本的转移。由于商业部门资本所有者与产业部门资本所有者的竞争，使得商业资本与产业资本都获得大体相同的利润，即平均利润。

由于商业资本也要参与剩余价值的分配，平均利润率的公式就应修改为：

$$平均利润率 = \frac{社会剩余价值总额}{产业资本总额 + 商业资本总额} \times 100\%$$

而生产价格公式也随之修改为：

$$生产价格 = 生产成本（K） + 产业利润（p） + 商业利润（h）$$

案例研究

商业利润的计算

假定全社会预付的产业资本是 9000 亿元，其中不变资本 7200 亿元，可变资本 1800 亿元，剩余价值率 100%。问产业资本利润率是多少？现加入 1000 亿元商业资本，问产业资本和商业资本各得多少利润？

解：（单位：亿元）

$$c = 7200 \qquad v = 1800$$

产业资本 = 9000　　商业资本 = 1000

商品价值构成 = 7200 + 1800 + 1800 = 10 800

$$社会资本平均利润率 = \frac{社会剩余价值总额}{产业资本总额 + 商业资本} \times 100\% = \frac{1800 \times 100\%}{9000 + 1000} = 18\%$$

产业资本利润 = 9000 × 18% = 1620

商业资本利润 = 1000 × 18% = 180

产业资本家按价格 10 620 亿元即（9000 + 1620）把产品卖给商业资本家；商业资本家再按 10 800 亿元出售。

拓展学习

商业利润到哪里去了

这几年，国际零售业跨国公司纷纷进入中国市场，取得了很好的效益。几乎与此同时，北京本土商业经营惨淡，破产不断……继续开业的大商场也在遭遇负增长，很多在苦苦支撑。

国家经贸委对 10 个主要行业 26 种重点产品竞争力进行研究，资料表明，仅从价格竞争力看，目前我国商品 50%以上高于国际市场水平。一方面商家可以联营，引厂进店，"坐收渔翁之利"，另一方面多数自营商品利润率要远远高出国际零售业，那么商业利润到哪里去了？

北京邮电大学文法经济学院胡春教授把原因归结为"三高"，即人力资源配置成本高、营销管理成本高、资产负债高。

人力资源的"计划配置"抵消了相当一部分商业利润。

一位不愿意透露姓名的商场副经理深有感触。他说，他在商场工作 10 年了，10 年来企业主要领导一直是依靠行政手段任命。有的从来没有在企业干过，有的根本不熟悉企业，经营观念非常落后。伴随着用人及决策失误，企业一次次地交"学费"，眼睁睁地看着企业一天比一天难熬。他最后长叹：经营人员多久才能市场配置？

与人员配置成本直接关联的就是营销管理成本高。

胡春认为，我们还处在推销阶段和较为初级的外在模仿阶段。我们许多企业至今仍停留在消极的代销和引厂进店上，缺乏自有品牌。况且，纯模仿式发展，企业之间很难拉开档次，实现梯度经营。市场上每出现一种商业形式，众多商家就会跟风而上，最终导致同地域、同档次、同类型的企业展开过度竞争，大大削减了利润空间。

外资企业在经营管理上早已普遍采用了电子信息技术，信息管理系统几乎可以处理有关商场的一切事务，而我们一些企业在部分环节上仍采用传统管理手段，不仅效率低下，而且为经营者提供的信息不准确，造成企业管理的主观性、随意性很大，因此沉淀了相当一部分商业利润。

资产负债率高也在无情地吞噬着商业利润。

胡春认为，国外企业自有资金雄厚，贷款利息轻，所以能坚持很低的毛利率。而我们国有商业就不然，自有资金不足、资产负债过高、财务结构不合理等问题使他们只是靠拖欠客户货款或贷款维持周转。以北京国美电器有限公司为例，同在成都、重庆开分店，国美要付每平方米 2 元租金，而万客隆只需 1 元钱就可以租下来。外方一下子可以交付 9 年租金，出租方成本甚至可以一次收回，而国美只能按月或按年交，利润当然得"缩水"。

看来，在消费者眼中部分商品的"暴利"最终转化为商家整体的微利或无利，价格只是表层现象。

资料来源：摘编自《是暴利还是微利　商业利润到哪里去了》，载《市场报》2001 年 4 月 9 日。

8.2　生息资本和利息

生息资本是货币资本的所有者为了取得一定利息而贷给他人使用的货币资本。生息资本的发展经历了高利贷资本和借贷资本两种形式。

8.2.1　借贷资本与利息

8.2.1.1　借贷资本

借贷资本是指货币资本所有者为了取得利息而暂时贷给产业企业和商业企业等使用的货币资本，是从产业资本运动中分离出来的特殊资本形式。借贷资本的来源主要是产业资本循环中产生的闲置货币资本，主要包括以下方面：① 固定资本折旧费的积累，固定资本折旧费提取后，要等到固定资本更新时才会使用，在此之前它是闲置的；② 暂时闲置的流动资本，由于商品出卖与原材料的购买并不同步，商品出卖所得货款会暂时闲置；③ 用于积累而未马上投资的剩余价值，积累的资本要投入扩大再生产必须达到一定的数量，在此之前它只能闲置；④ 食利者阶层拥有的货币以及社会各阶层拥有的货币存款。

这些从职能资本运动中游离出来的、暂时闲置的货币资本就被其所有者以偿还和付息为条件，贷给急需货币资本的人，转化为借贷资本。通过这种借贷关系，大量闲置的货币资本转化为产业资本和商业资本，促进了职能资本规模的扩大，加速了经济的发展。

借贷资本的特点在于它是一种独立的资本形式，并具有与职能资本不同的诸多特点。

（1）借贷资本是一种资本商品。借贷资本所有者把货币资本贷给职能资本所有者使用，实际上就是把资本的使用价值，即生产利润的能力让渡给职能资本使用，就像让渡商品一样。

（2）借贷资本是一种财产资本。在借贷关系下，借贷资本所有者凭借所有权就可以取得利息并到期收回本金。

（3）借贷资本具有不同于职能资本的特殊运动形式。借贷资本只是："把货币放出即贷出一定时期，然后把它连同利息一起收回，是生息资本本身具有的运动全部形式。"[①]用公式可以表示为：$G—G'$。在借贷资本的这种运动形态上，仿佛货币在生产过程之外就具有自己增殖的能力，仿佛货币天然就能够带来更多的货币，具有资本的属性。

8.2.1.2 利 息

在市场经济条件下，资本是一个重要的生产要素，作为生产要素的投入是以获利为目的的。职能资本所有者借到货币资本后，就运用所借资本来经营商品生产或商品流通。由于使用的是他人的资本，便不能独自占有全部利润，而必须把利润的一部分以利息的形式交给借贷资本所有者。在正常情况下，利息只能是平均利润的一部分，而不能是它的全部。这是因为，平均利润要分为两部分：利息和企业利润。由于借贷资本的所有权和使用权的分离，使得同一资本具有双重性的存在，借贷资本和职能资本对利润都有占有权。但是同一资本却不可能因此而获得双份利润，平均利润就不能由任何一方独占，借贷资本所有者让渡资本使用权而得到利息，同时职能资本或企业获得企业利润。因此，利息就是借贷资本所有者由于让渡资本使用权而取得的报酬，是职能资本所有者因借入货币资本而让渡给借贷资本所有者的平均利润的一部分。

在不同的社会制度下，利息的本质是不同的。

在资本主义制度下，平均利润分割为利息和企业利润。利息作为平均利润的一部分，是剩余价值的转化形式。利息的真正来源是产业工人所创造的剩余价值。借贷资本家凭借对资本的所有权参与对剩余价值的瓜分，占有了雇佣工人创造的剩余价值。借贷利息体现了借贷资本家通过职能资本家的活动来剥削雇佣工人的关系。

社会主义公有制经济中的利息，其实质是公有制经济纯收入的一部分在不同企业和个人之间再分配的具体形式，体现社会主义国家、企业、劳

---

① 《马克思恩格斯全集》第 25 卷，人民出版社 1972 年版，第 380 页。

动者个人之间的物质利益关系。社会主义国家银行对公有企业单位的贷款所收取的利息，是这些企业纯收入的一部分；银行对单位、个人存款支付的利息，是从贷款利息收入中支付的，实质上只是社会主义企业纯收入在社会主义经济内部的再分配。利息的最终来源还是社会主义社会的剩余劳动。如果居民小额储蓄所获得的小额利息收入，没有超过他本人向社会提供的剩余劳动的价值，则是劳动者自己的剩余劳动的返还，这时他没有占有别人的劳动，而是一种劳动收入；如果居民储蓄额较大，获得利息较多，超过劳动者本人向社会提供的剩余劳动量，则是一种非劳动收入。这是借贷风险的报酬，在社会主义生产经济中是得到承认并且合法的。

8.2.1.3 利息率

利息量的大小，取决于利息率的高低。利息率是一定时期内的利息量与借贷资本量之间的比例，用公式表示为：

$$利息率=\frac{利息量}{借贷资本量}\times100\%$$

利息是平均利润的一部分，所以利息率不能高于平均利润率，也不能低于零，只能在平均利润率与零之间摆动。利息率的变动一般取决于两个因素：一是平均利润率的水平。在其他条件不变的情况下，如果平均利润率提高，利息率就会提高；平均利润率降低，利息率也会降低。二是借贷资本的供求状况。借贷资本供不应求，利息率就会提高；反之，借贷资本供过于求，利息率就会降低。

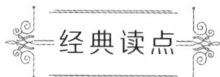

━━◈═经典读点═◈━━

对那种用借入的资本从事经营的生产资本家来说，总利润会分成两部分：利息和超过利息的余额。他必须把前者支付给贷出者，而后者则形成他自己所占的利润部分。首先，如果一般利润率已定，这后一部分就由利息率决定；如果利息率已定，这后一部分就由一般利润率决定。其次，无论总利润即总利润的实际价值量，在每个具体场合可以怎样同平均利润发生偏离，其中属于执行职能的资本家的部分仍然要由利息决定，因为利息是由一般利息率（撇开特殊的合法协议不说）确定的，并且在生产过程开始以前，也就是在它的结果即总利润取得以前，已经当作预先确定的量了。我们已经知道，资本的真正的特有产物是剩余价值，进一步说，是利润。但对用借入的资本从事经营的资本家来说，那就不是利润，而是利润减去利息，是支付利息以后留给自己的那部分利润。

——《马克思恩格斯集》第7卷，人民出版社2009年版，第418-419页。

8.2.2 银行资本与银行利润

8.2.2.1 银行资本

随着社会化大生产和市场经济的发展，银行作为专门经营货币资本的企业，它的地位日益重要，并逐步成为国民经济的"神经中枢"。银行在资本主义时期就发展得非常完备，我国的社会主义经济同样离不开银行对国民经济的支撑作用。

银行资本是指银行资本所有者经营银行所使用的全部资本。从来源看可分为：一是银行的自有资本，它只占银行资本的一小部分；二是通过吸收存款的借入资本，它是银行经营资本的主要构成。这部分主要包括：职能资本所有者暂时闲置的货币资本；货币所有者，即食利者的存款；社会各阶层居民的积蓄。这些分散的货币一旦存入银行就变成大量的货币资本，发挥借贷资本的作用。

银行是专门经营货币资本借贷业务的企业，它的职能是充当货币借贷的中介人。它一方面通过存款形式，把社会上闲置的货币资本和居民的小额积蓄聚集在自己手里，变为借贷资本；另一方面，通过贷款形式，把集中起来的货币资本贷给企业使用。

8.2.2.2 银行利润

在市场经济条件下，银行资本所有者经营银行业务，也和职能资本所有者一样，是为了获得利润。银行利润是由贷款利息和存款利息之间的差额减去银行业务的费用构成的。银行利润与银行资本所有者自有资本量的比率就是银行利润率。

银行资本所有者在经营银行时，除吸收大量存款外，还必须垫支资本。所以，它不同于一般的借贷资本家以得到低于平均利润的利息为满足，而要求获得与自有资本相适应的社会平均利润。在市场经济竞争规律的作用下，银行资本所有者所获得的利润大体上与一般工商企业所获得的利润相等，即平均利润。

银行资本所有者获得的银行利润，虽直接来源于贷款利息和存款利息之间的差额，但追根溯源，还是产业工人所创造的剩余价值的一部分。在资本主义条件下，银行资本家通过贷款给职能资本家，间接参与了对剩余价值的剥削。同时，银行资本家还要剥削银行雇员。银行雇员的劳动虽然不创造价值和剩余价值，但他们的劳动能使银行资本家得到一部分剩余价值。因此，银行雇员的劳动也分为必要劳动和剩余劳动，他们也是被剥削的雇佣劳动者。在社会主义条件下，银行利润则体现了公有制银行、企业和劳动者个人之间的物质利益关系。

8.2.3　股份资本与股息

8.2.3.1　股份资本

随着社会化生产和商品经济的发展，新兴的工业不断出现，企业发展规模不断扩大，这使创办一个具有竞争能力的大企业所需要的资本量最低额日益增大。这显然不是个别资本的力量所能够办到的。所以，在客观上就要求个别资本联合起来，建立合资经营的股份公司。这样，为适应生产发展的需要，股份公司便应运而生了。

股份公司是指通过发行股票集中众多单个资本联合经营的企业，是资本集中的一种重要方式。股份资本就是股份公司通过发行股票征集起来的资本。股票是股票持有者向股份公司投资入股并借以取得股息的凭证（见图 8.1），持有股票的人就是股份公司的股东，股东可以凭股票从企业取得股息。

股份公司与股份资本虽"出身"于资本主义，但本身并不反映资本主义的本质特性。在资本主义制度下，股份资本是私有资本的股份联合经营形式。股份资本在所有权同经营权分离的基础上，只是经营权实现形式由单独经营变成联合经营，其私人所有权和剥削雇佣劳动的性质都未发生变化。而在社会主义初级阶段，以公有股份组合的股份制企业属于公有经济；

以劳动联合为主,并与资本联合相结合的股份合作制属于集体所有制经济；公有股份和非公有股份联合经营的股份制属于公私混合经济；完全以私人股份融合的股份公司仍然是资本主义所有制。

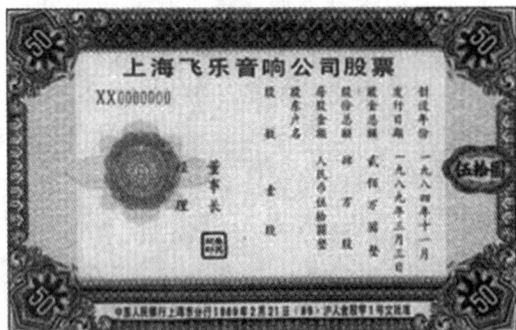

图 8.1　上海飞乐音响公司股票（1989 年发行）

8.2.3.2　股票价格

股票是一种特殊商品，它只是一种纸的凭证，本身没有价值，但有价格。买卖股票的价格叫作股票行市。股票的价格不等于股票的票面额，也不是股票价值的货币表现。股票之所以能够出卖，是因为凭借它能够取得一定的股息收入。因此，买卖股票实际上就是买卖一种领取股息收入的凭证。由于股票买卖实际上是买卖获取股息的权力，所以股票价格是股息收入的资本化。这就是说，股票价格等于这样一笔货币资本，把这笔货币资本存入银行，所获得的利息收入与凭这张股票所取得的股息应该相等。因此，股票价格取决于股息和银行存款利息率两个因素：它与股息成正比，与存款利息率成反比。

股票价格由三个因素决定：票面价值、股息水平和利息率。它用公式可以表示为：

$$股票价格＝票面价值×股息水平÷利息率$$

例如，某企业的一张票面额为 2000 元的股票，如果发行该股票的股份公司的股息水平为 5%，当年的利息率为 4%。那么，这张 2000 元的股票价格应当是 2500 元。这样，从股票所有者来看，股份公司的股息水平在 5%的情况下，一张 2000 元的股票，能带来 100 元的收入。这相当于在银行利息率为 4%的情况下，把 2500 元存入银行所得的收入。当然，这是就股票的平均价格来讲的，随着供求关系的变动，股票的市场价格将围绕着平均价格而沉浮。

拓展学习

股票的基本特征

股票是股份公司发给股东作为入股凭证并借以取得股息的一种有价证券，代表着对一定的经济利益的分配支配权，在市场上可以转让、买卖、流通。它的基本特征为：

（1）无期性。无期性即股票投资者的长期性。一旦买入某一公司的股票，投资者就不能中途向公司退股，抽回投资。但是，由于存在股票交易所，投资者可以通过股票交易所卖出或转让他的股票，收回投资。

（2）权责性。权责性即股票投资者具有参与股份公司经营、赢利分配和承担有限责任的权利和义务。股东一般有参加公司股东大会的权利，具有投票权也可以看作参与经营权。股东也有利益分配权。股东权责的大小，取决于股东股票份额在公司股本中所占的比例。比例大，权责大。掌握公司20%的股份，基本可以控制该股份公司，完全控制一个股份公司，至少要有该股份公司51%的股份。

（3）流通性。股票可以随时在股票市场上买卖与转让。它也可以作为一种抵押品，所以股票持有者可以随时将股票买卖、转让而获得现金。无记名股票的转让只要将股票交付给收让人，即可达到转让的法律效果。记名股票的转让则要在卖出人盖章背书后才可转让。

（4）风险性。风险性即股票投资收益的风险性。高收益必然有高风险。一是股票发行公司经营亏损，甚至是破产的危险；二是股票市场价格变动的风险。对股票市场的投机者来说，在股票市场剧烈动荡的情况下，很可能损失惨重，倾家荡产。股票市场的股票价格取决于股票的预期收益和市场利息率的对比关系，但也受政治、经济、社会以及股份公司自身经营因素的影响，特别是股票市场供求力量对比变化的因素的影响。在特殊情况下，股票市场的股票价格还会发生大起大落的股价动荡。由于股票具有变动性、波动性的特点，助长了股票市场的投资特别是投机活动，而股票市场交易的投机性必然决定了股票投资的风险性。

8.3　土地所有权和地租

地租是参与剩余价值分割的一种最为隐蔽的形式，它和土地所有制以及土地所有权密切相关，体现一定的社会生产关系。

8.3.1　土地制度与土地所有权

土地制度是指人们在占有、支配和使用土地的过程中所结成的各种经济关系的总和，是一个国家或社会人地关系及其人与人关系的法定结合形式。土地所有权是指土地所有者在法律规定的范围内，对土地享有占有、使用、处分和收益的权利。土地所有权是土地所有制在法律上的表现，它在经济上的实现形式就是地租。根据土地所有权的不同，土地制度可以区分为两种基本形式：土地私有制与土地公有制。土地私有制包括小土地私有制、封建土地私有制与资本主义土地私有制。土地公有制包括社会主义国家所有制和集体所有制。

8.3.1.1　资本主义的土地制度

资本主义土地所有制是以资本主义私有制为基础或主导成分的。资本主义土地所有制的两个显著特点：第一，土地所有权与经营权完全分离。在资本主义社会，大土地所有者掌握和集中了大量的土地，但他们自己并不直接从事农业生产经营，而是把土地出租给农业资本家经营，土地所有者依靠对土地的所有权收取地租。第二，土地所有权同劳动者人身依附于土地的关系相分离。农业工人在法律上具有人身自由，他们可以自由地向农业资本家出卖自己的劳动力，农业的资本主义经营采用雇佣劳动制度。在现代市场经济条件下，资本主义土地所有制均为公私并存的混合型，主要有两种模式：第一种模式是以美、日、德等国为代表，这些国家的土地主要采取的是私人和法人私有制,土地的使用权和所有权都可以自由让渡,国有、公有土地所占比重小,且多为山林地、沼泽、河川、荒野等经济价值不高的土地。第二种模式以英国及英联邦国家和地区为代表,这些国家和地区的土地名义上基本属于国家或政府所有,但使用权可以由政府按照不同的期限和规定的用途出租给土地使用者。这些国家和地区规定只有土地的使用权可以交易。

8.3.1.2　社会主义的土地制度

我国的社会主义土地公有制,在农村,通过以没收地主土地、废除封建土地所有制为内容的土地改革,然后采取了农业合作化的道路,使私有土地转为集体所有,建立了农村土地的社会主义集体所有制;在城市,通过接收国民党政府的国有土地,没收官僚资本的地产,回收外国资本的地产,以及通过公私合营将民族资本的地产变为国有,实现了城市土地的社会主义国家所有制。由此,我国建立的社会主义公有制采取的是国家所有和农民集体所有两种形式。按照我国现行法律规定,城市市区的土地属于国家所有,农村和城市郊区的土地除法律规定属于国家所有的以外,其余属于农民集体所有;宅基地和自留地、自留山,属于农民集体所有。并且,国有土地由拥有所有权的国家通过其代理人(即授权土地管理部门),主要采取有期限、有偿、有流动的使用方式,将土地使用权直接出让给土地开发经营单位或建设用地单位;农村集体土地用于建设,改变现有的合法用途,需要通过征地的形式变为国有土地后才能进行出让。

8.3.2　地　租

8.3.2.1　地租的本质

地租是土地租种者为租用土地而向土地所有者支付的经济代价,是土地所有权在经济上的实现。地租存在的前提是存在土地所有权与土地使用权的分离。由于土地是有限的,需要土地从事经营的人不得不从土地所有者那里获得土地使用权。但土地所有者转让土地使用权必须以获得一定的经济利益为代价,即土地的所有权必须在经济上得到实现。因此,地租的本质，就是土地所有者凭借土地所有权而获得的一种收入。

地租是和土地所有制以及土地所有权密切联系的。由于地租的存在是以土地所有权的存在为条件的，因此不同的土地所有权导致存在着不同性质的地租。在不同的社会形态中，因土地所有制的性质不同，地租的性质、内容以及所体现的社会生产关系也就不同，所以地租是一个历史范畴。从历史来看，先后产生了封建地租、资本主义地租和社会主义地租。

封建地租以封建土地私有制为前提，并在不同程度上有超经济的强制关系，即与农民对地主的人身依附关系相联系。封建地租是地主对农奴或农民进行直接剥削的形式，在数量上一般包括农民的全部剩余劳动或剩余产品，有时甚至包括农民相当大的一部分必要劳动或必要产品。因此，封建地租所反映的是封建地主阶级同农民直接剥削与被剥削的关系。

资本主义地租是以资本主义土地私有制为前提的，它建立在剥削有人身自由的雇佣工人基础之上。劳动者摆脱了对地主的人身依附关系，无论是土地所有者和农业、工商业资本家之间，还是农业、工商业资本家和雇佣工人自己，都只是纯粹经济上的契约关系。在资本主义条件下，农业资本家向土地使用者租赁土地，雇佣农业工人耕作，向土地所有者缴纳地租。所以，资本主义地租是农业资本家为取得土地的使用权而缴给土地所有者的超过平均利润的那部分剩余价值，体现着土地所有者、农业资本家、农业工人三者之间的经济关系。

在社会主义初级阶段，土地虽属于国家即全民或集体公有，但仍旧需要交给企业和个人使用，土地的所有权与使用权也是分离的。由于在现代市场经济条件下，国家、国有企业和劳动者个人三者在土地的所有、经营和使用上，既有共同利益，又存在着各自利益，因而无论是企业还是个人使用土地都必须缴纳地租，否则，土地公有权就不能从经济上得到实现。建立在社会主义土地公有制基础上的社会主义地租，是社会主义联合劳动者经济利益的实现，体现了国家、集体与土地经营者和使用者之间的经济关系。地租上缴国家，作为国家财政收入，最终用于社会主义建设和提高人民的生活水平与环境质量。

　　地租不仅存在于农业中，而且在土地上的其他经营中，如建筑地段、矿山等也有地租问题，但在地租的决定上，农业地租是基础，具有一般性，因此此处只针对农业地租进行论述。根据地租形成的原因和条件，农业地租可以分为级差地租和绝对地租两种基本形式。

经典读点

　　农产品发展成为价值，并且作为价值来发展的现象，也就是，它们作为商品和其他商品相对立，而非农产品作为商品和它们相对立的现象，或者说，它们作为社会劳动的特殊表现来发展的现象，并不是地租的特征。地租的特征是：随着农产品发展为价值（商品）的条件和它们的价值借以实现的条件的发展，土地所有权的权力也就发展起来，使它可以从这个不费它一点气力就创造出来的价值中占有一个日益增大的部分，剩余价值中一个日益增大的部分也就转化为地租。

　　　　　　——《马克思恩格斯集》第7卷，人民出版社2009年出版，第720页。

参阅资料

中华人民共和国的土地制度与地租

　　中华人民共和国成立初期，我国城市土地在全面实行国有化之前，存在着私有土地使用制和国有土地使用制两种所有制形式。1950年4月3日政务院公布的《契税暂行条例》（现已废止）第八条指出："各机关与人民相互间有土地房屋之买卖、典当、赠与或交换行为者，均应交纳契税。"直至1956年，城市私有土地基本上可以买卖、出租、入股、典当、赠与或交换。1956年1月18日中共中央书记处第二办公室《关于目前城市私有房产基本情况及社会主义改造的意见》中规定："一切私人占有的城市空地、街基地等地产，经过适当办法，一律收归国家。"实现了城市土地的全面国有化。至于国有土地的使用，则"由当地政府无偿拨给使用，均不必再交租金"。至于农村土地，各地通过实行土地改革以及农业合作化运动后，土地归农民集体所有。这就形成了城市土地国有、农村土地集体所有的社会主义土地公有制。1982 年制定的《宪法》第十条明确规定："任何组织和个人不得侵占、买卖、出租、或者以其他形式非法转让土地。"这在法律上确定了土地的无偿使用制度，社会主义地租在实际上是不存在了。

随着改革开放的发展，客观上要求改变无偿使用土地为有偿使用土地。适应经济体制转轨的要求和改革开放的需要，1988 年 4 月 11 日第七届全国人民代表大会对《宪法》进行修改，确定了"土地使用权可以依照法律的规定转让"。1990 年 5 月 19 日国务院正式颁布《中华人民共和国城镇国有土地使用权出让和转让暂行条例》，对国有土地使用权的出让、流转、使用期限等作了具体规定。这些法规与制度的调整，最终确立了国有土地的所有权与使用权分离，从而为国有土地使用权的资本运营及国家收取土地使用税费，提供了重要的理论依据和法律保障。1998 年经第九届全国人大常委会第四次会议审议，修订并通过的《中华人民共和国土地管理法》规定："以出让等有偿使用方式取得国有土地使用权。"这就为土地有偿使用的全面实行在法律上给予了肯定。

8.3.2.2 级差地租

土地是农业生产的基本生产资料。但这种生产资料不是等同和划一的，它有优等、中等、劣等不同等级之分，在其他条件相同的情况下，同样的资本投在优等地上，就会比投在中等地上得到更多的收益；同样的资本投在中等地上，又会比投在劣等地上得到更多的收益。因此，租种不同的土地，地租数量也不一样。这种与土地的不同状态相联系的地租，称为级差地租。

级差地租是由农产品个别生产价格和社会生产价格的差额形成的超额利润。它是由优等地和中等地的个别生产价格低于按劣等地决定的社会生产价格的差额决定的。工业中的超额利润只有先进企业可以获得，因为工业品的社会生产价格是由中等生产条件决定的。在农业中，农产品的社会生产价格却不是由农业中平均的生产条件决定，它必须由劣等土地的生产条件决定。如果农产品和工业品一样，商品的社会生产价格都由平均的中等生产条件决定，那么，就没有人愿意经营劣等地了。因为经营劣等地得不到平均利润。这时，如果劣等地退出耕作，势必造成农产品的供不应求，价格上涨。农产品的价格一直要涨到劣等地也能带来平均利润时，投资者才愿意投资经营劣等地。所以，农产品的社会生产价格是由劣等地的生产条件决定的。这样，较好条件的土地自然可以提高农业劳动生产率，降低农产品的个别生产价格，获得超额利润。因此，投资于生产条件较好的土地的投资者就因其产品的个别生产价格低于社会生产价格而取得一个超额利润。可见，土地存在等级差别，是级差地租产生的自然条件（见图 8.2）。

贫瘠的土地①

肥沃的土地②

图 8.2 级差地租的产生

级差地租产生的根本原因是土地的有限性所造成的土地经营权的垄

---

① 贫瘠的土地：http://news.cngold.org/c/2016-05-27/c4132245_22.html。
② 肥沃的土地：www.ipurescent.com。

断。由于农业超额利润是以土地本身的优劣为基础的，垄断经营优等、中等土地的投资者由于垄断了优等、中等土地的经营权，就能长期地获得稳定的超额利润。土地的垄断经营的客观存在，进一步使得农产品的社会生产价格必须由劣等地的生产条件来决定，从而经营优等、中等地的投资者能获得超额利润，并形成级差地租。

级差地租因形成的具体条件不同，可以分为级差地租Ⅰ与级差地租Ⅱ两种形态。其中，级差地租Ⅰ是指由于土地肥沃程度不同和地理位置优劣而产生的级差地租。级差地租Ⅱ是由于在同一块土地上连续追加投资的资本生产率不同而产生的级差地租。在农业发展初期，级差地租Ⅰ是级差地租的主要形式。随着社会经济的发展，对粮食等农产品的需求不断增长，扩大耕地面积越来越困难；同时，随着科学技术的进步，在同一土地上追加投资获得超额利润成为可能。因此，农业生产的增加，就由原来的以粗放经营为主转向以集约经营为主。这样，级差地租Ⅱ日益成为级差地租的主要形式。

级差地租的源泉不是土地这种自然力，土地这种自然力只是超额利润形成的基础。级差地租的真正源泉是农业工人的剩余劳动，在优等、中等土地上直接从事生产的农业工人的剩余劳动是具有较高生产率的劳动，同一时间内可创造更多的价值，从而创造出超额剩余价值，提供了地租的源泉。

参阅资料

土地上的级差地租

在甘肃省，土地丰度以及交通位置对土地产量有影响。从土地肥沃程度看，甘肃省 1979 年全省平均亩产小麦 221 斤，而水利灌溉条件较好的酒泉地区平均亩产 584 斤，中等的庆阳地区平均亩产 214 斤，临夏自治州平均亩产 249 斤，而干旱缺水的定西地区平均亩产只有 102 斤。从 1979 年全省农村人口人均收入的梯度，可以看出土地位置差别的影响：省会兰州市

（按三县六区）平均为 92.57 元，陇南地区的武都县只有 27.27 元。兰州市郊各区的依次排列是：城关区 233.50 元，安宁区 201.39 元，西固区 145.80元，白银区 131 元，红古区 125 元，表现为离市区距离越近收入越高。

经典读点

> 我们已经看到，在转到越来越好的土地时，能产生级差地租。当较好土地代替以前的较坏土地而处于最低等级时，也能产生级差地租；级差地租可以和农业的进步结合在一起。它的条件不过是土地等级的不同。在涉及生产率的发展时，级差地租的前提就是：土地总面积的绝对肥力的提高，不会消除这种等级的不同，而是使它或者扩大，或者不变，或者只是缩小。
>
> ——《马克思恩格斯集》第 7 卷，人民出版社 2009 年出版，第 743 页。

8.3.2.3 绝对地租

在分析级差地租时，我们假定劣等地的投资只获得平均利润，不提供地租。实际上，在一定的土地所有制条件下，不论租种何种类型的土地都要缴纳地租。绝对地租就是由土地所有权垄断决定的租种任何等级土地都必须缴纳的地租。

由于土地所有权的垄断，致使农产品不参与利润的平均化过程，不按生产价格出售，而按价值出售。由于工业部门之间资本的自由转移，剩余价值被平均化，形成平均利润，商品要按生产价格来出售。超额利润只能在同一部门由社会生产价格与个别生产价格之间的差额产生。而在农业部门中，土地是不能由资本自己创造和自由支配的，独立于资本之外，存在着与资本相对立的土地所有权的垄断。这对资本进入农业部门构成一种壁垒或限制。这个壁垒不仅排除了工农业之间的竞争，而且也决定了资本如不缴纳地租，不论打算租种好地还是劣地，在事实上都是行不通的。所以，正是土地所有权垄断的存在使得农产品按价值而不是按生产价格出售。又由于各种原因，通常情况下农业生产技术装备落后于工业，农业部门的资本有机构成就低于工业部门的资本有机构成，农产品价值高于生产价格，剩余价值高于平均利润。这样，农产品的市场价格高于其生产价格，农业投资者就在获得平均利润的基础上，有余额用来交纳绝对地租。绝对地租既然是农产品价值的一部分，因此它实质上是由农业工人创造的剩余价值的一部分转化而来的。

当前，在某些发达的资本主义国家，农业资本的有机构成不断提高，有的甚至超过工业部门。在这种情况下，绝对地租仍将存在，因为土地所有权的垄断并未消失。但是，形成绝对地租的来源发生了变化。它或是来自农业利润和工资的扣除，或是来自农产品的市场价格超过价值的余额，即来自垄断利润。但不管来自哪个方面，其实质都是农业工人创造的价值和剩余价值。

拓展学习

社会主义初级阶段还存在绝对地租

我国理论界认为通过土地改革，已经废除了地主的封建土地所有制，免除了封建地租，尤其是经过了农业的社会主义改造后，土地归联合起来的农民集体所有，并由它的集体主人自己经营农业，因此，也就没有土地所有权和经营权的分离，绝对地租产生的条件已经消失。

但是，随着经济体制的改革和对外开放的发展，外资企业来我国投资，这就产生了新问题：要不要向外商征收单纯使用土地的绝对地租？在中外合资企业中，和国内联营的企业使用土地的一方要不要缴纳地租？社会主义国有土地和集体所有的土地所有权如何在经济上得以实现？因此，从20世纪80年代开始，理论界逐渐展开了对社会主义有无绝对地租的讨论，学者们比较一致地认为，在我国社会主义初级阶段，存在着产生绝对地租的原因和条件，仍然存在绝对地租。我国建立的社会主义土地公有制采取的是国家所有和农民集体所有两种形式，而且社会主义经济仍然是市场经济，土地所有权与经营权仍然分别属于不同的利益主体，也不能无偿割让土地所有权和转让土地使用权，土地公有权仍然要在经济上实现自己。只要有土地公有权的垄断，就有绝对地租的存在。

这还可以从社会主义土地所有权和使用权的具体制度中考察。从土地国家所有制与国有土地的使用看，主要有以下四种情况：

一是土地国家所有，国有企业经营。国有农场、国有矿山和城镇国有企业的用地，除了向集体临时借用的以外，均属国家所有。为了避免不同国有企业因使用国有土地多寡而造成利益不均，国家要求企业上缴各种税收及付费来实现国有土地的所有权。这种不论使用何种等级土地一律绝对地要付费的情况，就体现了社会主义的绝对地租关系，尽管它发生在同一所有制内部。

二是土地国家所有，集体经营。城镇集体使用的土地亦属国家所有。这种不同所有制之间土地所有与使用的经济关系，是有偿的商品货币的租赁关系，集体企业应向国家交付土地使用费，其中包含绝对地租。

三是土地国家所有，个人经营和使用。这种情况又可以分为对土地的生产性经营与非生产性使用两类。前者主要是城市工商个体户从事经营所占用的国有土地，这种占用必须缴纳土地使用税费，存在绝对地租关系。后者又可分成两类：一类是城镇居民租赁公房的地皮使用，通过支付房租向国家缴纳绝对地租；另一类是自有住房的地皮使用，由业主购买房屋时所支付的房价中包含，体现了绝对地租的关系。

四是土地国家所有，外商使用。中外合资企业与外商独资企业要获得土地使用权，必须缴纳土地使用费。不管是土地入股还是土地批租，都不仅体现级差地租关系，而且体现绝对地租关系。

此外，从社会主义土地农民集体所有制及对集体土地的使用关系看：① 土地农民集体所有，个人经营。农户个人或家庭承包使用集体土地，只有使用权，没有所有权。农民集体经济凭借土地的所有权，要求承包农户缴纳集体提留和租金，并把土地承包的租金与土地的数量、质量挂钩。因此，不管经营何种等级的土地，承包农户对集体有上缴绝对地租的义务。② 土地农民集体所有，国家征用或借用。按照《宪法》的规定，国家为了公共利益的需要，可以征用集体土地，征用后的土地所有权归国家所有，使用权属具体用地单位。用地单位除了必须支付青苗补偿费和余地附着物补偿费以及安置费外，还得支付土地补偿费。显然，土地补偿费是对地租支付的价格，是土地所有权的一次性实现。如果国家有关部门、国有企业经批准临时借用集体土地，土地所有权与经营权分属于不同的利益主体，租用单位支付的代价就包括绝对地租。

总之，为了在经济上实现全部土地不仅仅是优等地和中等地的所有权，为了刺激土地经营者对所有土地包括劣等地的节约使用，绝对地租是社会主义经济中必须承认的事实。

资料来源：摘编自程恩富：《现代政治经济学案例》，上海财经大学出版社 2003 年版。

8.3.2.4 土地价格

土地不是劳动产品，自身没有价值，但土地可以买卖，具有价格。土地价格是土地使用者凭借土地所有权获得的资本化地租，类似于股票价格。其价格等于这样一笔货币资本，把这笔货币资本存入银行，其每年所得的利息与拥有土地时所得的地租相等。土地价格用公式表示为：

$$土地价格 = 地租 / 利息率$$

例如，土地所有者的某块土地每年可获地租 200 元。卖掉土地的货币收入如果存入银行，每年必须同样获得 200 元利息，这样地价才可能为所有者接受。假定存款利息率为 5%，则土地价格为 4000 元。可见，决定土地价格的因素是地租额的多少与银行存款利息率的高低。土地价格与地租额成正比，与利息率成反比。

随着社会经济的发展，社会对土地的需求不断上升，同时伴随资本有机构成的提高，利息不断下降，从而使土地价格呈现上涨的趋势。

本章知识结构

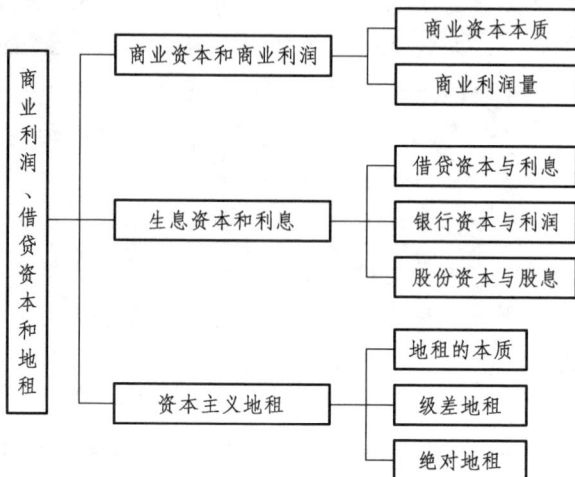

☞ **关键概念**

商业资本 商业利润 商业流通费用 借贷资本
利息 利息率 级差地租 土地制度
土地所有权 绝对地租 级差地租Ⅰ 级差地租Ⅱ

📝 **问题与应用**

1. 什么是商业资本？商业利润来源和本质是什么？

2. 借贷资本是如何形成的？利息率是这样决定的？

3. 何谓成本价格？它对资本主义企业有何实际意义？

4. 银行利润为什么会等于平均利润？

5. 级差地租Ⅰ和级差地租Ⅱ形成的条件和原因分别是什么？

6. 假设产业部门预付的不变资本为 19 200 万元，其中固定资本 15 250 万元，使用年限为 5 年，可变资本 2000 万元，剩余价值率 200%。

设：商业部门所用资本与所耗资本相等，生产工人的剩余价值率也为 200%，预付资本的情况是：购进商品资本 1200 万元，保管费用 400 万元（其中：$300c$，$100v$），运输费用 500 万元（其中：$400c$，$100v$），纯粹流通费用 200 万元。

问：（1）平均利润率是多少？

（2）产业资本家集团获得的平均利润是多少？

（3）商业资本家集团获得的平均利润是多少？

（4）商业部门售卖商品的生产价格是多少？

7. 假设某银行家自有资本 10.5 万元；吸收存款 90 万元，存款利息率为 3%；除了用于银行业务开支 5000 元外，其余全部贷出，贷款利率为 5%。银行家用获得的利润创办股份公司，以票面额 100 元一张发行股票，按股息率 9%向外抛售。

问：（1）银行利润是多少？

（2）银行利润率是多少？

（3）每张股票价格是多少？

（4）银行家通过抛售股票又获取多少利润？

（5）通过以上计算，请写出银行利润的概念、来源和社会性质。

实战演习

1. 1995 年 2 月 27 日，英国中央银行突然宣布：巴林银行不得继续从事交易活动并将申请资产清理。这个消息让全球震惊，因为这意味着具有 233 年历史、在全球范围内掌管 270 多亿英镑的英国巴林银行宣告破产。具有悠久历史的巴林银行曾创造了无数令人瞠目的业绩，其雄厚的资产实力使它在世界证券史上具有特殊的地位。可以这样说：巴林银行是金融市场上的一座耀眼辉煌的金字塔。

这个金字塔的顷刻倒塌还得从 1995 年说起，当时担任巴林银行新加坡期货公司执行经理的里森，同时一人身兼首席交易员和清算主管两职。有一次，他手下的一个交易员，因操作失误亏损了 6 万英镑，当里森知道后，却因为害怕事情暴露影响他的前程，便决定动用 88888 "错误账户"。而所谓的"错误账户"，是指银行对代理客户交易过程中可能发生的经纪业务错误进行核算的账户（作备用）。以后，他为了私利一再动用"错误账户"，创造银行账户上显示的均是赢利交易。随着时间的推移，备用账户使用后的恶性循环使公司的损失越来越大。此时的里森为了挽回损失，竟不惜最后一搏。由此造成在日本神户大地震中，多头建仓，最后造成损失超过 10 亿美元。这笔数字，可以称是巴林银行全部资本及储备金的 1.2 倍。233 年历史的老店就这样顷刻瓦解了，最后只得被荷兰某集团以一英镑象征性地收购了。

巴林事件发生的直接原因是内部管理制度和体系有问题，而根本原因是"金融衍生产品"的性质。"金融衍生产品"是以"虚拟资本"为衍生基础的，如股票指数的期货和期权，它们依赖的基础是股票运行的轨迹。这种衍生品源于一般的金融投资工具，如股票、外汇、利率等。巴林事件涉及的投资对象就是金融衍生产品，与基础金融工具相比，金融衍生产品具有更加远离现实社会生产与流通的特征，也就是具有更大的投机的特征。本来，股票等基础的金融投资工具，尽管它们与现实的社会生产和流通相关，代表着现实的资本，但是，它们不是真实资本，在货币投资以它们为投资对象时，就已经有了巨大的投机的可能性。历史上已经有过的股票市场的危机与动荡，无不与股票等金融投资工具的巨大投机性有关。在这样的金融工具基础上衍生而来的"衍生金融产品"，应当说，与现实的社会生产和流通没有了任何关系，它作为投资或是投机的对象完全是人为创造出来的。在这里，金融衍生产品的投资，便是完全无疑的赌博了。

金融衍生产品可能给投资者带来丰厚的收益，但也同时更可能给投资者带来巨大的投资风险或损失。

问：（1）股份资本是如何放大资本的风险性的？

（2）当今世界金融危机的根源是什么？

（3）在面对以金融衍生工具形式出现的虚拟资本的增长与实际资本的增长之间的差距日益拉大的今天，应如何加强我们的金融风险管理？

2. 我国的土地制度是城市土地国有、农村土地集体所有的社会主义土地公有制。1982 年制定的《宪法》确定了土地的无偿使用制度。但为适应经济体制转轨和改革开放的需要，1988 年经第七届全国人大对《宪法》修改，确定了"土地使用权可以依照法律的规定转让"；1990 年 5 月国务院正式颁布《中华人民共和国城镇国有土地使用权出让和转让暂行条例》，1998 年经第九届全国人大第四次会议审议、修订并通过的《中华人民共和国土地管理法》规定："以出让等有偿使用方式取得国有土地使用权。"这为土地有偿使用的全面实行从法律上给予了肯定。

问：（1）在社会主义土地公有制的条件下，我国从土地的无偿使用制度转变成全面实行土地的有偿使用，其重要的理论依据是什么？

（2）在我国社会主义初级阶段，土地的有偿使用即存在绝对地租，具有哪些积极作用？

附录：经济全球化理论

美国气象学家爱德华·罗伦兹最初提出的蝴蝶效应大意是：一只南美洲亚马逊河流域热带雨林中的蝴蝶，偶尔扇动几下翅膀，可能于两周后在美国德克萨斯引起一场龙卷风。今天的蝴蝶效应的基本含义是：对于一切复杂系统，在一定的"阈值条件"下，其长时期大范围的未来行为，对初始条件数值的微小变动或偏差极为敏感，即初值稍有变动或偏差，将导致未来前景的巨大差异。今天，随着科学技术和国际分工的发展以及生产社会化程度的提高，世界各国、各地区的经济活动超越出一国或地区的范围而相互联系和密切结合，一体化的趋势日益增强，世界经济已经成为一个庞大的有机系统，彼此之间依存度和敏感性越来越强，蝴蝶效应更是比比皆是。如2003年美国疑似疯牛病案例，扇动"蝴蝶翅膀"的是头倒霉的"疯牛"，受到冲击的，首先是总产值高达1750亿美元的美国牛肉产业和140万个工作岗位；而作为养牛业主要饲料来源的美国玉米和大豆业也受到波及，其期货价格呈现下降趋势。但最终推波助澜，将"疯牛病飓风"损失发挥到最大的，还是美国消费者对牛肉产品出现的信心下降。在全球日益一体化的今天，这种恐慌情绪不仅造成了美国国内餐饮企业的萧条，给刚刚复苏的美国经济带来一场破坏性很强的飓风，还扩散到了全球，至少11个国家宣布紧急禁止美国牛肉进口，连远在大洋彼岸中国广东等地的居民都对西式餐饮敬而远之。

一、经济全球化的形成及表现

经济全球化是世界经济发展的一个非常重要的趋势，它伴随现代经济的出现而出现，伴随着现代经济的发展而发展。在世界经济史中，生产要素的跨国流动最初是劳动力，然后是商品和资本，今天则发展成为综合的要素流动，其中科技要素的流动具有非常重要的作用。

（一）经济全球化的形成

经济全球化与资本主义生产方式在全球的扩张是相伴随的，到 20世纪 50—60 年代战后资本主义的黄金时期，世界经济国逐渐出现经济一体化程度不断提高的资本主义全球经济。20 世纪 80 年代开始至 90 年代出现了经济全球化的第二次高潮，使得经济全球化成为一个世界潮流。自 20 世纪 90 年代初以来，经济全球化的进程明显加快，其原因主要有以下几个方面。

（1）科学技术革命的纵深发展。高新技术特别是计算机、通讯技术日新月异的进步及其在社会经济生活中的广泛应用，加强了国际经济联系；信息技术也已在社会经济生活中占据重要地位，从而把世界经济融合为全球范围的网络经济。

（2）跨国公司的发展。跨国公司为经济全球化提供了适宜的企业组织形式。由于跨国公司是一种综合了资本、技术、管理、人才等众多要素、能实现整个生产行业跨国转移的经济组织形式，因此，与其他经济组织形式相比，跨国公司是与经济全球化联系最为密切的经济组织形式。20 世纪 90 年代中期以来，随着跨国公司投资的增长、规模的扩大，它们在全球经济活动中所占的地位、所发挥的作用也日益明显。跨国公司在全球范围内利用各地的优势组织生产，大大地促进了各种生产要素、特别是商品和资本在全球的流通，反过来又进一步促进了生产在国际的水平分工和垂直分工。正是跨国公司在全球范围开展生产和经营活动，并相应地带动了资本、技术、商品、人力、服务等在全球范围的流动，才极大地推动了经济全球化进程。

（3）市场经济体制成为各国的选择。经济全球化赖以存在的资源配置机制是市场机制。20 世纪 90 年代以来，传统的计划经济国家纷纷转向市场经济，发达国家更加强调市场机制的自发作用。世界各国经济体制的趋同消除了经济全球化发展的体制障碍，有力地促进了经济全球化的形成。

（4）国际贸易自由化程度极大提高。无论是发达资本主义国家还是发展中国家，随着对发展国际经济关系迫切要求的增强，在经济发展中都放宽了对贸易保护主义的限制。这必然极大地加速经济全球化的进程。

（二）经济全球化的表现

经济全球化涵盖国际流通过程和国际生产过程，也即世界经济再生产过程的全球化日益兴起，包括贸易全球化、投资全球化、金融全球化以及跨国公司生产经营全球化。

1. 生产全球化

生产全球化是指随着科学技术的发展和高精尖产品及工艺技术的出现，生产领域的国际分工和协作得到增强。现代生产分工已经不再是国家层次上的综合分工，而是深化到部门层次和企业层次的专业化分工。这种分工在国际间进行，形成了国际生产网络体系。其中最典型是企业生产零部件工艺流程和专业化分工，例如波音 747 飞机有 400 万个零部件，由分布在 65 个国家的 1500 个大企业和 15 000 多家中、小企业参加协作生产。德国拜耳公司与 35 000 多家国内外企业建立了协作关系，拜耳向它们提供中间产品，由它们加工成各种最终产品。这种企业层次的国际化，使在一个企业内部进行的设计、研制零部件的加工或购入、组装和总装等一系列的活动环节分布到国外进行，即企业的不同部门、工厂、车间，甚至工段、工序等都在国际范围内进行组织，从而也形成了生产组织的国际化。

2. 贸易全球化

国际贸易是沟通国家间经济联系的最早形式。国际贸易更是资本主义各国经济联系的重要纽带，它通过世界市场把各国的生产和消费变为世界性的生产和消费。贸易全球化首先成为经济全球化的重要标志。

当代贸易全球化主要体现为国际贸易增长率高于世界生产总值增长率，国际贸易规模庞大、世界贸易依赖度高，各国间经济相互联系、相互依赖的扩大和加强。例如，在我国，可以吃"麦当劳"快餐，喝"可口可乐"饮料，看"索尼"电视机，用"诺基亚"手机，等等。当代贸易全球化同时也体现为参与贸易的国家急剧增加。1995 年 1 月 1 日世界贸易组织成立时，已有 112 个国家和地区加入。估计 21 世纪前 20 年内，世界上几乎所有的国家和地区均可能会加入进去。这意味着一个包括全球所有国家和地区的一体化贸易体系即将建立，没有歧视和强硬贸易保护主义的全球市场将形成，贸易全球化正在成为现实。

3. 资本全球化

资本全球化是指随着科学技术的发展和各国对外开放程度的提高，资本在国际间的流动速度加快。

　　生产和贸易的全球化使得国际间资金流动频繁，大大促进了投资金融的全球化。国际直接投资是资本全球化的基础。目前国际直接投资的总量迅速增长，高于世界生产和国际贸易的增长速度，成为世界经济增长的主要推动力。2010年全球外国直接投资增长5%，达到1.24万亿美元，但仍比金融危机前的平均值低15%。联合国贸发组织估计，全球国际直接投资将在2011年恢复到危机前的平均水平，并在2013年接近2万亿美元的峰值。国际直接投资的主体和投资方式日益趋于多元化，发达国家与发展中国家都成为国际直接投资的主体。2010年，我国外资流入量上升至1057亿美元，对外直接投资首次超过日本，达到创纪录的680亿美元。国际直接投资流入量和对外投资年流量均大幅上涨，分别达到11%和17%。投资的方式多种多样，既有设立新企业、收购兼并，也有股权投资、非股权投资。此外，国际直接投资的产业分布和地区分布也发生了明显的变化。发达资本主义国家国际直接投资转向资本和技术密集型的制造业，对第三产业特别是其中的信息服务和金融服务的投资，不仅增长速度最快，而且所占比重也最高；国际直接投资的地区分布主要在发达资本主义国家之间，目前对发展中国家的投资也有明显增长。

　　资本全球化的发展使各国对国际金融市场的依赖程度增强，各国之间的金融联系日益紧密，但与此同时，也产生了防范金融风险、加强经济安全的要求。

参阅资料

跨国公司在第二次世界大战后迅速发展的经济与政治原因

　　（1）生产和资本的高度集中，垄断企业规模不断扩大，导致国内市场相对狭小，剩余价值的实现发生困难，因此，大量的过剩资本必然转向国外寻找出路，以垄断原料来源，扩大商品销售市场，从而获得高额利润。这是根本原因。

　　（2）科技空前发展，出现了许多新兴工业部门（如电子、石化、精密仪器等），它们的产品种类繁多，工艺技术复杂，质量要求严格，以致任何垄断企业都不可能在所有产品和所有生产阶段上拥有最优越的技术和经济条件。这就促使各国垄断企业跨出国界，实行国际范围内的生产专业化和分工协作，以降低成本，达到获取最大利润的目的。

（3）战后各资本主义国家经济实力对比发生了明显变化，各国垄断资本集团争夺世界市场和投资场所的斗争加剧，对跨国公司的发展和地区分布产生了重大影响。战后初期，美国垄断资本扩张到一些石油和矿产资源丰富的发展中国家；20世纪50年代后期，美国企业大举涌向欧洲（马歇尔计划），以投资代替出口，力图扩大并保持其国外市场；60年代后，日、欧实力增强，其跨国公司不仅在发展中国家激烈竞争，而且逐步向美国进军，彼此渗透。

（4）商品输出常会遇到别国公开或变相的贸易保护主义限制，而采取对外直接投资打入其他国家，就地建厂，就地销售，既可绕开关税壁垒和非关税限制，又有利于降低成本并适应市场需求，同时也可减轻经济震荡带来的损失。

（5）资本主义国家通过各种措施推动跨国公司向国外扩张。如政府对企业直接投资或改组私企，增强其实力，从事对外扩张；利用对外"援助"，大搞国家资本输出，为跨国公司提供有利的投资条件；对跨国公司从国外取得的利润给予减免税；提供优惠信贷，鼓励其投资国外。

（6）战后，亚非拉地区民族解放运动蓬勃发展，殖民地、附属国纷纷独立，殖民地体系瓦解。而发达资本主义国家为维护其垄断资本的海外利益，继续使第三世界各国成为其销售市场和原料基地，不得不推行新殖民主义政策，鼓励和支持跨国公司在亚非拉的投资，把它们作为控制和剥削这些国家的工具。

二、经济全球化的影响和矛盾

经济全球化是一把双刃剑。经济全球化趋势正在给全球经济、政治和社会生活等诸多方面带来深刻影响。一方面使各国的经济联系更加紧密，为各国的发展提供了机遇；另一方面也给一些国家的社会稳定、地区乃至世界的和平带来威胁。

（一）经济全球化的实质

经济全球化的实质是资本主义关系的全球化。这一实质是在世界资本主义体系的产生和发展中形成的。

世界资本主义体系的产生使各个国家、民族的发展融入了世界发展的历史潮流，意味着经济全球化历史进程的开始。世界资本主义体系的"西方殖民者"与"受殖民者宰割、凌辱的多数落后的民族、国家"结构的存在，奠定了经济全球化实质形成的基础。世界资本主义体系产生时期形成的这种结构，在第一次科技革命使生产力成百倍地提高之后，发展为"农村屈服于城市的统治""未开化和半开化的国家从属于文明的国家""农民的民族从属于资产阶级的民族"以及"东方从属于西方"的结构。第二次科技革命的发生，使那些处于世界资本主义体系先进地位的发达国家生产迅猛发展，自由竞争资本主义向垄断资本主义发展，垄断资本在经济上和领土上的对外扩张，形成了各种形式的附属国，它们在国家形式上是独立的，但实际上却在政治、经济诸多方面不得不依附于发达国家。世界资本主义体系格局也发展为"少数剥削、压迫别人的发达国家"与"多数殖民地附属国家"之间的对立，资本主义经济发展的空间扩张与资本主义生产关系的较高层次扩张并存。

第三次科技革命以后，经济日益朝着全球化的方向发展。帝国主义殖民体系虽然瓦解，发展中国家虽已成为一支独立的经济政治力量，经济全球化也意味着可能实现资源在全球范围内的合理有效配置。但是，发展中国家并未在经济上摆脱历史形成的国际分工的影响，并未改变历史形成的作为发达资本主义国家的商品销售市场、原料供应地和投资场所的地位。这是因为，发达资本主义国家经济实力强大，它在世界经济中占主导地位，有可能获得最大利益；而广大发展中国家虽然同样有可能抓住机遇，不断发展，但由于经济实力较弱，在世界经济中处于不利地位。这样，各国经济发展的不平衡势必不断加剧，世界资本主义体系格局进一步发展为作为"中心"的发达资本主义国家与作为"外围"的发展中国家的对立。这实际意味着发展中国家仍处于受发达资本主义国家剥削和控制的地位，并且资本主义生产关系和社会结构越发展，世界范围的"富国"与"穷国"的分化越剧烈。由此可见，世界资本主义体系"发达"与"不发达"的对立、"发达"对"不发达"的剥削和控制，反映了经济全球化的实质。

参阅资料

关于"经济全球化的含义和实质"的几种观点

关于经济全球化的含义，国际货币基金组织为其下的"权威"定义是：跨国商品、服务贸易及国际资本流动规模和形式的增加，以及技术广泛迅速传播使世界各国经济的相互依赖性增强。马克思主义经济学观点则认为，经济全球化是生产社会化扩大的结果，是资本主义经济体系对于世界的支配和控制的过程。

经济全球化的内涵至少可归纳为以下几点：① 经济全球化是各国在经济上相互依存不断加深，但是全球经济竞争也在不断深化的历史过程；② 其突出表现为商品和资本、技术等要素的国际多边流动日益加强；③ 其主要因素是信息革命以及贸易和金融的自由化，即技术创新与制度变革的深刻过程（参见黄卫平：《经济全球化对发展中国家的影响》，载《中国人民大学学报》2001 年第 4 期）。经济全球化可作广义和狭义的区分：广义的经济全球化是指各国经济、政治、文化、教育、科技等在全球范围内的融合；狭义的经济全球化是指资本、技术等生产要素在全球范围内的流动和配置。还有学者认为，经济全球化是知识经济化、信息和网络化、国际分工一体化、金融国际化、国际市场一体化等，同时还反映了国际政治和军事的发展变化（参见高德步等：《全国高校社会主义经济理论与实践研讨会第十四次会议纪要》，载《经济学动态》2000 年第 10 期）。

对于经济全球化的实质认识，国内存在三类观点：

（1）有的学者认为，经济全球化无论对发达国家还是对发展中国家都有好处，它是全球范围内的市场经济，国境的经济壁垒已经消失，生产要素和经济活动可以自由地穿越国境。

（2）有的学者同第三世界国家的许多人士一样，把经济全球化视为发展中国家的陷阱，认为其对发展中国家是弊大于利，对发达国家是利大于弊。有的学者认为，经济全球化的实质是资本主义的全球化，也就是马克思所说的"各国人民日益被卷入世界市场网，从而资本主义制度日益具有国际性质"。它的运作规程，基本上是由美、欧发达国家和地区尤其是美国主导制定的。有的学者认为，经济全球化的实质内容是形成资本的国际大循环，西方是经济一体化的最大受益者。因此，西方国家和第三世界国家的冲突是不可避免的，它们必然要围绕着资源、市场和财富的分配与再分配展开激烈的争夺，从根本上讲是第三世界被西方剥夺与压迫，被纳入国际资本大循环而导致衰退、陷入困境的产物。还有学者直接提出，经济全球化的实质是"美国化""美元化"，经济全球化的规则、制度、标准等，完全是按照美国等西方大国的旨意制定的，美国还通过其控制的国际货币基金组织、世界银行、世界贸易组织等国际性经济组织，强行推行全球一体化、贸易自由化和金融自由化，实际上就是强行推行符合美国利益的"美国化"（参见唐任伍：《"全球一体化"的神话，发展中国家的陷阱》，载《世界经济与政治》1998 年第 12 期）。

（3）还有学者认为，经济全球化对发展中国家有利也有弊，因为对经济全球化实质的理解可作一般性和特殊性的区分。一般性是指以新技术为动力，以不断开拓的世界市场为依托的经济、金融、技术的全球性交融的扩展和深化，这有利于经济更好地开放，更好地发展；而特殊性是指以技术、资本为手段，以占领生产基地和市场为依托，实现大国资本生产方式的全球性扩张，其社会所固有的基本矛盾并未化解，而且还在激化，它们必然会通过国际经济的"全球化"或"一体化"把这种矛盾转嫁到发展中国家。但总体来说，还是利大于弊的。在这三类观点中，尤其引起争议的是"陷阱"论，大多数学者还是赞成第三类观点。

（二）经济全球化的双重效应

经济全球化促进了世界贸易、就业和投资的增长，使世界范围内的总消费和总供给日趋活跃；经济全球化使世界市场有望实现真正一体化，加快了世界范围内的产业结构和产品结构调整，为人类社会经济带来了划时代的变化，为发展中国家提供了机遇。但是，经济全球化在带给当代世界积极变化的同时，其迅速发展又不可避免地伴随并产生了一系列严重问题。

（1）经济全球化使世界发展不平衡更趋严重。由于当今世界发达国家居主导地位，它们在经济全球化中得到了更多的利益，而广大发展中国家在经济全球化过程中，总体上处于更加不利的地位，新经济与旧经济脱节，世界经济进一步呈现结构性失衡。

（2）经济全球化使市场经济的消极方面全球化了。经济全球化本身包含着市场经济的全球化。它一方面在世界范围内优化了资源配置和提高了经济效益，而另一方面也不可避免地把市场经济的盲目性、自发性、滞后性等消极因素全球化了，从而可能引发全球性的经济危机。

（3）经济全球化增加了世界各国经济运行的风险。随着经济全球化，特别是金融全球化的进展，国际资本流动方式发生了巨大变化，使国际资本流动规模增大，速度加快，投机色彩加重，从而使世界经济活动风险加大。

（4）经济全球化给国家经济安全带来影响。西方资本主义大国利用经济全球化推行霸权主义、强权政治，使发展中国家的经济主权受到限制和削弱；而发展中国家由于与发达国家经济实力相差悬殊，国际资本和跨国公司的大量涌入，其民族产业将受到严重的冲击，甚至是毁灭性的打击。同时，由于发展中国家的市场体制还不够完善，特别是经济监管政策和手段还比较弱，发达国家易于利用机会，向发展中国家转嫁各种危机。

（5）在经济增长中忽视社会进步，从而使环境退化与经济全球化同步。

（三）经济全球化的影响

1. 经济全球化对发达国家的影响

经济全球化的实质决定了它的发展必然有利于发达资本主义国家。发达资本主义国家在世界资本主义体系中占主导地位和起支配作用，决定着经济全球化具有不平等的性质。西方少数发达资本主义国家，依靠其在经济全球化过程中的霸主地位，对它之外的所有国家实行着极不平等的规则，在不对等的国际经济关系中获取巨大的经济利益。

（1）经济全球化过程中的多数规则都是由发达资本主义国家制定的，这些规则的实施必然使发达国家首先受益。经济全球化是建立在发达的市场经济基础之上的，而发达资本主义国家的市场经济一般都处于较为发达的阶段。世界市场经济运行的一些制度和规则是按照发达资本主义国家市场经济的需要制定的。作为制定并监督世界市场经济运行制度和规则的三大国际经济组织：国际货币基金组织（IMF）、世界银行（WBG）和世界贸易组织（WTO），它们在很大程度上由少数几个发达资本主义国家操纵和控制。它们竭力垄断世界市场经济运行制度和规则的制定权和修改权，竭力排斥和压制其他国家参与决策，其结果必然在世界经济范围形成不合理的经济格局和经济秩序。

（2）在经济全球化过程中，发达资本主义国家的经济得到迅速增长。发达国家掌握了世界上最先进的生产力和高新科学技术，在全球分工体系中处于优势地位。发达国家掌握了经济全球化赖以发展的信息技术基础，世界研究与开发的投资、科技力量和科技成果也主要集中在发达国家。发达国家利用其雄厚的资金、技术、信息和人才优势，集中精力发展高技术含量、高信息含量的高新技术产业，而将传统工业和一般技术成熟的产业向发展中国家转移。同时，发达资本主义国家在市场经济体制、法律制度、产业组织制度和企业制度等方面也具有较大优势。因此，发达资本主义国家通过自由贸易，可以使其资源优势迅速转化为竞争优势和利益优势，从而从世界各地获得大量的利润；通过跨国公司①及跨国公司之间的联盟，可以使其投资和生产遍布世界各地，既使其生产成本降低，又控制着跨国公司所在国的经济；通过金融自由化，可以使其利用手中掌握的闲置资本，加强对国际金融市场的控制，并为在国际金融领域的投机活动大开方便之门。

（3）发达资本主义国家从国际资本流动中获得了利益。国际货币基金组织作为唯一规范国际资本流动的全球多边组织，产生之初就充当了美国对外扩张的工具。它不仅具有监督国际资本流动和各国汇率制度的职能，而且将西方国家的经济制度强加给发展中国家，其目的不仅是以发达国家的规则来规范资本流动，更是与贸易及其他领域相结合，将发达国家的规则扩展到全部国际经济交往领域。

拓展学习

主宰全球经济局面是世界上最大的跨国公司

联合国贸易与发展会议（简称"贸发会议"）2002 年 9 月发表《2002年世界投资报告——跨国公司与出口竞争力》，据该报告披露，主宰全球经济局面的仍然是世界上最大的跨国公司。

随着国际化大生产的发展，跨国公司在世界经济全球化中所起的作用越来越大。目前，全球的跨国公司大约有 6.5 万家。这些跨国公司拥有大

---

① 目前，主宰全球经济局面的仍然是世界上最大的跨国公司，在全球最大的 100 家跨国公司中，来自发展中国家的只有 5 家。发达国家的跨国公司是经济全球化的重要推动器，是实现全球生产要素流动和资源优化配置的主要载体。

约 85 万家国外分支机构。2001 年，这些分支机构的雇员大约有 5400 万人，而在 1990 年只有 2400 万人。这些公司的销售额大约是 19 万亿美元，是 2001 年全球出口额的两倍多。跨国公司的分支机构目前分别占全球国内生产总值（GDP）的 1/10 和全球出口量的 1/3。如果把跨国公司在全球范围内的国际分包、生产许可证发放、合同制造商等活动都考虑在内，那么，跨国公司占全球 GDP 的份额就会更高。遗憾的是，在全球最大的 100 家跨国公司中，来自发展中国家的只有 5 家。跨国公司数量的多少及其核心竞争力的强弱，已经成为衡量一个国家经济、科技实力和产业结构水平的重要标志之一。

2. 经济全球化对发展中国家经济发展的影响

经济全球化对发展中国家来说，会给其经济发展提供一些机遇：

（1）给发展中国家提供了一个广阔的发展空间。经济全球化意味着国内市场与国际市场的融合，在这样的前提下，发展中国家的经济发展就不仅仅是面向国内居民的需要，还必须面向全球的消费者，经济发展的意识就不仅仅局限于国内市场的竞争，还必须扩大到全球范围，在国际市场上占有自己的一席之地。发展中国家经济发展空间的扩大，有利于自身在全球规模经济效益提高的环境中降低生产经营成本，提高无形资产价值，降低交易成本，从而提高抵御外来风险的能力。

（2）促使发展中国家利用后发优势积极争夺科技制高点。发达资本主义国家为了保持技术优势，在世界科技领域中永远居于领先地位，它们不断增加研究开发的投资，开展国际范围内研究开发合作和战略联盟，加快技术转让、扩散和创新，发展高新技术产业，促进技术的全球化。在这一发展趋势中，发展中国家为了实现工业化、市场化、社会化，为了提高全要素生产率、改善经济发展的绩效，可以在向发达资本主义国家学习、引进先进技术和先进的管理方式的基础上，实现产业结构的转换，加大科技的投入，建立科技激励机制，促进技术尽快地向现实生产力转化，从而带动自身在世界科技领域居于先进地位。

（3）促进了发展中国家经济的增长。在经济全球化进程中，各国之间贸易依存度大大提高。一国经济的繁荣可能会带动他国的经济发展，一国经济的衰退也可能使他国的经济陷入困境。因此，经济全球化在促进贸易和投资自由化的同时，也要求协调各国之间的经济贸易政策，加强各国之间合作与政策的管理。这实际意味着国际冲突频率的降低、国际协调机会的增加，从而在一定程度上为发展中国家提供了发展经济的良好环境。

与此同时，经济全球化又会给发展中国家经济发展带来消极影响：

（1）发展中国家经济发展受到一定程度的损失。由于发达资本主义国家在经济全球化中处于主导地位，世界经济运行规则大部分是由发达资本主义国家制定的。发展中国家在参与经济全球化的过程中，在遵守发达资本主义国家制定的世界经济规则时，必然要牺牲某些利益，付出一定的代价，接受一些不平等、不公正的条件。在国际经济的互存关系中，发展中国家对国际事务没有多少发言权；发展中国家在现代科学技术、资金等方面，对发达资本主义国家具有很强的依附性。在国际贸易关系中，发展中国家在与发达资本主义国家的不平等贸易中，剩余价值大量流失。

（2）发展中国家金融风险加大。在经济全球化过程中，国际金融市场规模日益扩大，金融衍生工具市场也得到了迅速发展。但是，国际金融活动同时又是一种赌博性极强的投机活动，金融衍生商品的交易大多是博弈性交易，已与实际商品的生产和贸易相脱节，规模庞大的金融活动失去了相应的物质生产与产品的支撑，由此产生了大规模的投机套利活动，甚而导致金融风险。发展中国家在经济全球化中实行了自由的市场经济，开放了金融市场，给发达资本主义国家的大投机财团提供了在世界经济活动中、在国际金融市场上呼风唤雨、为所欲为的条件。加上发展中国家原本就缺乏资本，虽经过几十年的发展但经济实力依然很弱，在经济全球化过程中易于受到国际金融活动的冲击；金融体系不完善，法制不健全，政府的金融调控机制不健全，管制放松，易于被国际大投机财团所利用。由此可见，经济全球化进程中金融的自由化，国际金融市场上的大规模投机套利活动，对发展中国家的金融安全提出了严峻挑战。

参阅资料

经济全球化趋势不可逆转

今年的达沃斯冬季论坛不同寻常。1月17日，国家主席习近平在达沃斯世界经济论坛 2017 年年会开幕式上发表题为《共担时代责任 共促全球发展》的主旨演讲，论述了世界各国最关心、全球面临挑战最严重的问题——经济全球化向何处去。习近平提出，经济全球化为世界经济增长提供了强劲动力，促进了商品和资本流动、科技和文明进步、各国人民交往，是社会生产力发展的客观要求和科技进步的必然结果。国际金融危机不是经济全球化发展的必然产物，而是金融资本过度逐利、金融监管严重缺失的结果。

经济全球化以开放型经济理论为基础，全球化的开放型经济能够促进生产要素冲出国界，在世界范围内有效组合与配置，把生产要素的最大效率效益发挥出来。经济全球化的基本理论原则，缘于经济学上的一个重要概念"比较优势"——如果各国专门生产和出口其生产成本相对低的产品，就会从贸易中获益，如果各国进口其生产成本相对高的产品，也将从贸易中得利。从简单贸易到全球化贸易可以使社会上每个人都获益，因为它使人们可以专门从事自己具有比较优势的活动。反之，反全球化的贸易保护主义一定会降低全球各国人民的福祉，因为它完全从自己国家利益出发，最终本国和本国人民将是最大的受害者。

全球化确实会带来一些问题。我们也要承认，经济全球化是一把"双刃剑"，当世界经济处于下行期的时候，全球经济"蛋糕"不容易做大，甚至变小了，增长和分配、资本和劳动、效率和公平的矛盾就会更加突出，发达国家和发展中国家都会感受到压力和冲击。反全球化的呼声，反映了经济全球化进程的不足。

经济全球化确实带来了新问题，但我们不能就此把经济全球化一棍子打死，而是要适应和引导好经济全球化，消解经济全球化的负面影响。中国在经济全球化上始终从世界大局出发，中国对经济全球化也曾有过疑虑，对加入世界贸易组织也有过忐忑，国内争议很大，但是，融入世界经济是历史大方向。中国经济要发展，就要敢于到世界市场的汪洋大海中去游泳。中国勇敢迈向了世界市场，我们在游泳中学会了游泳。

经济全球化趋势势不可挡，不可逆转。这是世界经济潮流，是各个经济体的利益和愿望所在。而以互联网特别是移动互联网、大数据、云计算、智能化、物联网等为特征的新经济模式，已经把世界经济更加紧密地联系在一起，科技创新与进步，倒逼世界经济必须互通互联。一个网络把世界变成为地球村，一个网络同样可以把世界经济变成全球市场，各国的经济活动都无法置身局外。

——资料来源：摘自常亮：《经济全球化越势不可逆转》，载《北京青年报》2017 年 1 月 19 日。

三、经济全球化的国际协调

经济全球化使市场经济走向全球，当市场跨越国界延伸为世界市场时，国际层面的市场缺陷和失灵，客观上要求市场规则和弥补市场缺陷的调控手段跨越国界延伸，即为全球性的经济提供全球性的规则和制度。在经济全球化条件下，为了加强对各国垄断资本的协调和制约，防止彼此间的激烈竞争可能引起的剧烈经济动荡，特别是防止发生全球性经济危机，在协商和合作的基础上，资本主义国家，特别是几个发达资本主义国家，建立起国际经济调节机制，以加强对资本主义国际化再生产过程中所产生的各种矛盾、摩擦进行共同协商和调节。

（一）国际协调的形式

国际协调的形式主要的有下述三种。

（1）国际经济组织的协调。国际经济组织按照其活动区域和影响力分为世界经济组织和区域性经济组织。其中世界经济组织的地位较高，作用较大。在众多的世界经济组织中，国际货币基金组织、世界银行、世界贸易组织被认为是三大支柱。国际货币基金组织目前拥有会员 150 多个国家和地区，其基本宗旨和首要任务是保持汇率的稳定和维持国际收支的平衡，在国际货币体系中起着枢纽和核心的作用。世界银行的主要宗旨和基本职能是对用于生产目的的投资提供便利，支持成员的经济发展计划和经济开发。国际货币基金组织和世界银行主要是对国际金融活动中出现的矛盾和摩擦进行调节。截至 2008 年，世界贸易组织有 153 个成员，另有 31 个观察成员，其主要是对国际贸易活动中产生的问题进行调节。此外，由 34 个发达资本主义国家组成的经济合作与发展组织，协调的范围涉及成员的经济增长、财政稳定、资本输出、多边贸易、技术合作、能源与环境等方面。

（2）区域经济联盟的协调。在经济全球化的大背景下，区域经济联盟有了长足的发展。美、日、欧三大区域经济中心的较量越来越激烈、复杂，直接推动了西欧、北美、亚太经济区域化的发展。比较有代表性的区域经济联盟有：欧盟、北美自由贸易区、亚太经合组织等。自由贸易区与关税同盟的调节目标主要是商品流通领域；欧洲联盟则不仅调节商品流通领域，而且还调节生产要素、货币金融、外贸等领域。

（3）政府首脑会晤的协调。政府首脑会晤是在各发达资本主义国家经济关系矛盾重重、危机四伏的情况下渡过难关的应急措施，是在政府最高领导人一级水平上对重大经济问题进行磋商、协调彼此之间经济关系和经济政策，对国际经济问题进行联合调节的一种经常形式。比较有代表性的是西方八国首脑会议等。

（二）国际协调的局限性

各国之间在经济发展中的关系表现为矛盾与协调并存。由于经济协调的作用是十分有限的，经过调节，旧的矛盾得到缓解，但新的矛盾又会产生，协调不断进行，也不断被破坏，协调过后是更为剧烈的摩擦。究其原因是，经济全球化的国际协调能力远远滞后于经济全球化水平。

（1）全球经济的游戏规则仍然是以发达国家的利益为核心，许多制度安排未将发展中国家考虑进去。发达国家内部的基本格局是美、日、欧三强鼎立，它们在经济发展水平、经济体制及意识形态等诸多方面都较为接近，具备了进行对称协调的可能性；加之国际商品、资金、技术、劳务等要素的流动主要集中在发达国家，更增加了它们进行对等协调的必要性。这样，在世界范围内，国际规则的形成过程变成了发达国家集体与发展中国家的相互博弈过程。发达国家通过西方八国首脑会议或欧盟这样的组织在其内部形成共同的规则，并凭借实力优势将它们共同的内部规则延伸为世界通行的规则，主导着国际制度。

（2）国际组织在促进各国经济联系加强的同时，并没有找到一条适合经济全球化发展的模式。因此，传统国际经济组织在经济全球化背景下的作用在不断下降，要求它们进行改革的呼声越来越高。国际货币基金组织和世界银行面对日益全球化的资本，调控已显得力不从心；世界贸易组织的产生使人们看到了一线希望，但它以西方新自由主义为指导原则的做法，将人为地增加后进国家参与全球化的风险。

（3）全球一体化程度远远低于区域一体化程度，并且区域间一体化的发展也是不平衡的。目前，经济全球化缺乏统一的规则，在这种情况下，面对全球竞争，一个国家尤其是经济规模较小的国家，显得势单力薄。为了加强竞争实力，世界各地区的一些国家建立了区域经济组织，形成了世界多个经济中心。据世贸组织提供的数据，全球已建立的区域经济体有109

个。区域经济组织内成员之间的合作在不断深化，区域经济组织之间的合作与竞争也在发展，南北合作、南南合作加强。

（4）全球经济一体化规则最终影响经济全球化的利益分配。这种分配规则是否合理、公平，要考虑到资源的初始分配状况。然而，作为这一规则的主要倡导者—— 发达国家很少考虑到由历史原因造成的资源初始状况的不平等，特别是发达国家与发展中国家之间的这种初始不平等。

所以，在经济全球化条件下，进一步加强国际经济协调与合作，仍是形势使然、大势所趋。

案例研究

国际社会的反全球化运动

近些年来，反对经济全球化的群众性示威浪潮一浪高过一浪，几成燎原之势。

2003 年 6 月，八国峰会在法国小城埃维昂召开（见图 1）。此次高峰会议除了正式参加会议的八国首脑外，还邀请了包括亚洲、非洲在内的多国元首参加南北领导人非正式对话会议。与会国家领导人除少数下榻在埃维昂附近外，绝大多数都入住在瑞士莱蒙湖畔的洛桑和日内瓦。反全球化运动的 10 余万抗议者从全球各地汇集到日内瓦、洛桑和距离埃维昂很近的法国边境小镇安娜马斯，展开和平抗议活动，试图阻止八国集团会议的召开。其中有数百人使用暴力与军警对峙。他们连续几天在上述城市的政府机关大楼、会场外举行示威，向标志性建筑物乱掷石块、硬木、啤酒瓶，军警不得不用催泪气体和高压水枪驱散示威者。抗议者星期天晚上纵火焚烧建筑物和车辆的暴力抗议活动造成了数百万美元的损失。

究竟是什么原因导致反全球化运动？这种运动将给世界带来什么后果？这有许多值得思索的地方。

当今的反全球化思潮越来越成为一场世界运动，反全球化运动本身已经全球化了。来自全球各地的（主要是西方发达国家）工会、环保主义者、性别平等主义者以及无政府主义者与极端主义者等，因为反全球化走到一起。全球化的中心与动力源自西方发达国家，反全球化的中心与动力也源自西方发达国家。反全球化运动产生的原因大致如下：

图1 2003年法国八国首脑会议期间法国军人在维护防空导弹系统

（1）资本主导的全球化使国家之间、人与人之间、地区与地区之间的不平等、不公正进一步加剧。

（2）发达国家普遍把"旧经济"部门转移到发展中国家，污染了不发达国家，造成大多数人类生存环境全面恶化。

（3）资本全球化使发达国家出现了贫困化与边缘化。垄断跨国资本为了增加竞争力向发展中国家转移投资，西方原有"福利国家"制度在全球化冲击下开始崩溃，大批合法与非法的外来移民进入西方社会，于是当地居民把自己失业与收入下降的原因归咎于全球化。这也使西方发达国家成为反全球化中心的起源。

（4）在发展中国家，富人阶层进入全球体系，但穷人、弱势群体仍然度日艰难。金融危机又使得成千上万的人收入大幅下降。

资本主导的"全球化"和反对它的浪潮已成为国际社会反资本主义的最新一轮较量。马克思早在《资本论》中就指出，资本的本质就是追求利润的最大化。资本在全球化的趋势中最大限度地追逐利润时，必然要寻找成本最低廉的地区投资。在过去10年里，垄断资本的膨胀使贫富差距拉大，引起社会有关方面的不满，进而反对经济全球化。

四、经济全球化与中国对外经济

中国的迅猛发展得益于对内改革和对外开放的政策，同时也受惠于经济全球化。经济全球化带来了国际分工的大发展、世界经济结构的大调整及产业的大转移和资本、技术等生产要素的大流动，提高了经济增长的效率，实现了资源配置的最优化和发展空间的最大化；但也导致国际竞争空前激烈，同时对产业安全、金融安全等提出了许多新的挑战。在经济全球化的浪潮中，中国的发展正面临急剧变化、越来越复杂的国内外新形势，达到了一个关键点。

（一）我国参与经济全球化的形式

1. 对外贸易

对外贸易是国际经济交往重要的传统形式。改革开放以来，我国对外贸易取得了巨大的成就。进入 20 世纪 90 年代，随着经济全球化的推进，对外贸易呈持续大幅度增长态势。尤其是 2001 年加入世贸组织以来，对外贸易赢得了历史上最好最快的发展时期。作出这一判断是以对外贸易进出口总额年均增速、对外贸易进出口总额占全球贸易进出口总额的比重等指标为依据的。我国进出口总额从 1978 年的 206 亿美元猛增到 2011 年的 3.6 万亿美元，年均增长 16.94%；2002 年至 2008 年，进出口总额更是以年均 25.9%的速度快速增长。我国进出口贸易额占世界进出口贸易总额的比重由 1978 年的 0.5%提升到 2011 年的 10.5%左右。

高速发展的对外贸易可以使我国引进外国的先进技术和设备，加速国民经济的技术改造，提高我国的科学技术水平，改变经济和技术落后的状况；可以互通有无，加强国内外的商品交流，协调各方面的比例关系，使经济结构合理化，从而保证社会主义再生产的顺利进行；可以把产品拿到国际市场上去竞争，从而促进企业改善经营管理，降低成本，提高经济效益；可以扩大生产，增加就业。通过对外贸易促进了我国社会主义经济的建设和人民生活水平的提高。

2. 对外技术交流

科学技术是人类在长期生产斗争和科学实验活动中创造的共同财富。对外科学技术交流是指科学技术引进或出口。各个国家在科技的某一方面都有优势，但总的来看，发达国家在科技方面居绝对领先地位，发展中国家在科技贸易中是以引进为主。

我国正处于社会主义初级阶段，这是我国的基本国情，也是我国引进先进技术的基本出发点。我国是一个发展中的社会主义国家，同世界技术先进国家相比，科学技术的差距还是很大的。如果科技进步不解决，经济效益不提高，我国同发达国家的差距就会越来越大。缩小这一差距的唯一途径就在于提高我国自己的科学技术水平，发展生产力。为此，必须积极引进国外先进技术和对我们有用的先进管理经验，并坚持学习和创新相结合的原则，使我国在更高的起点上进步，推动和加速我国的科学技术进步，提高经济效益，缩小同发达国家的差距，实现社会主义现代化。

随着我国科学技术水平的提高和生产力的发展，改变了长期以来以技术引进为主的单项贸易。从 20 世纪 80 年代起，我国在某些方面、某些项目上已经达到或接近国际先进水平，具有了技术出口的实力。同时，我国的某些技术和设备价格低廉，适合发展中国家的需要，有一定的竞争能力。因此，我国结束了在技术贸易中只引进不出口的单向被动局面，已经加入技术出口国的行列。我国出口技术的范围除了传统的针灸医疗、烹饪外，还涉及高新技术产品。但我国高新技术产品贸易中大量的核心零部件和关键技术产品仍然依靠从国外进口，产品出口效益有待提高。今后，要充分利用我国科技力量和技术资源的优势，扬长避短，突出重点，形成有进有出的双向国际技术贸易机制，落实鼓励技术出口的政策，通过多种销售渠道，大力开拓各种技术出口，提高出口商品的科技含量，调整和优化出口商品的结构，积极扩大国际科技交流，实现"引进技术——消化创新——扩大出口——增加引进"的良性循环，增强我国的综合科技实力，促进社会主义现代化的实现。

3. 对外资金交流

利用外资是随着全球商品交换发展起来的一种重要的经济合作形式。利用外资主要包括利用外国政府资金、国际金融组织资金、国外私人银行和企业的资金、本国侨民的资金、本国银行吸收的国外银行存款和证券市场吸引的外资等。利用外资分为直接投资和间接投资。前者主要是指外商投资办企业，后者主要是指举借外债。

我国社会主义现代化建设所需要的资金，主要依靠本国内部积累。但是，在平等互利原则下，积极有效地利用国外资金可以弥补我国建设资金的不足，促进产业结构调整；可以得到国外先进技术和管理经验；可以促进我国经济体制改革和社会主义市场经济体制的完善。

但是在引进、利用外资的同时，必须注意与国内发展的统筹。根据国内发展的需要来利用外资，把引进外资与我国比较优势的发挥和可持续发展能力的培养结合起来；把引进外资的相关政策与转变经济增长方式结合起来。例如，对我国鼓励投资的项目、地区和产业给予优惠，对节约用地、节约能源的项目给予支持，应严禁外商向我国转移高污染产业和投资项目等。

我国在积极参与经济全球化进程中成绩斐然，对外贸易快速发展，贸易地位快速提升，资本往来逐步扩大，我国经济的整体素质得到了极大提高。

（二）经济全球化下的我国对外开放

我国新时期的对外开放，就是要在更大的范围内和更深的程度上融入经济全球化的进程中，为经济发展拓展更广阔的空间和增长源。

1. 积极影响

中国加入世界贸易组织是我国新时期对外开放的重大新举措，这为中国经济体制与世界经济体制实现全面对接提供了大好机遇，对接成功将完善和规范社会主义市场经济体制，促进中国经济全面繁荣；同时为中国出口提供大好机遇，也有利于吸引外资。

（1）有利于进一步扩大出口和吸引外资。加入世界贸易组织后，我国在更深的程度和更广的范围上对外开放。世贸组织成员拥有最惠国待遇，能够享受其他国家和地区开放市场的好处，使主要贸易大国的歧视性做法逐步取消，产品拥有比过去更为有利的竞争条件，从而可以促进出口贸易。加入世界贸易组织后，2010年我国对外贸易总额仅次于美国，出口额超越德国成为世界第一，产品出口遍及发达国家和发展中国家。同时，经济全球化使我国进一步开放国内市场、改善外商投资环境，有利于更多引进外国资本、技术和管理经验。

（2）有利于国内产业结构的调整、升级和优化。加入世界贸易组织后，进口关税的下调，通过"引进来"有利于企业的技术进口和设备更新，从而促进产业结构调整，进而促进企业内部产品结构的调整，增加产品的花色品种和技术含量，增强企业的竞争力，拓展企业的市场份额。通过"走出去"使国内一些生产技术水平有相对优势、生产能力过剩的产业向发展水平低的国家转移，建立海外生产体系、销售网络和融资渠道，直接在国外利用当地资源和市场，输出国内的技术、设备和产品。我国对其他成员开放市场，可以利用外资与技术改造传统产业，使我国产业结构不断优化与升级，提升我国产业发展的整体水平。

（3）有利于进一步完善社会主义市场经济体制。我国经过 30 多年的市场化改革，初步建立了社会主义市场经济体制的框架，但是由于我国社会主义市场经济体制的建立是一项庞大而复杂的系统工程，现在仍然面临着一些深层次的矛盾和问题尚未解决，市场经济体制尚未完全成熟。经济全球化使中国可以通过借鉴国际经验和通行做法，促进社会主义市场经济体制建设，提高经济运行的总体效率。特别是加入世界贸易组织，将推动国有企业改革、建立现代企业制度；还将推动外贸、银行、保险、证券、知识产权等方面深化体制改革，以适应这些领域逐步全球化的需要。

2. 面临的挑战

经济全球化也使我们面临着极大的挑战。

（1）国家经济安全的挑战。经济全球化是在不公正、不合理的国际经济旧秩序没有根本改变的情况下发生和发展的，它是一把"双刃剑"，在给各国经济发展带来利益和机遇的同时，也带来了风险和严峻的挑战。中国崛起于经济全球化和新经济革命迅速发展的背景之下，崛起于国际政治经济力量对比严重失衡的国际格局背景之下。当前国际经济的主导权还牢牢地掌握在发达国家手中，全球范围内并没有一个类似于一国范围内国家宏观调控那样强有力的世界调控系统，而且我国经济正处于一个承前启后的关键的转型时期，经济全球化必然会对我国经济安全带来一定的挑战和风险。我国经济安全面临的风险主要有：能源安全、金融安全、产业安全以及信息和人才安全等。

（2）贸易保护主义的挑战。一些主要的发达国家，一方面宣扬经济全球化、贸易自由化给各国经济带来的好处，宣扬贸易保护主义的危害与弊端；而在实践中，却利用各种关税的、非关税的措施为贸易自由化设置障碍。尤其是大量使用严格但又超出正常必要水平的技术标准与卫生检疫标准限制发展中国家扩大出口；大量使用反倾销、反补贴与贸易保障措施，对来自发展中国家的进口课以高额反倾销税或实施配额限制。据世界贸易组织统计，从 1995 年 1 月 1 日至 2005 年 6 月 30 日，世界贸易组织成员共发起了 2743 起反倾销调查，实施了 1729 起反倾销措施。中国是遭到反倾销调查和被实施反倾销措施数量最多的成员。反倾销减缓了我国产品出口和结构调整，阻碍了我国对外资的利用，冲击着国内市场，带来了许多不利影响。

（3）宏观经济调控能力的挑战。经济全球化使中国的金融业更加开放，经常账户会更加开放，通过经常账户进行的资本外逃现象也可能更加趋于严重，加之金融服务业扩大开放后，有更多的外资银行在更大的范围内经营人民币业务，大量国内企业可能会转向外资银行进行融资，加强本币与外币的融通和国际资本的流入流出，使得对资本账户的管理难度加大。人民币汇率问题也日益突出，影响中国经济的稳定。同时世贸组织要求逐步取消非关税壁垒，这也会使中国对国际收支的控制更加依赖货币政策、财政政策等调控手段，从而对中国协调内部均衡和外部均衡之间的冲突以稳定宏观经济能力提出挑战。

3. 积极应对，全面提高中国对外开放水平

全面提升我国对外开放水平，掌握国际竞争主动权是我国对外开放的当务之急。中国大步走进世界市场，是不可逆转的大趋势，也为世界各国所承认并接受。因此，中国必须把握全球经济的根本趋势，放眼世界，着眼未来，树立全球战略意识，积极参与国际经济合作和竞争，全面提高对外开放水平，积极发挥好对外开放在推动我国经济社会发展中的重要作用。

（1）着力转变对外贸易增长方式。在充分发挥我国比较优势的同时，扩大高新技术产品出口，扩大具有自主知识产权、自主品牌的产品和服务出口，扩大附加值高的产品出口，提高加工贸易的产业层次并增强国内配套能力，才能使中国逐步实现由"贸易大国"向"贸易强国"的转变。

（2）着力提高利用外资的质量和水平。吸收外资的重点是促进国内产业升级。利用外资要和促进区域经济协调发展、国有企业改革重组结合起来；对外资的鼓励政策要从普遍优惠制变为差别优惠制。对重点领域采用优惠政策，比如在农业、高新技术领域、老工业基地改造、中西部地区开发等方面才允许采取外资优惠制，取消一般项目的优惠政策；鼓励外商设立服务外包企业，设立研发中心、地区总部等，把高附加值的产业转移到中国来；推动内资企业与外资企业在技术研发和市场开拓方面的合作，引

导中国企业参与跨国公司的全球生产网络。中央政府加强对外资企业政策的协调，避免各地为争夺外资进行不合理竞争。

（3）着力实施"走出去"战略。"走出去"是扩大内需、实现我国经济可持续发展的需要，是面对经济全球化的客观要求，也是对外开放进程进一步提升的必然选择。为此，必须进一步完善对外投资的法律法规和服务体系，赋予企业更大的境外经营管理自主权，健全风险防范机制。

（4）着力改革涉外经济体制。改革开放以来，我国经济体制改革取得很大的进展，在世界经济中也发挥着越来越重要的作用。然而，目前我国的经济体制，特别是涉外经济体制仍然存在一些问题。这些问题若不有效解决，将影响中国改革开放的进程，甚至影响到中国未来的国际地位。在外贸体制上，必须对我国的进出口制度进行全面调整，构建与世界贸易组织规则相吻合的新型外贸体制，以适应经济全球化时代国际竞争发展的新形势。在外资政策上，应将对外商投资企业普遍适用国民待遇原则作为我国外资政策调整的核心目标，最终使外商投资企业享有与国内企业同样的法律地位，拥有同样的权利，承担同样的义务。为内、外企业创造公平竞争的市场环境。从长远来看，建立可竞争的高度法制化的市场体系是吸引外商投资尤其是大跨国公司投资的重要因素，同时也是我国优化投资环境的关键步骤。为适应加入世界贸易组织后外商投资的新形势，我国外资政策的主旨应由市场准入逐步转向鼓励竞争，提高国内市场的可竞争性，规范内资企业和外资企业的市场行为。

参阅资料

新形势下如何积极应对经济全球化对我国贸易的挑战

今天，经济全球化已经成为世界贸易发展的必然趋势，推动国际服务贸易自由化和便利化。我国正处于调整经济结构和转变发展方式的关键时期，贸易发展面临历史性的机遇，发展潜力巨大，即将迎来快速发展的春天。要深入推进服务领域各项改革，积极扩大贸易服务业对外开放，大力优化贸易业务结构，努力营造有利于贸易全球化发展的政策环境。当前，世界经济复苏曲折艰难，国际贸易矛盾激化，纷争不断，我国正面临着贸易全球化带来的巨大挑战，我们作为最大的发展中国家刻不容缓，应采取积极的应对策略。

一是大力发展国际贸易。经济全球化进程不断加快，反过来加速了国际贸易迅猛发展。无论是发达国家还是发展中国家，凡是积极参与的，都从国际贸易中获得了益处。中国应积极参与国际合作，开拓国际市场，大力发展双边及多边贸易。我国可以在世贸组织非歧视原则下，在一个多边的、平等的、互利的框架下，进行双边及多边贸易，可以联合广大第三世界国家，在建立国际新秩序中发挥建设性作用，还能利用世贸组织解决争端的机制，平等地解决与其他成员国之间的经贸纠纷。因此，应尽快调整我国的外贸政策 L 改革外贸体制，加强国际之间的合作。

二是加大国有企业改革的力度，加快外贸企业建立现代企业制度的进程，在市场中优胜劣汰，增强我国企业参与国际市场竞争的能力。世界级的大企业往往代表着一国的整体经济，并主宰着世界经济格局。国际市场的竞争很大程度上是跨国公司名牌产品之间的竞争，中国限于国力和财力，很少有跻身国际市场的跨国企业。为了能够在经济全球化的新形式不加速发展自己，中国的企业特别是大型企业要走强强联合之路，但前提必须加快外贸企业建立现代企业制度的进程，实现"转机建制"。通过建立现代企业制度，可以综合地解决国有企业走向市场所遇到的一系列体制性矛盾。外贸企业必须转换增长机制，转向依靠技术革命提高生产率的集约型增长机制，提高单位资本的产出率，使企业真正做到自负盈亏、自主经营、自我约束、自我发展。同时，又要根据国际分工和国际贸易发展趋势，积极推动外贸企业向集团化、实业化、国际化、综合化经营发展，提高规模效益。而中小企业由于在一些劳动密集型产品（轻工、纺织、工艺等）和一些高科技产品的国际交换中，往往拥有大企业集团无可比拟的经营优势，应进一步加强经营管理，积极调动和充分发挥它们在外贸发展中的作用。

三是应对国际贸易技术壁垒不断升级，提升全球化质量经营理念。国际贸易中技术壁垒最突出的是质量与标准体系，未来国际贸易已是质量与品牌的竞争，打破国际贸易技术壁垒的关键在于尽快提升企业质量经营战略新理念。应对国际贸易技术壁垒，实施全球化质量经营战略，首要的就是要提升质量经营战略理念，以质量经营打破技术壁垒。积极采用国际标准和发达国家的先进标准。一方面，质量必须要达到国际技术标准新要求，取得国际权威技术论证和进口国特殊技术许可。另一方面，则要强化满意度质量意识，即努力使产品与服务达到进口方国家、消费者、经营代理者与社会等方面的认可，提高企业国际化经营的满意度。

资料来源：摘自《中国商界》2013年第9期。

材料分析思考

1.[材料1]联合国开发计划署的报告曾指出："至少有100来个国家15年来一直处境不佳，由于发展水平低而未能享受到经济全球化的好处。"另有资料指出，全世界至少有2/3的人被排斥在经济全球化之外，并受到全球化的伤害或被全球化所忽视。

[材料2] 在世界贸易总额中，广大发展中国家所占比重长期在1/5~1/3徘徊，发达国家则一直占绝大部分。

[材料3]第二次世界大战后，国际直接投资的增长速度大大加快。然而在20世纪80年代以前，国际直接投资主要集中在少数发达国家，广大发展中国家引进的外国直接投资相对较少。进入20世纪90年代以后，发展中国家的投资环境有所改善，其吸纳的外国直接投资迅速增加。但是，外国直接投资在发展中国家之间的分布是不平衡的。流入发展中国家的全部外国直接投资的80%流向了亚洲和拉美的12个国家。

问：（1）结合材料分析发展中国家在经济全球化中的地位。

（2）发展中国家处于这种地位的历史和现实的原因是什么？

（3）发展中国家如想改变这种地位，应如何做？

2. 在当今世界经济的发展中，涌动着经济全球化和区域经济一体化两股大潮。所谓"区域经济一体化"是指通过拆除阻碍商品和要素流动的各种障碍，地理位置相邻近的两个或两个以上国家（地区）的经济在体制上组合为更大规模的经济集团。区域经济一体化通常包括自由贸易区、关税同盟、共同市场、经济与货币联盟、完全的经济一体化等成员国（地区）之间的经济合作层次和经济融合程度依次逐渐不断提高的几种类型。

问：（1）区域经济一体化对其成员国（地区）的经济、对其他国家（地区）的经济以及对世界经济有何影响？

（2）经济全球化和区域经济一体化之间有着什么样的关系？

3.[材料1]1997年7月22日《中国经营报》报道：据有关资料显示，国际跨国公司已占领了中国彩电市场的60%，洗发、护发用品市场的80%，外国公司生产的软饮料在中国四大城市的市场占有率高达 85%，1992 年进入中国的"麦当劳"快餐已把国内众多的快餐业击得溃不成军；今年夏天，北京街头几乎所有的冷饮网点都被国外的"和路雪"和"雀巢"覆盖……。

[材料 2] 2011 年年底，据 Display Search 市场调查机构调查显示，中国电视企业在本国的彩电市场占有率达 80%。2010 年 3 月 28 日，中国民营汽车企业吉利集团成功收购世界名牌高端轿车沃尔沃。截至 2011 年，海尔在全球建立了 10 个设计研发中心、24 个制造工厂、61 个营销中心，海外销售中 90%是海尔自有品牌。

问：（1）什么是国家经济安全？

（2）大量外资涌入中国，是否会危及中国的经济安全？为什么？

（3）你认为在对外开放中应如何维护我国的国家经济安全？

4. 亚太经济合作组织（Asia-Pacific Economic Cooperation，APEC）是亚太地区的一个主要经济合作组织。亚太经济合作组织的宗旨是实现区域内的贸易和投资自由化，加强成员间的经济技术合作，推动亚太地区的经济发展。亚太经济合作组织的成立及其加速发展，是由该地区客观的和内在的要求所驱动的，是亚太经济长期高速增长所决定的。随着亚太经济合作组织贸易与投资自由化的不断推进和成员间经济技术合作的深化，必将对亚太地区经济的持续增长起积极影响。亚太经合组织现有 21 个成员，总人口占世界人口的 45%，国内生产总值占世界的 55%，贸易额占 46%。这一组织在全球经济活动中也必将具有举足轻重的地位。

问：（1）结合材料说明亚太地区的国家为何要成立或积极加入亚太经济合作组织？

（2）世界贸易组织、亚太经济合作组织这样的组织对中国经济将产生怎样的影响？

参考文献

[1] 马克思，恩格斯. 马克思恩格斯全集[M]. 第 23-25 卷. 北京：人民出版社，1972.

[2] 中共中央马克思恩格斯列宁斯大林著作编译局. 马克思恩格斯选集[M]. 第 2 卷、第 4 卷. 北京：人民出版社，1972.

[3] 马克思. 资本论[M]. 第 1 卷. 北京：人民出版社，1975.

[4] 中共中央马克思恩格斯列宁斯大林著作编译局. 列宁选集[M]. 第 2 卷. 北京：人民出版社，1972.

[5] 列宁. 列宁全集[M]. 第 18 卷. 北京：人民出版社，1975.

[6] 逄锦聚，等. 政治经济学[M]. 北京：高等教育出版社，2014.

[7] 刘诗白. 马克思主义政治经济学原理[M]. 成都：西南财经大学出版社，2006.

[8] 程恩富，等. 现代政治经济学新编[M]. 上海：上海财经大学出版社，2008.

[9] 程恩富. 现代政治经济学案例[M]. 上海：上海财经大学出版社，2003.

[10] 张维达. 政治经济学[M]. 北京：高等教育出版社，2008.

[11] 许涤新. 政治经济学词典（上）[M]. 北京：人民出版社，1975.

[12] 沈爱华. 政治经济学原理与实务[M]. 北京：北京大学出版社，2008.

[13] 邓小平. 邓小平文选[M]. 第 3 卷. 北京：人民出版社，1993.

[14] 卫星华. 马克思主义政治经济学原理[M]. 武汉：武汉大学出版社，1999.

[15] 刘炳英. 新编政治经济学教程[M]. 北京：中共中央党校出版社，2005.

[16] 江泽民. 高举邓小平理论伟大旗帜，把建设有中国特色社会主义事业全面推向二十一世纪[M]. 北京：人民出版社，1997.

[17] 刘洁. 马克思主义政治经济学原理教学案例[M]. 北京：中国人

民大学出版社，2004.

[18] 周又红. 政治经济学案例[M]. 杭州：浙江大学出版社，2004.

[19] 徐茂魁. 马克思主义政治经济学研究述评[M]. 北京：中国人民大学出版社，2003.

[20] 吴大琨. 当代资本主义：结构、运行、特征[M]. 北京：中国人民大学出版社，1986.

[21] 高峰. 现代资本主义的经济关系和运行特征[M]. 天津：南开大学出版社，2000.

[22] 黄素庵，等. 重评当代资本主义经济[M]. 北京：世界知识出版社，1996.

[23] 蒋学模，等. 政治经济学教材[M]. 上海：上海人民出版社，2005.

[24] 逄锦聚. 政治经济学热点难点争鸣[M]. 北京：高等教育出版社，2006.

[25] 李清娥，李富田. 政治经济学原理[M]. 成都：西南财经大学出版社，2009.

[26] 刘诗白. 政治经济学[M]. 成都：西南财经大学出版社，2010.

[27] 《资本论》导读编写组.《资本论》导读[M]. 北京：人民出版社，2012.

[28] 杨军，张悟. 政治经济学教程指导[M]. 北京：经济科学出版社，2016.

[29] 吴正俊，史晋娜. 政治经济学原理与应用[M]. 成都：西南交通大学出版社，2012.